Konrad Adam
Die Republik dankt ab

Konrad Adam

Die Republik dankt ab

Die Deutschen vor der
europäischen Versuchung

Alexander Fest Verlag

Inhalt

Großer Staat und kleine Bürger

Die Institutionen gehen an ihren
Siegen zugrunde.

JACOB BURCKHARDT

Seitdem die Politik von den Griechen zum Gegenstand ihrer wissenschaftlichen Neugier gemacht worden war, galt sie als eine »techne«, eine Kunst. Sie konnte gelehrt und gelernt werden, was unter den Bedingungen des Stadtstaates dadurch geschah, daß man sich täglich in ihr übte. Die Männer sind die Stadt, heißt es bei Thukydides, und das war wörtlich richtig. Während der Perserkriege, als die Athener ihre Stadt räumen mußten und die Bürger auf den Schiffen Dienst taten, die übrige Bevölkerung in der Argolis Zuflucht gefunden hatte, da schwamm die Stadt buchstäblich auf dem Wasser. Staat und Politik, das waren keine Regierungs- und Oppositionsparteien, weder Mandatsträger noch Amtsinhaber, die Ministerien genausowenig wie die Parlamente, sondern die Bürger selbst.

Ob man etwas von Politik verstand und wie man sie beherrschte, zeigte sich im Umgang mit der Sprache, dem eigentlichen Medium des öffentlichen Lebens. In der Begeisterung der Griechen für das gesprochene Wort, für Theater, Rhapsodik und Rhetorik, verriet sich ja nicht nur ihr außergewöhnliches Sprachtalent, sondern auch ihre Leidenschaft für den öffentlichen Auftritt. So gut wie alle, die während der kurzen Epoche, in der das politische Leben von den Athenern entdeckt und gleich auch wieder zu Tode gewirtschaftet worden war, Einfluß besessen haben, waren bedeutend mehr als Spezialisten für den Machtgebrauch; als Dichter, Gesetzgeber oder öffentliche Redner beherrschten sie vor allem eins: die Sprache. Mit der Niederlage

Athens im Peloponnesischen Krieg ging diese Zeit der vielfältigen Begabungen zu Ende, und damit entschied sich auch das Schicksal der Stadt als einer Schule für politische Talente. Im Alltag reizlos und langweilig geworden, wurde das Politisieren zur Sache der Theorie: das Wort verstanden in seiner griechischen Bedeutung, wo es soviel wie Anschauung und Beobachten meint.

In dieser Tradition stehen Platon und Aristoteles. Sie als Philosophen zu bewundern und als Politiker geringzuschätzen ist Ausdruck eines modernen Kategoriendenkens, das es in der Antike schon deshalb nicht gab, weil ihr die Figur des Privatiers, des Fachmanns oder Fachgelehrten, der an den öffentlichen Dingen keinen Anteil nimmt, völlig unbekannt war. Die Politik war jedermanns Sache, und wenn man sich ihr nicht handelnd überlassen durfte, hing man ihr wenigstens in der Betrachtung nach. Mit ihrer demonstrativen Distanz zum öffentlichen Leben zeigten Epikur und seine Freunde lediglich, daß die Antike zu Ende ging. Aristoteles repräsentiert freilich noch das klassische Politikverständnis; er bringt die echte griechische Leidenschaft fürs Politische nur auf seine Weise zum Ausdruck, wenn er den Menschen als ein Lebewesen definiert, das von Natur aus zur Gemeinschaft bestimmt sei. Insoweit gleicht die Anlage des Menschen zur Politik seiner zweiten gemeinschaftsstiftenden Begabung, seiner natürlichen Sprachfähigkeit. In beiden Fällen liefert die Natur nur die Voraussetzung für alles Weitere, nicht mehr; sie kann genutzt, gestaltet und entwickelt, aber auch vernachlässigt werden und dann verlorengehen. Deswegen widmet Aristoteles der Kunst der Politik ein ganzes Buch. Das Politische ist eben nichts Selbstverständliches. Auch hier können die Herzen kalt und die Blicke stumpf werden. Was das bedeutet, hat der Niedergang der Stadt Athen für alle Zeiten klargemacht.

Man könnte daraus die Unentbehrlichkeit der politischen Bildung herleiten, wenn der Begriff inzwischen nicht an den öden Seminarbetrieb erinnerte, wie er sich an den Akademien und in den Landeszentralen für politische Bildung eingeschlichen hat. Viel mehr als Verfassungsrecht und Institutionenkunde, streng ausgewogen nach Proporz und Quote, ist da nicht zu erwarten. Es gibt Informationen, Gesprächsrunden und Schaubilder in Hülle und Fülle, aber wenig oder nichts zu dem, was man in Analogie zur Früherziehung das politische Urvertrauen nennen könnte: den festen Glauben also, daß es etwas gibt, »wofür es sich zu kämpfen lohnt«, wie Anthony Giddens die Politik einmal kurzerhand definiert hat. Von diesem Glauben ist in Deutschland trotz der unablässigen Bildungsarbeit in den erwähnten Einrichtungen, parteipolitisch ausgerichtet, wie sie sind, nur wenig zu bemerken. Zwar ist die politische Klasse so groß wie nie zuvor, es gibt Hunderte von Mandatsträgern, Tausende von Amtspersonen und mindestens ebenso viele politische Berater, das stehende Heer der Vertreter und Repräsentanten. Aber daß sie dafür gesorgt hätten, die politische Kultur ins Volk zu tragen und dort zu verankern, wird niemand sagen können.

Sie alle leben eher von der Politik als für die Politik. Wenn sie vom Staat reden, meinen sie Lebenszeitpositionen für sich und ihre Freunde. Und wenn sie Zukunft sagen, denken sie an die Versorgung im Alter. Ziele zu setzen, Kräfte zu wecken und das Gefühl zu verbreiten, daß es an uns liegt, ob wir etwas erreichen: so etwas fällt in Deutschland nicht mehr unter den Begriff der politischen Bildung. Die Wähler werden ruhiggestellt und abgelenkt, auf die kleinen Sorgen des Alltags verwiesen, welche den Sinn für Politik dann bald verkümmern lassen. Mit seiner großspurigen Ankündigung, die Wiedervereinigung schnell, billig und planmäßig über die Bühne zu bringen, hat der Bundeskanzler die latente Bereitschaft, gemeinschaftlich für etwas einzustehen, noch einmal ganz bewußt zurückgeschnitten; und das in einer Lage, die sich zum Appell an solche Empfindungen förmlich anbot. Kohl wollte eben nicht nur die Einheit, er wollte sie vor allem als sein Werk. Dazu mußte es leicht gehen oder doch jedenfalls so aussehen: Dann brauchte er mit niemandem zu teilen, mit keiner Partei, mit keinem Ministerpräsidenten und mit den Menschen draußen im Lande, wie die verräterische Formel lautet, natürlich auch nicht.

Wenige Jahre nach dem Ersten Weltkrieg hat Benedetto Croce in seinem Geleitwort zu Gaetano Moscas bekanntem Buch über ›Die herrschende Klasse‹ die Unkenntnis und Verwirrung beklagt, auf die man überall dort träfe, wo man es in der Gegenwart mit der Idee von Staat und Politik zu tun bekäme. Frühere Generationen, meinte er, seien in dieser Hinsicht besser dran gewesen, »vielleicht wegen ihrer Vertrautheit mit den lateinischen Rednern, Historikern und Dichtern und mit den italienischen Klassikern der Politik und der Geschichtsschreibung. Bei diesen fanden sie viel gediegenere und brauchbarere Begriffe von der Politik, als sie heute im Unterricht an unseren höheren Schulen und Universitäten geboten werden.« Die Nutzanwendung war klar: Man müsse dafür sorgen, daß der Mangel »durch eifrige und vielseitige Bemühungen« beseitigt werde. Was es zu lernen gab, das suchte Croce bei den Alten. Mit diesem Vorsatz ist er allerdings schon damals, in den zwanziger Jahren, nicht weit gekommen. Gegen die auf Fortschritt Versessenen von links und rechts, die sich als Vorboten einer neuen Zeit aufspielten, kam seine Stimme nicht an. Zwar hatten die entschlossenen Modernisierer auch damals nicht viel mehr zu bieten als ihre alten Melodien. Wenn sie dann aber »Seit' an Seit'«, wie es in dem bekannten Liedtext heißt, durch die Straßen marschierten, übertönten und überschrieen sie alle anderen; und das entschied. Croces Gedanke, im Rückgriff auf die Vergangenheit Maßstäbe für die Zukunft zu gewinnen, mußte den vielfältigen Kräften, die sich den Tagträumen vom neuen Menschen überließen, als Zumutung erscheinen. Die Politik, die Schule, die Gesellschaft: alles sollte neu erfunden werden. Für Abstand, Rückblick oder Vorsicht blieb da nicht viel Zeit.

Dennoch spricht vieles dafür, daß Croce recht hatte; daß der Vorrat an politischen Ideen ziemlich begrenzt ist; daß man, gerade wenn man reformieren oder revolutionieren will, Distanz zur Gegenwart benötigt; und daß man diesen Abstand am besten dadurch gewinnt, daß man sich bewegt. Ob man dabei nach vorn kommt oder zurück, läßt sich, wenn überhaupt, nur willkürlich entscheiden; »der Schritt nach rückwärts ist in Wirklichkeit ein Schritt nach vorn, weg von der Tyrannei der festgefügten theoretischen Systeme«, wie der Wissenschaftsrebell Paul Feyerabend zu diesem Ineinander einmal bemerkt hat. Die deutschen Reformatoren wollten zurück zu den Quellen, die französischen Revolutionäre, als treue Schüler Jean-Jacques Rousseaus, zurück zur Natur. Das hat sie nicht daran gehindert, vielleicht sogar erst dazu in den Stand gesetzt, die Dinge voranzutreiben. Ihr Vorurteil zugunsten der Historie und ein instinktives Mißtrauen gegen die Konstruktionen der reinen Vernunft machten sie einigermaßen unempfänglich für die Schemata, Strukturen und Schablonen, an denen die Projektemacher schon damals ihre Freude hatten. Die Beispiele und die Zitate aus dem unendlichen Vorrat der Geschichte waren für sie gerade deshalb so wichtig, weil sie den Stillstand überwinden wollten. Sie sind damit auch weit gekommen.

Es sind ziemlich alte Fragen, die sich jetzt, beim Aufbruch ins Vereinigte Europa, von neuem stellen. Mit seinem emphatischen Bekenntnis zur Bürgernähe und seiner Neigung, die Politik der Wirtschaft dienstbar zu machen, zwingt der Vertrag von Maastricht dazu, sich über zwei hergebrachte Kontroversen Klarheit zu verschaffen: über den Primat der Politik und über die relativen Vorzüge von Groß- und Kleinstaaten. Man mag sich dabei an Jacob Burckhardts Sympathie für denjenigen Staat erinnern, »wo die größte Quote der Angehörigen wirklich Bürger im höheren Sinne sind«, oder an Hannah Arendt denken, die sich dagegen wehrte, den Staat nach dem Muster der Wirtschaft in ein dynamisches Gebilde zu verwandeln und ihn damit wie diese auf einen endlosen Wachstumskurs festzulegen. So etwas, meinte sie, setze voraus, daß er sein Wesen ändert und gerade das aufgibt, was ihn zum Garanten der öffentlichen Ordnung gemacht hat.

Was aus dem Staat wird, wenn ihm die Unternehmer das Programm schreiben und ihn dazu zwingen, in ihren Kategorien zu denken, kann man schon jetzt in jedem Land Europas studieren. Und viel spricht dafür, daß die Vollendung der Union auch diese Tendenz zum Abschluß bringen wird. Im Grunde stehen die Gewinner des Vereinigungsprozesses bereits fest. Den wirtschaftlichen Akteuren, heißt es in einem Bericht der Brüsseler Kommission, »wird die Vollendung des Binnenmarktes die Regulierungslast wesentlich erleichtern. Für die politischen Organe der Gemeinschaft bedeutet sie aber ein erhebliches Mehr an Durchführungs- und Kontrollaufgaben.« Kürzer und klarer: die Wirtschaft wird die Früchte von den Bäumen pflücken, die von der Politik gepflanzt worden sind.

Der Versuch, einen ganzen Kontinent in den Griff zu bekommen, wird den ohnehin schon großen Abstand zwischen Regierenden und Regierten weiter wachsen lassen: so weit, bis sich die beiden irgendwann vollends aus den Augen verlieren. Auf dem langen Weg von unten nach oben verflüchtigt sich die demokratische Legitimation; es entsteht ein Gebilde, das nur noch äußerlich, in seinen Organen und seinen Institutionen, an demokratische Verfassungsformen erinnert. Und wie alles andere wird im Zuge dieses Prozesses auch die Politik zu einem Beruf, der sich von anderen Berufen nur noch dadurch unterscheidet, daß über Einstieg und Aufstieg die Gesinnung – oder die Gesinnungslosigkeit – entscheidet, über die zu befinden Sache der Parteiführung ist.

Daß es einen Unterschied gibt zwischen privaten und öffentlichen Angelegenheiten; daß die öffentlichen Dinge von allen gemeinsam geregelt werden müssen; daß jede öffentliche Anordnung einer förmlichen Ermächtigung bedarf: das alles hat sich ja noch nie von selbst verstanden und ist nicht für die Ewigkeit gemacht. Es sind Erfindungen, die in ihren Ursprüngen auf die neugierigen und ehrgeizigen, ruhmsüchtigen und neidischen Bürger der Stadt Athen zurückgehen. Wer diese Erfindungen bewahren will, wird ohne die Erinnerung an die Umstände und die Motive, denen sie ihre Entstehung verdanken, nicht auskommen: Genau so, wie man auch umgekehrt alles, was sich an alteuropäischen Urteilen und Vorurteilen über bürgerliche Mitwirkung erhalten hat, gründlich vergessen sollte, wenn man Europa so will, wie es in Maastricht und Amsterdam skizziert worden ist.

Was immer dann entstehen mag, ein Bundesstaat, ein Staatenbund oder etwas Bizarres und in sich Widersprüchliches, ein politischer Körper ohne politische Idee: es wird ein Monstrum sein, das sich nicht nur wegen seines Umfangs, sondern auch seinem Wesen nach von allem, was es bisher gegeben hat, himmelweit unterscheidet. In diesem Europa wird die Macht in den Händen von Leuten liegen, die demokratisch schwach oder gar nicht legitimiert sind. Die Wirtschaft wird den Ton angeben, und die »politischen« Organe, die Kommissionen, Kabinette und Konferenzen, werden ihr zu Diensten sein. Sie sollen und sie wollen die Politik dem Markt anpassen; und Anpassung heißt unter solchen Umständen nicht viel anderes als Unterwerfung.

Das Auffälligste an dieser Lage, in der sich Staat und Politik auf etwas völlig Neues einzustellen hätten, ist der Gegensatz zwischen der Hast, mit der man sich auf den Weg macht, und der Gleichgültigkeit gegenüber dem Ziel. Darin liegt der entscheidende Unterschied zu den früheren Wendepunkten und Umbruchsituationen der europäischen Geschichte. Heinrich Heine hat Mirabeau nachgerühmt, seine Zeit, die Zeit der Revolutionen, am tiefsten begriffen zu haben. Er begründet das damit, daß Mirabeau »nicht sowohl niederzureißen als auch aufzubauen wußte und daß er letzteres besser verstand als die großen Meister, die sich bis auf den heutigen Tag an dem großen Werk abmühen. In den Schriften Mirabeaus finden wir die Hauptideen einer konstitutionellen Monarchie, wie sie Frankreich bedurfte; wir entdecken den Grundriß, obgleich nur flüchtig und mit blassen Linien entworfen; und wahrlich, allen weisen und bangen Regenten Europas empfehle ich das Studium dieser Linien, dieser Staatshilfslinien, die das größte politische Genie unserer Zeit mit prophetischer Einsicht und mathematischer Sicherheit vorgezeichnet hat.« Aus dieser Beobachtung gewinnt Heine eine Lehre für seine Landsleute, die Deutschen: »Es wäre wichtig genug, wenn man Mirabeaus Schriften in dieser Hinsicht auch für Deutschland ganz besonders zu exploitieren suchte. Seine revolutionären, negierenden Gedanken haben leichtes Verständnis und schnelle Wirkung gefunden. Seine ebenso gewaltigen positiven, konstituierenden Gedanken sind weniger verstanden und wirksam geworden.«

Solche konstituierenden, aufbauenden Ideen haben noch jede der nachfolgenden Erhebungen begleitet, die Revolutionen von 1848 und 1917 sowieso, aber auch noch den späten Ulk von 1968, als an den deutschen Universitäten zum letzten Mal ein bißchen Weltgeist wehte. Erst 1989, mit dem Erlöschen der Sowjetmacht und aller Hoffnungen, die sich mit ihr verbunden hatten, ist das anders geworden. Seither scheint es nur noch das große Abräumen und Aufräumen zu geben, den Blick zurück, dem keiner mehr nach vorn entspricht. Die Revolution, hatte Jean Jaurès am Anfang des Jahrhunderts ausgerufen, die Revolution bleibt die Perspektive der Weltgeschichte. Am Ende des Jahrhunderts scheint es auch damit vorbei zu sein.

Wer es jetzt machen will wie Heinrich Heine und in der Absicht, sich eine Vorstellung von der Zukunft zu bilden, die Linien, die sich beim Blick auf den Bestand abzeichnen, weiter auszieht, dessen Blick verliert sich im Nebel. Die dem europäischen Vereinigungsgedanken zugrundeliegende Idee, durch Zusammenarbeit im Wirtschaftlichen der politischen Verständigung vorzuarbeiten, hat an Überzeugungskraft verloren. Die Freiheit, die sich im Wortlaut der Verträge von Maastricht und Amsterdam niedergeschlagen hat, ist ja nicht die Freiheit des Bürgers, sondern der freie Austausch von Gütern, Kapital und Dienstleistungen: der freie Handel für Kaufleute also, die ihre Bilanzen im Kopf haben, aber keinen Grundrechtskatalog. Darin geübt, über Politik in ökonomischen Begriffen zu urteilen, machen sie jetzt mit dem Gelernten Ernst, indem sie sich die Gemeinschaft als einen Großbetrieb vorstellen, als eine Europa AG mit Vorstandskanzler und Aktionärsparlament.

Stimmberechtigt ist da nicht der Bürger, sondern der Anteilseigner, der Geld genug besitzt, sich sein Mitspracherecht zu kaufen. Der Vorstand führt die laufenden Geschäfte, hält sich aber in allen wichtigen Dingen an den Expertenrat der Notenbankgouverneure, die ihrerseits keinem Wähler, sondern nur den abstrakten Einsichten der Volkswirtschaftslehre verpflichtet sind.

Für eine Instanz, die das Allgemeine verkörpert und dabei ihren eigenen, nicht unbedingt rationalen Regeln folgt, bleibt da kein Raum. Es gibt nur noch die vielen Sonderwelten, in denen die verschiedenen Berufe vor sich hin arbeiten, ohne dem Leben nebenan eine mehr als beiläufige Aufmerksamkeit zuzuwenden. Der alte Anspruch der Politik, das Ganze vorzustellen, wird von zeitgemäßen Theorien denn auch konsequent bestritten: In einem Universum, das nur noch Teilaspekte kennt, ist eine solche Vormacht ja auch überflüssig, vielleicht sogar schädlich.

Man braucht den Erklärungswert dieser Anschauungen nicht geringzuachten, um angesichts der kalten, bösen, fragmentierten Welt, die hier entworfen wird, zu frösteln und sich zu fragen, ob die Beschreibung denn auch zwingend richtig ist. Dieses Weltbild paßte doch nur für die fetten Jahre, die Epoche bis 1989, als sich die deutsche Politik auf Wohlstandspflege, Währungsgewinne und Wachstumschancen konzentrieren durfte, weil die Prärogative für die eigentliche, die Außen- und Sicherheitspolitik, bei den Alliierten lag. Doch mit dieser deutschen Idylle geht es offenbar zu Ende, und so erkennt man plötzlich, daß noch etwas fehlt: Die Erosion des Politischen, sein Zurückbleiben hinter den konkurrierenden Mächten der Wirtschaft und der Wissenschaft, wird als Verlust empfunden und hat den Wunsch, den Rückstand aufzuholen, zum beherrschenden Motiv der europäischen Integrationsbewegung gemacht.

Seitdem man merkt, wie kräftig die weltweit agierenden Unternehmen den Spielraum der nationalstaatlichen Politik eingeschränkt haben, lebt der Europaenthusiasmus, soweit er denn über das rein Ökonomische noch hinauswill, von der Hoffnung, die Politik in ihre alten Rechte, besser gesagt: in ihre alten Vorrechte wieder einzusetzen.

Deshalb der Ruf nach einer Verfassung: Die europäische Konstitution soll einer Restitution des Politischen den Weg bereiten. Wenn das so gedacht ist, wie es seinerzeit Thomas Paine gemeint hatte, der unter einer Konstitution nicht etwa den Akt einer Regierung verstand, sondern den Akt eines Volkes, das eine Regierung bildet, sollte man sich auf lange Zeiträume einrichten; denn zur Verfassung in diesem Sinne fehlt Europa einstweilen alles. Eine pure Willensanstrengung, wie sie sich die Legalisten unter den Linken oder die Dezisionisten auf der Rechten vorstellen, reicht dazu jedenfalls nicht aus. Mit ihr ist um so weniger zu rechnen, als der Verfassungsgedanke den hochgespannten Erwartungen, die sich ehemals mit ihm verbunden haben, ohnehin nicht mehr entspricht. Er steckt, wie man gesagt hat, in der Krise: »Nachdem es der Verfassung nicht mehr gelingt, alle Träger öffentlicher Gewalt in ihr Regelungswerk einzubeziehen, muß man damit rechnen, daß sie auch nicht mehr alle Bereiche der Staatstätigkeit erfassen wird«, lautet das Resümee des Staatsrechtslehrers Dieter Grimm. Als Alternativen sieht er ein verändertes Verfassungsverständnis voraus, das den Geltungsschwund auf irgendeine Weise wieder auffängt, oder eine Entwicklung, in deren Verlauf die Verfassung, an den Rand gedrängt, schließlich zu einer Teilordnung des öffentlichen Lebens verkümmert.

Die Zukunft ist offen, auch hier. Wer sich jedoch daran erinnert, mit welcher Energie der frühere Kommissionspräsident Jacques Delors das Wachstum der Brüsseler Verwaltung betrieben hat, wie sehr er die Zeit herbeisehnte, in der »achtzig Prozent der ökonomischen, fiskalischen und sozialpolitischen Gesetzgebung ihre Quelle in der Kommission haben werden«, wird an viel mehr als an eine Teilordnung nicht glauben. Die Kommission hat sich ihre Machtstellung ganz ohne europäische Verfassung erobert, und es ist nicht abzusehen, wie ein verfassunggebender Akt, wenn es denn jemals zu einem solchen kommen sollte, nachträglich das wieder einfangen könnte, was ohne ihn so prächtig gediehen ist. Die Brüsseler Verwaltung ist nach französischen Vorstellungen entworfen worden; man denkt dort zentralistisch, arbeitet bürokratisch und orientiert sich an einem Effizienzideal, das für die umständlichen Prozeduren einer verfassungskonformen Willensbildung nicht viel übrig hat. Diese Art von Politik entzieht sich der Kontrollgewalt, zum guten Teil auch dem Verständnis demokratisch legitimierter Gremien. Sie wird zur Sache einer mächtigen Klasse, deren Mitglieder sich miteinander schnell verständigen, alles Wichtige unter sich ausmachen und fern vom Volk ein abgesondertes Leben führen.

Deswegen wird man sich wohl entscheiden müssen zwischen jenen beiden Zielen, die in der Präambel des Maastrichtvertrages nebeneinandergestellt worden sind, als gäbe es da keinen Unterschied und keine Spannung: zwischen Effizienz und Demokratie. Effizienz ist ein bürokratisches Ideal und eine ökonomische Tugend, aber kein Merkmal demokratischer Regierungskunst. Die Demokratie ist ziemlich umständlich und selten rational, alles andere also als effizient, und wenig deutet darauf hin, daß ausgerechnet auf der weit abgehobenen europäischen Ebene die Hochzeit der ungleichen Partner gelingen sollte. Demokratische Bräuche können nur in begrenzten, überschaubaren Räumen gedeihen, eine Erfahrung, die das Mißtrauen aller eingefleischten Demokraten gegen die starken zentralen Mächte hinlänglich erklärt.

Thomas Jefferson war ein Mann, der sich in seinen patriotischen und republikanischen Überzeugungen von niemandem übertreffen ließ. Er hat die Unabhängigkeitserklärung, das Gründungsdokument der Vereinigten Staaten, geschrieben und seinem Land in allen möglichen Ämtern gedient, zuletzt als Präsident. Die gemeinsame Verfassung allerdings hat er als überzeugter Föderalist nicht unterzeichnet. Er blieb mißtrauisch gegen die Eigengesetzlichkeiten der Macht, die jede Zentralgewalt dazu anhält, so viel an Kompetenzen zu erobern wie nur möglich, und ist in diesem Vorbehalt durch das, was kam, bestätigt worden. Sein Beispiel zeigt, daß es für Einwände gegen größere politische Einheiten Gründe gibt, die mit Provinzialismus wenig, mit republikanischen Vorbehalten, liberalen Gepflogenheiten und der Bereitschaft, für eine verfassungskonforme Regierungsweise wirtschaftliche Opfer zu bringen, aber sehr viel zu tun haben. Solange das, was im Vertragskonvolut von Maastricht zusammengeworfen oder aneinandergereiht worden ist, seine Verträglichkeit und innere Kohärenz nicht tatsächlich erwiesen hat, sollte man vorsichtig sein. Denn einige Grundsätze des demokratischen Verfassungsstaates könnten dort verlorengehen. Vielleicht für immer.

Warum man auf der Stelle tritt

Kein Hirt und *eine* Herde.

FRIEDRICH NIETZSCHE

Vierzig Jahre lang war die deutsche Geschichte eine Geschichte der beiden deutschen Staaten. Für die Politiker in Bonn und Ostberlin hieß das vor allem: Einfügen in die Ideenwelt der Sieger, Abhängigkeit von den Interessen der jeweiligen Schutzmacht, Vorrang für die Pflege der auswärtigen Beziehungen. Als Folge eines katastrophal verlorenen Krieges war diese Situation zu selbstverständlich, als daß sie das Bewußtsein beschäftigen oder mehr als nur beiläufige Aufmerksamkeit hätte erregen können. Aber der Primat der Außenpolitik, ein alter Lieblingsgegenstand der Deutschen, war wohl noch nie so unumstritten wie in den vier Jahrzehnten der Dependenz. Solange die Wiedervereinigung das offen proklamierte Ziel der Politik auf beiden Seiten war, blieb den Deutschen gar nichts anderes übrig, als sich mit ihren Vormächten zu arrangieren. Denn nur sie, die die Wunde der Teilung geschlagen hatten, konnten sie auch wieder heilen.

Später, als der Osten dieser Hoffnung demonstrativ abgeschworen hatte und sie im Westen stillschweigend begraben worden war, hat sich die Dominanz des Außenpolitischen nur verlagert, nicht verringert. Denn jetzt begann der Wettstreit der Systeme, ein Kräftemessen zwischen Markt und Plan, das von den Deutschen erst recht nicht aus Eigenem bestritten werden konnte. Genauso wie in der Epoche des Kalten Krieges bedurften sie in der Zeit der Systemkonkurrenz des Beistands und des Wohlwollens ihrer politischen Vormünder. Diese Phase dauerte bis 1989 und endete mit einem Sieg des kapitalistischen Westens. Nicht erst aus der Rückschau stellt sie sich als eine Periode dar, die eindeutiger als alle anderen im Zeichen der Außenpolitik gestanden hat.

Aktiv war die Rolle allerdings nicht, die die Deutschen in diesem Stück zu spielen hatten. Vierzig Jahre lang stellte sich ihnen das Politische als etwas dar, was erfüllt und durchgeführt, nicht eigentlich gestaltet werden mußte. Man wußte, wo die Entscheidungen gefällt wurden, und der bis heute so überaus beliebte Hinweis auf den Mangel an Alternativen, der die Politik zum Schicksal stilisiert, das immer nur erduldet und erlitten werden muß, stammt aus dieser Zeit. »Burdensharing« im Westen, Mitwirken am Aufbau des Sozialismus im Osten war das Äußerste, was man den Deutschen in ihrem jeweiligen Bündnissystem zugestand, den großen Rest besorgten die anderen. Weil jeder wußte, daß die wahren Machthaber in Moskau und in Washington saßen und die eigene Regierung, falls überhaupt, erst nachträglich um Zustimmung gebeten wurde, bekam die deutsche Politik einen mechanischen und vorhersehbaren Charakter. Kanzler der Alliierten zu sein, wie es Adenauer nach seiner Wahl zum ersten deutschen Bundeskanzler von seinem unterlegenen Konkurrenten zugerufen wurde, war eigentlich kein Vorwurf, es beschrieb die Lage. Nach den Exzessen des Tausendjährigen Reiches schien ein ideenarmer, defensiver Regierungsstil an der Zeit zu sein, eine Politik des Abwartens und Vertagens. Den meisten Deutschen war das auch ganz recht.

Bis 1968 hatte sich dieser Stil so weit eingebürgert, daß ihm auch die gereizte Aufbruchsstimmung, die dann folgte, nicht viel anhaben konnte. Der innenpolitische Reformeifer, zu dem sich die kleine Koalition unter Willy Brandt bei ihrem Machtantritt bekannt hatte, verbrauchte sich jedenfalls schnell, und wieder blieben die äußeren Beziehungen, diesmal das Verhältnis zu den Nachbarn im Osten, als das beherrschende Thema der Politik übrig. Nicht der Umbau des deutschen Bildungssystems, den Brandt demonstrativ an die Spitze seines Reformkatalogs gestellt hatte, sondern der Kniefall im einstigen Warschauer Ghetto prägt die Erinnerung an jene Jahre. Und das zu Recht, denn bei der Neueinrichtung der inneren Verhältnisse, der Schulen und des Wirtschaftslebens, der öffentlichen Finanzen, des öffentlichen Verkehrs und des öffentlichen Dienstes, hatte Brandt Erwartungen geweckt, die er kaum einlösen konnte. Fast zehn Jahre lang war sein Nachfolger Helmut Schmidt damit beschäftigt, die exzessiven Hoffnungen auf ein realistisches Maß herabzustimmen.

Anlaß zum Koalitions- und Regierungswechsel 1982 bot dann wieder ein außenpolitisches Thema, diesmal der Versuch des Westens, in militärischen Dingen handlungsfähig zu bleiben und den russischen Mittelstreckenraketen gleichwertige Waffen entgegenzusetzen. Dabei gelang Helmut Kohl, woran sein Vorgänger gescheitert war, sich nämlich innerhalb der Partei und zusammen mit der Partei gegen die Wortführer der öffentlichen Meinung durchzusetzen. Dieser Erfolg dürfte die wichtigste Voraussetzung für seine immerwährende Kanzlerschaft und deren historischen Höhepunkt gewesen sein, die Überwindung der europäischen Spaltung durch den Zusammenbruch des Ostens.

Mit diesem Ereignis war der Zeitpunkt gekommen, um sich der Neuordnung der Verhältnisse im Inneren zuzuwenden. Aber der große Augenblick fand, wie man zu Recht bedauert hat, keine großen Akteure. Nicht, daß sich nichts verändert hätte. Aber die Bewegung lief von Anfang an nur in eine Richtung. Der Osten hatte sich dem Westen anzupassen, und je gründlicher das geschah, desto länger

konnte im Westen alles beim alten bleiben und die sogenannte Stabilitätspolitik zu einer Politik der Unbeweglich-
keit erstarren. Das schloß neben viel Bewahrenswertem
leider auch einiges ein, was sein verdientes Ende hätte finden sollen. Als der sächsische Justizminister Steffen Heitmann, ansonsten ein Gefolgsmann Helmut Kohls, sechs
Jahre nach der Einigung Bilanz zog, klang das so: »Die
Individualisierung und Ökonomisierung der Gesellschaft
ist fortgeschritten. Die Kriminalität ist gestiegen. Die Ar-
beitslosenzahl ist groß. Die deutsche Bevölkerung nimmt
ab und wird immer älter. Die Wirtschaft kämpft um ihren
Platz in einem globalen Verteilungsstreit. Der verschuldete
Staatshaushalt bedarf der Konsolidierung« – und so ging es
in einem fort, denn die Reihe der Versäumnisse war ja noch
viel länger. Nachdem es im Osten eine Revolution gegeben
hatte, war man auch im Westen auf Reformen vorbereitet,
die über das Reparieren und Restaurieren, mit dem man
sich jahrzehntelang begnügt hatte, weit hinausgehen sollten. Aber dazu ist es nie gekommen. Die politische Appara-
tur ist vergrößert und ausgebaut, aber nicht verstärkt worden; verbessert wurde sie schon gar nicht.

Heitmann sprach weniger über die Fehler der Politik als
über die Versäumnisse der Gesellschaft. Er beschrieb die
lemurenhaften Bewegungen einer Wohlstandsdemokratie,
die keine Lust mehr hat, ihren gewohnten Trott zu ändern.
Allerdings unternimmt auch die Regierung wenig oder
nichts, die Menschen aufzuscheuchen. Sie setzt im Gegenteil ihren Ehrgeiz darein, die eingefahrene Besitzstands-
mentalität mit allen Mitteln zu verfestigen: Besitz und
Stand, das privilegiert das Vorhandene und lädt die Gegenwart dazu ein, sich auf Kosten von Vergangenheit und Zukunft weit vorzudrängen.

Kein deutscher Kanzler hat es gewagt, das Volk so anzusprechen, wie Margaret Thatcher das in England jahrelang getan hat und wie es Tony Blair, wenn es ihm ernst ist, auch heute wieder tut. Deutsche Politiker sehen ihre wichtigste Aufgabe darin, von blühenden Landschaften zu erzählen, die Leute bei Laune zu halten und notwendige Änderungen aufs übernächste Jahr zu verschieben. Die Politik als große Konsensveranstaltung, als etwas, dessen strittiger Charakter vor den Wählern unter allen Umständen versteckt werden muß – diese genuin deutsche Auffassung hat in den Nachkriegsjahren noch einmal Boden gewonnen. Was immer zum Gegenstand der Kontroverse taugt, von der Rentenreform über die Energiepolitik bis hin zur europäischen Einigung, verbindet sich in Deutschland mit der Aufforderung, die Sache keinesfalls zum Wahlkampfthema zu machen: als ob der Wahlkampf nicht genau die Bühne wäre, wo solche Fragen hingehörten. Entschiedenheit in der Sache und ihre zwangsläufige Folge, Streit nämlich, sind offenbar nicht das, was Deutsche von der Politik erwarten. Sie wollen gar nicht mehr die Wahl haben, sondern sehnen sich nach Harmonie, selbst um den Preis der Langeweile und der Unterwerfung. Weil Kohl das begriffen hat und dem Hang zum Weitermachen entgegenkommt, ist er der Wunschpolitiker des deutschen Volkes.

Kohls Stärke ist sein Talent abzuwarten. Er entscheidet ungern oder spät, am liebsten erst dann, wenn der Druck der Verhältnisse unerträglich geworden ist und ihn zum Eingriff zwingt. Seine Europapolitik steht (und fällt vielleicht) mit seiner Kunst, die Dinge so zu arrangieren, daß er nur zu vollstrecken scheint, was ohnehin aus vielen Gründen unvermeidlich ist. Daß die Interessenten und Spekulanten dabei Zeit finden, das Feld zu besetzen, Stellungen zu befestigen und jeden Versuch, die alten Besitztümer neu aufzuteilen, aussichtslos zu machen, nimmt er hin.

Obwohl er sieht, wie langsam die Dinge vorankommen, ist er erstaunlich nachsichtig, ja gleichgültig gegenüber den Konsequenzen des ewigen Wartens, solange nur die Macht nicht in Gefahr gerät. Sein öffentlicher Spott über Deutschland als »kollektiven Freizeitpark« beweist, daß er die Exzesse der Wohlfahrtsverwaltung kennt; nur folgt daraus für ihn so gut wie nichts, keine Entschlossenheit jedenfalls, die Mißstände abzuschaffen. Im Gegenteil, er geht, trotz eigener Bedenken, beim Marsch in den Versorgungsstaat sogar voran. Durch die von ihm ursprünglich gar nicht gewollte, dann geduldete und schließlich forcierte Pflegeversicherung ist die Abgabenlast so drückend geworden, daß sie die Wirtschaft lähmt und die Bürger gegen den Staat aufbringt. Aussitzen ist nicht das richtige Wort für diese Art von Politik, die so tut, als würden sich die Dinge irgendwann von selbst erledigen. Gerade das tun sie natürlich nicht; sie bleiben auch nicht einfach liegen, sondern nehmen durch die Untätigkeit der Regierung an Umfang und Bedrohlichkeit ständig zu.

Früher als andere hat Kohl auf die dramatischen Veränderungen im Altersaufbau der Bevölkerung hingewiesen, sogar das Reizwort der »Vergreisung« hat er nicht gescheut. Den keineswegs geringen Anteil, der seiner konfiskatorischen Steuer- und Sozialpolitik an dieser Entwicklung zukommt, will er jedoch nicht wahrhaben. Selbst als das Bundesverfassungsgericht in mehreren Urteilen diesen Punkt herausgestellt und auf Abhilfe gedrungen hatte, ließ er die Waigels und die Blüms gewähren. Und als der Unwille so mächtig wurde, daß er ihn nicht mehr übersehen konnte, kündigte er treuherzig an, »offen und ehrlich« darüber zu reden, was am System noch haltbar sei und was verändert werden müsse: als ob das nicht seit Jahr und Tag geschehen wäre! Kohl reagiert immer nur gezwungenermaßen, so spät wie möglich und in einem Umfang, als wollte er den Bürgern klarmachen, daß ihn die Sache eigentlich nichts angeht. Über die Folgen seiner Abgabenpolitik zu sprechen oder auch nur wissen zu wollen, wie es denn um die Zukunftstüchtigkeit eines Landes stehen mag, in dem die Zahl der Rentner die der Jugendlichen langsam übersteigt, gilt unter Kohl als unerwünscht. Um auf solche Fragen eine Antwort zu erhalten, muß man auf ausländische Stimmen hören. In einem Kommentar von ›Le Monde‹ hieß es neulich: »Die Deutschen werden zu alt, um sich geistig erneuern zu können. Wenn es so weitergeht mit der demographischen Entwicklung, dann wird es im Jahr 2030 fünfzehn Millionen Deutsche weniger geben. Man muß sich diese Zahl einmal vor Augen halten: fünfzehn Millionen Personen weniger! Die ganze Bevölkerung der DDR, einfach weg! Das ist die deutsche Realität, die Anlaß zur Sorge gibt.«

Die Deutschen selbst besorgt das aber nicht. Sie erkennen gerade hier ihren besonderen Auftrag, der ganzen Welt ein Beispiel zu geben für Multikulturalismus, postnationale Identität und ähnliche Chimären aus den Versuchsabteilungen der angewandten Soziologie. Und es sind keineswegs nur Bremer Professoren, die das Publikum darauf aufmerksam machen, daß »das Gut Mensch« im Überangebot vorhanden sei und nur darauf warte, von hochbetagten, kinderlosen Deutschen als Rentenarbeiter eingekauft zu werden: »Auf viele Jahrzehnte hinaus können hochmotivierte Arbeitskräfte zur Absicherung der Renten fix und fertig und kostenlos jenseits der Grenzen durch simple Einwanderungspolitik gewonnen werden.« Heiner Geißler, nicht ohne Einfluß in der CDU, argumentiert genauso, wenn er für Einwanderung wirbt, »um die Zukunft Deutschlands zu sichern«. Er läßt auch keinen Zweifel, was er unter Zukunft versteht: die Liquidität der Rentenversicherung.»Wenn die deutsche Wirtschaft und die deutsche Sozialversicherung nur auf deutsche Beitragszahler angewiesen bleiben, ist das jetzige Rentensystem nicht mehr zu finanzieren.« Hans-Ulrich Klose, lange Zeit Vorsitzender der sozialdemokratischen Arbeitsgemeinschaft »60 plus«, geht noch einen Schritt weiter. Er hat seinen Blick weit in die Zukunft gerichtet und dabei die älteren Bürger als Quelle von individuellem und gesellschaftlichem Fortschritt entdeckt – die älteren, wie gesagt, nicht etwa die jüngeren.

Die Anwälte einer progressiven Bevölkerungspolitik haben darauf verzichtet, historische Beispiele für diese Art von Fortschrittsförderung zu nennen. Sie hätten wohl auch Mühe gehabt, sie zu finden. Denn die Entdeckung neuer Verfahren, die zu neuen Produkten führen, aus denen früher oder später neue Arbeitsplätze entstehen, war und ist das Vorrecht junger und gut ausgebildeter Menschen. Sie in die Minderheit zu drängen heißt, das Land um eben jenes Innovationskapital zu betrügen, das ihm die aufgeklärten Sozialpolitiker ständig vor Augen rücken. Ohne Jugend wechselt das Klima im Lande, greift ein Gefühl der Versteinerung und Verödung, der Verlangsamung und Vereinsamung des Daseins um sich, und wenn man in die Zukunft blickt, dann sieht man in ein tiefes Loch. Heerscharen von Altersforschern und Altenpolitikern werden daran nichts ändern. Denn auch mit modernstem Know-how, mit Gentechnik und Gefriertechnik, Transplantationstechnik und Versicherungstechnik wird man den Optimismus und die Originalität nicht wiederherstellen können, die alles Weitere bedingt.

Die Glücksvorstellungen eines alternden Volkes kulminieren im Ruhestand. »Du kannst jetzt lesen, sehr viel reisen / und deinen Schöpfer dafür preisen, / daß du nun endlich Rentner bist, / wenn auch so mancher neidisch ist«, reimte ein deutscher Frührentner, als er nach vierzig Arbeitsjahren sein Lebensziel, die Rente, endlich erreicht hatte. Eine Gesellschaft, die solche Ideale pflegt, verlangt nach einer Politik, die sich zwar ständig in Bewegung hält, aber nichts mehr verändert. Und die Parteien erfüllen diesen Wunsch nur zu gern, haben sie doch gemerkt, daß ihre Fähigkeit zu Neuentwurf und Neugestaltung jämmerlich begrenzt ist. »Ich weiß, ich weiß, aber was soll ich tun?« antwortet der unglückliche Finanzminister Theo Waigel, wenn man ihn auf die Mißstände und Unstimmigkeiten im deutschen Steuerwesen aufmerksam macht. Wie manche seiner Vorgänger hat er vor den Gefahren und den Möglichkeiten seines Amtes kapituliert und damit jene kalte Verachtung großgezogen, die der politischen Klasse in Deutschland überall entgegenschlägt. Wenn er sich dann, um als Macher dazustehen, zu irgendwelchen großartigen, aber unerfüllbaren Ankündigungen herbeiläßt, verlängert er das alte Wechselspiel von Hoffnung und Enttäuschung um eine weitere Runde. Die Politik hat das Bewußtsein davon, daß es Grenzen gibt, und ein Gefühl dafür, wo diese Grenzen liegen könnten, gründlich eingebüßt. Sie versucht sich an allem und wird mit nichts mehr fertig. Grenzen zu erkennen und zu respektieren ist aber nirgends wichtiger als in der Politik. Sie stellt sich schließlich selbst in Frage, wenn sie in diesem Punkt versagt.

Und sie versagt tatsächlich. Für Leute, deren Macht darauf gründet, daß ihr Einfluß immer weiter reicht, so weit, daß er die Bürger zu Heloten degradiert, ist der Umfang der Staatsaufgaben kein Thema mehr. Zwar hat man auch in dieser Sache eine Kommission gebildet und ihr die Aufgabe gestellt, den viel zu fetten Staat wieder zu verschlanken. Aber der unersättlichsten von allen Leidenschaften, der

Regelungswut, wird man so nicht beikommen, denn die Kommission ist selbstverständlich mit Parteileuten besetzt worden, die doch nichts sehnlicher wünschen, als möglichst alle Fäden in den Händen zu halten. Man weiß ganz gut, daß es vor allem darum geht, zurückzuschneiden und zu vereinfachen; denn akzeptiert wird auf Dauer nur diejenige Ordnung, die jedermann auch ohne fachlichen Beistand verstehen kann. Doch der selbstbewußte Bürger ist eben nicht das Wesen, das die Parteien lieben. Sie wollen ihn abhängig, dankbar für jeden kleinen Vorteil, den man ihm zuschanzt, und grämlich über jedes kleine Opfer, das man ihm abverlangt. Nur so bilden die Wähler jene formbare Masse, die eine Partei braucht, um aus den vielen eine Mehrheit zu bilden und die Wahl zu gewinnen.

Das neue Leitbild ist nicht mehr der Bürger, sondern der Kunde, der sich betreuen und bedienen, verführen und mobilisieren läßt, ganz nach Bedarf. Eine Übersicht über das öffentliche Dienstleistungsangebot einer mittleren deutschen Großstadt zählt folgende Beratungsstellen auf: Lebensberatung, Eheberatung, Erziehungsberatung, schulpsychologische Beratung, Suchtberatung, Drogenberatung, Scheidungsberatung, Beratung bei Mißhandlung und Mißbrauch, Behindertenberatung, Schuldnerberatung, Mieterberatung, Mütterberatung, Schwangerschaftsberatung, Eingliederungsberatung. Und dann, als Schlußstein im Gewölbe der endlosen Beratungtätigkeit, die Bürgerberatung. Sie soll über das Angebot informieren, über Beratung beraten. So sieht es aus, wenn sich die Bürokratie ans Reformieren macht: um die Übersicht wiederherzustellen, verwendet sie dieselben Mittel, an denen die Übersicht seinerzeit zugrunde ging. Das Dienstleistungsangebot auszuweiten ist ihr immer möglich; es zu verschlanken offensichtlich nie.

Was hier, abgesehen vom schieren Umfang des Wohltätigkeitsbazars, in die Augen springt, ist das Verblassen des Unterschieds von Öffentlich und Privat. Der Staat drängt sich nicht bloß dort als Vormund auf, wo er als Gesetzgeber oder als Gerichtsherr mit irgendwelchen Vorschriften oder Aktivitäten ohnehin schon präsent ist. Er ist auch da zur Stelle, wo er bisher nicht vorgesehen war, und kümmert sich noch ums Privateste, das es in seiner hergebrachten Form, als einen von öffentlicher Einmischung freien Raum, gar nicht mehr gibt. Wie weit die Obrigkeit damit ihren eigenen Wünschen folgt oder den stillen Erwartungen der Bürger, ist kaum auszumachen. Die Frage ist aber auch nicht mehr so wichtig, denn Interessen lassen sich ja wekken; wenn sie dann wach sind, werden sie bedient. Tatsächlich hängt das Lebensglück des einzelnen im allzuständigen Wohlfahrtsstaat zu guten Teilen an dem Geschick, mit dem er sich der Politik als Betreuungsfall aufzudrängen vermag. Gelingen kann das nur zusammen mit vielen anderen, als Gruppe also, als Lobby und Verband. Ist der Zusammenschluß, der sich da bildet, organisationsstark und stimmkräftig genug, wird es keine Politik wagen, über seine »berechtigten Anliegen« hinwegzusehen. Schon gar nicht, wenn diese Anliegen vor dem Parlament per Megaphon verlesen werden.

Die Regeln, die hier wirksam sind, hat der Marquis d'Argenson beschrieben, einer der Gewährsleute Rousseaus. Jedes Interesse habe einen anderen Ausgangspunkt, meinte er, so daß die Übereinstimmung zwischen zwei zunächst unterschiedlichen Interessen überhaupt erst dadurch zustande komme, daß sich die beiden gegen ein drittes verbündeten. Der Grundsatz ist für das Geschäftsleben formuliert worden, gilt aber auch für den Umgang der Staatsbürger untereinander. Auch der Vormarsch immer neuer

»Randgruppen«, eines der auffälligsten Phänomene unserer Zeit, spielt sich nach diesem Muster ab. Frauen betreiben ihre Gleichstellung mit Männern, indem sie sich gegen die Kinder verabreden – freilich in dem gerechtfertigten Wunsch, jahrhundertelange Ungerechtigkeit zu überwinden; Rentenempfänger verbünden sich mit Beitragszahlern zum Nachteil derer, die in Zukunft zahlen müssen; Arbeitgeber und Arbeitnehmer teilen sich den Produktivitätszuwachs und überlassen die Arbeitslosen der öffentlichen Fürsorge. Um die Lebensumstände derer, die dazugehören, zu verbessern, muß eine Minderheit gefunden werden, die nicht dazugehört. Die Mehrheit wird dann zu Petenten und Besitzstandswahrern, die Minderheit wird übergangen und verstummt.

Aber, sagt Tocqueville, nichts ist schwerer zu lenken und im Zaum zu halten als ein Volk von Bittstellern. Was immer die Regierung unternehme, sie werde es den Menschen niemals recht machen können, »und immer muß man befürchten, daß das Volk die Verfassung des Landes umstürzt und das Gesicht des Staates ändert, einzig aus dem Verlangen, Stellen frei zu machen«. Was Tocqueville da äußert, sind Erfahrungen aus dem Revolutionszeitalter; damals gab es genug unruhige Leute, die nach vorn drängten und sich vom radikalen Neuanfang einen Vorteil versprachen. In einem reichen, satten, überalterten Land sieht es ganz anders aus. Da liegt die Mehrheit in den Händen der Stelleninhaber, und deshalb wird nicht die Lust am Umsturz, sondern die Angst vor der Zukunft den Gang der Dinge bestimmen. Die schrillen Töne, mit denen die Zukunft auf jedem Parteikongreß beschworen wird, beweisen ja nur, daß man sich dieser Selbstverständlichkeit schon lange nicht mehr sicher ist. Weil zwei von drei etwas zu verlieren haben, sind sie versessen darauf, daß sich nichts bewegt. Ein solches Land ist stabil nicht durch die Anhänglichkeit seiner Bürger, sondern durch ihre instinktive Abneigung gegen alles Neue. Wenn sie an den Staat denken, überschlagen sie ihre kleinen oder größeren Gewinne und fragen sich, mit welcher Partei sie besser fahren. Konservativ nicht aus Neigung, sondern aus Kalkül, engen sie den Spielraum, den die Regierung im Interesse des Ganzen so dringend nötig hätte, immer weiter ein.

Der Politik Luft zu verschaffen und Ziele zu setzen wäre Aufgabe der Parteien; doch so weit mögen sie ihren Blick nicht heben. Um sich als Anwälte des gemeinen Volkes aufzuspielen, verzetteln sie sich bei der Frage, wie hoch der Kassenzuschuß sein soll oder muß, wenn ein Patient nach Zahnersatz verlangt: der Bundestag hat dafür einen ganzen Vormittag geopfert. Daß eine solche Zeitökonomie keinen Platz läßt für die Beschäftigung mit Aufgaben, derentwegen die Parteien vom Grundgesetz so auffällig privilegiert worden sind, leuchtet ein. Sie wollen nicht mehr das tun, wozu sie eigentlich da sind, und was sie schon deshalb erledigen müßten, weil nur sie die Kapazität dazu haben: den großen politischen Kontroversen Gestalt geben und sie auf diese Weise reif machen für die Entscheidung durch den Wähler. Die Deutschen aus der untergegangenen DDR, die erlebt haben, wie das politische Leben durch den immer härteren Zugriff der demokratischen Zentralisten verkümmerte, haben sich für die Versäumnisse des Parteienstaates offenbar ein besseres Gespür bewahrt als die im Westen. Wolfgang Thierse, der stellvertretende Vorsitzende der SPD, hat seine Partei wiederholt gemahnt, Grundfragen der deutschen Politik zu klären. Er will mehr Eindeutigkeit in den Positionen, »Opposition bis zur Kenntlichkeit der SPD«. Als Beispiele nennt er die Verteidigung des Sozialstaats, den Kampf um mehr Steuergerechtigkeit, den Einsatz für Mo-

dernisierung und Innovation, das Ingangsetzen der ökologischen Steuerreform und die Verwirklichung des Bündnis-
ses für Arbeit.

Und damit sollen die Absichten einer Partei allen Ernstes
kenntlich werden? Ist das nicht oft genug verlautbart worden, und nicht nur in den Kreisverbänden und Ortsverei-
nen der SPD, sondern auch in denen der anderen Volkspartei, der CDU: wörtlich genauso oder doch ganz ähnlich?
Klingt er nicht überall gleich: der Ruf nach draußen, an die
Wähler, und das Echo, das von dort zurückkommt, dann
natürlich auch? Überall dieselben Themen, dieselben Fragen und dieselben Antworten. Und überall dasselbe, fol-
genlose Verlangen nach Klarheit, Wahrheit, Ehrlichkeit.
Unablässig werden die Bürger dazu ermuntert, sich zu entscheiden; aber wenn ihnen kein handfestes Interesse den
Weg in die Fachausschüsse oder Arbeitskreise einer Partei
weist und sie sich von ihrer Mitarbeit in der Politik nicht
irgendeinen Privatvorteil versprechen dürfen, dann wissen
sie nicht, wo und wie.

Die alte Regel, nach der die Staaten dazu gezwungen
sind, im Inneren die Spannungen zu durchleben, die sie
sich in der Auseinandersetzung mit ihren äußeren Feinden
ersparen, scheint außer Kraft gesetzt zu sein. Konflikte gegeneinander auszutauschen, den Druck im Inneren nach
außen abzulenken oder die Ruhe im Äußeren für innere
Reformen zu nutzen, das will nicht mehr gelingen. Nach
dem Ende der alten Weltordnung, unter der sich Ost und
West mitten in Deutschland hochgerüstet gegenüberstan-
den, ist das Land, wie man gesagt hat, von Freunden um-
zingelt. Aber diese historisch neuartige Situation ist weit
davon entfernt, die schwelende Kontroverse über die Gestaltung der inneren Verhältnisse auch nur für Stunden zu
beleben. Im Gegenteil, das Gefühl, keine Wahl zu haben,

greift immer weiter um sich und legt sich wie Nebel übers Land. Es entsteht eine Stimmung verbissener Apathie, in der die Menschen dazu bereit sind, auf ihre Bürgerrechte zu pfeifen und die Politik den anderen zu überlassen.

Denen ist der Umschwung, der sich in zunehmender Wahlabstinenz und im Mitgliederschwund der Parteien offenbart, nicht verborgen geblieben. Und sie reagieren auf ihre Weise, indem sie nämlich, einmütig wie sonst nie, den Blick der Bürger auf Europa richten. Noch einmal ein gewaltiger Entwurf, ein weltgeschichtliches Ereignis, eine Frage von Krieg und Frieden, wie Helmut Kohl in einem nicht ganz zeitgemäßen Bild versichert hat; nur eben ohne die Beteiligung der Bürger. Denn zu entscheiden gibt es nicht mehr viel, nachdem sich der Bundestag festgelegt hat und die Parteien übereingekommen sind, der Mahnung des Bundespräsidenten zu folgen und das Europathema aus dem Wahlkampf zu verbannen. Die Sache soll von selbst laufen, am liebsten ohne Bundestag und Bundesrat und ohne das in dieser Frage ganz besonders lästige Bundesverfassungsgericht. Einer der folgenreichsten Schritte, die das Land jemals zu tun hatte, wird wie ein technisches Problem behandelt, bei dem die Konvergenzkriterien entscheiden und sonst nichts. So wie er ausgehandelt wurde, als ein nur Fachleuten verständliches Konglomerat von Bekenntnissätzen, Protokollnotizen und subtilen Vorschriften, soll der Vertrag von Maastricht auch umgesetzt werden. Anders als die großen Gründungsdokumente, mit denen eine politische Union bisher noch jedesmal besiegelt worden ist, löst dieser Text keine Begeisterung aus. Er weckt Gefühle der Nötigung, die durch den halb drohenden, halb lockenden Hinweis auf den verabredeten Zeitplan, der keine Verzögerung und keine Abweichung erlaube, ständig geschürt werden.

»Wir sehen alle Sünden und Fehler der modernen Demokratie, alle Widersprüche und vergifteten Stellen des vor-
herrschenden Modells der Marktwirtschaft. Wir stellen uns
die Frage nach den Grenzen der Toleranz für die Feinde der
Toleranz, nach dem, was die Norm unserer Kultur in einer
Welt ausmacht, die alle Normen verwerfen möchte. Wir
haben die Gewißheit, daß die demokratische Idee in Europa sowohl vom Freiheitsverlust als auch von der Kom-
promißbereitschaft, sowohl vom Werteverfall als auch vom
exzessiven Ordnungssinn bedroht wird. Warum suchen
wir dann Zuflucht in Europa?« So fragt natürlich kein Alt-
europäer, so spricht, mit allen Zeichen des Überschwangs,
ein Neuankömmling aus dem Osten, der Pole Adam Michnik. Und er gesteht: »Wir träumen diesen Traum, obwohl er
sündhaft und gefährlich ist; denn es ist der einzige, den wir
noch realisieren können.« Sündhaft und gefährlich: wer im
Westen wäre in der Lage, mit so viel Leidenschaft und so
viel Nüchternheit zugleich über seine Träume zu sprechen? Sie zu durchschauen und ihnen trotzdem treu zu
bleiben, um einen hohen Preis sogar?

Es ist dieses Pathos der Sachlichkeit, das Europa nötig
hätte, um wieder auf die Beine und weiter voranzukom-
men. Denn andere kann nur der gewinnen, wer selbst an
irgend etwas glaubt; und solche anderen sind manchmal
auch die eigenen Bürger. Keiner in Westeuropa könnte
oder wollte so sprechen wie Michnik. Der Glaube ist hier
schwach geworden und nirgends schwächer als unter den
Berufseuropäern, die ihre Tage mit der Verfügung über
Struktur- und Kohäsionsfonds verbringen und nächtelang
über die Höhe von Grenzausgleichszahlungen beraten. Attraktiv wirkt die Europäische Union nur als Wirtschaftsmacht, darüber hinaus hat sie den Neubewerbern aus dem
Osten nichts zu bieten. Es bleibt eine der erstaunlichsten

Folgen der großen Wende von 1989, daß sie den kommunistischen Parteien in Mittel- und Osteuropa etwas erlaubt hat, was ihnen während der Zeit ihrer unangefochtenen Vorherrschaft niemals gelungen war: in einer freien Wahl die Mehrheit zu erringen. Demokratie und Marktwirtschaft, das Doppelgespann aus dem Westen, hat ihnen alles mögliche gebracht, nur keine Vorstellung vom Leben in der größeren Gemeinschaft. Deswegen hat der Westen auch nicht eigentlich gesiegt. Er ist, wie man gesagt hat, beim Wettkampf der Systeme bloß übriggeblieben.

Rückzüge aus der Politik

Ζῷον πολιτικόν, dieser griechische Mißgriff,
diese Balkanidee.

GOTTFRIED BENN

Schon wenige Jahre nach dem zweiten Ver-
such, in Deutschland eine Demokratie zu etablieren, sahen
sich die Verfassungsgeber in ihren Hoffnungen bestätigt.
Durch die drei Schutzmächte von seiner außenpolitischen
Verantwortung entlastet, hatte das Land Zeit, seine Verhältnisse zu ordnen und sich im Inneren neu einzurichten.
Zum ersten Mal schien ihm die Rolle der verspäteten Nation, unter der es so oft gelitten hatte, etwas einzubringen,
denn es profitierte jetzt von den Erfahrungen der anderen
und erreichte mit fremder Hilfe fast über Nacht, wozu die
eigenen Kräfte wohl kaum gereicht hätten.

Keine zehn Jahre nach der Verabschiedung des Grundgesetzes meinte Gerhard Leibholz, einer der maßgeblichen
Verfassungsrechtler jener Zeit, daß für die junge Republik
im Bereich der Menschen- und Bürgerrechte nicht mehr
viel zu tun sei. »Vom Technischen her gesehen« habe der
egalitäre Demokratisierungsprozeß seinen Endpunkt erreicht. Das Wahlalter noch weiter herabzudrücken oder die
Grundsätze des allgemeinen und gleichen Wahlrechts noch
stärker zu formalisieren sei weder möglich noch empfeh-
lenswert. »Das Frauenwahlrecht ist eingeführt, die Mehr-
heitswahl durch die Verhältniswahl ersetzt«, stellte Leibholz mit einiger Befriedigung fest. Zusammenfassend gab
er zu verstehen, daß in der Bundesrepublik so ziemlich
alles geschehen sei, was man im Geist der Demokratie verlangen und realisieren könne.

Es war jedoch beileibe noch nicht alles. Die Entwicklung

ging weiter, und das hieß oft genug: sie machte rückgängig oder stellte noch einmal in Frage, was man schon für gewonnen hielt. Ansprüche, die längst erschöpft schienen, wurden neu entdeckt und weiter ausgedehnt, das Individualrecht wurde durch die Quote ausgehebelt, und mehr als einmal tauchte der Gedanke auf, die Verhältniswahl durch ein Mehrheitswahlrecht nach englischem Muster zu ersetzen. Grüne und Sozialdemokraten umwarben die Jugend mit neuen Vorschlägen, das Wahlalter herabzusetzen, und entwickelten allerlei Initiativen, denen die anderen Parteien schon deshalb nicht allzu lange widerstehen konnten, weil sie eine der wenigen Möglichkeiten eröffneten, die Majorisierung der Jungen durch die Alten, diese traurigste von allen schlimmen Folgen der schleichenden Überalterung, teilweise wieder wettzumachen. Zumindest die CDU dürfte es mit dem Jugendwahlrecht irgendwann ähnlich halten wie mit der Frauenquote, das heißt: nach langem Geziere endlich nachgeben und den anderen folgen. Am Ende wird die CDU von dem, was als Gleichstellungs- oder Öffnungspolitik anderswo üblich ist, vielleicht noch in Einzelheiten abweichen, im Ziel aber gewiß nicht mehr.

Mit alledem kommt ein Prozeß zum Abschluß, der in den Jahren unter Willy Brandt auf den verschiedensten Ebenen in Gang gesetzt worden war. Seine pathetische Ankündigung, in Deutschland mehr Demokratie wagen zu wollen, sollte vollenden, was Leibholz als längst vollendet angesehen hatte, und das Recht auf Selbst- und Mitbestimmung auf allen Stufen des gesellschaftlichen Lebens etablieren. Nicht nur einmal alle vier Jahre, am Wahltag also, wenn sie die Abgeordneten zum Deutschen Bundestag bestimmten, sollten die Bürger frei sein, sondern in jedem Augenblick ihres Lebens und in jedem Winkel des Landes, in der Familie und in der Schule genauso wie am Arbeitsplatz oder in den Arenen der eigentlichen, großen Politik. Die in Amerika seit jeher verbreitete Neigung, in der Demokratie mehr zu sehen als einen periodischen Auswahlmechanismus von Führungspersonal für den Partei- und den Regierungsbetrieb, fand damals auch in Deutschland viele begeisterte Anhänger. Und wie Walt Whitman hätten sich auch Brandt und seine Freunde dazu bekennen können, die Grundsätze der Partizipation »über das Ganze der Gesellschaft auszubreiten«. Demokratie wurde nicht länger als Technik verstanden, das Land zu verwalten, sie sollte »die Menschen erziehen, die Sitten verbessern und über alle Teile des Lebens herrschend werden«.

Doch solche Absichten bedeuteten in den Vereinigten Staaten, die zu Walt Whitmans Zeiten gerade hundert Jahre existierten, die über weite und menschenleere Räume verfügten und unter einer relativ schwachen Zentralregierung den lokalen Gewalten breiten Spielraum ließen, etwas anderes als in den alten, gut eingerichteten Staaten Europas. Der Ruf nach demokratischer Teilhabe beschränkte sich in Amerika auf jene Angelegenheiten, in denen die Bürger aus eigener Erfahrung urteilsfähig waren, er meinte die kleine Einheit und den überschaubaren Bereich. Daß die Beteiligung an den Kongreß- und Präsidentschaftswahlen, bei denen es um Fragen von landes-, ja von weltweiter Bedeutung ging, immer nur gering war, geringer jedenfalls als in den meisten europäischen Ländern, hat die Amerikaner nie gestört. Schon gar nicht wären sie auf die Idee gekommen, von der Höhe der Wahlbeteiligung auf die Güte oder die Festigkeit ihrer republikanischen Einrichtungen und die Verwurzelung der demokratischen Idee in den Herzen der Bürger zu schließen. Gerade umgekehrt sehen sie in einer ziemlich ausgeprägten Wahlenthaltsamkeit, die sich traditionell mit Beteiligungswerten von fünfzig und allenfalls sechzig Prozent bescheidet, ein sicheres Indiz für weitverbreitete Zufriedenheit und das Fehlen gesellschaftlicher Gegensätze.

Tatsächlich gehen, will man den einschlägigen Untersuchungen des amerikanischen Politologen Seymour Martin Lipset glauben, gesellschaftliche Harmonie und hohe Stimmenthaltung auf der einen, starke Wahlbeteiligung und allgemeine Krisenanfälligkeit auf der anderen Seite Hand in Hand: Zusammenhänge, an welche die Kommentatoren der großen Blätter vor und nach jeder Präsidentenwahl nicht müde werden zu erinnern. Sie haben ihren Madison gelesen und finden es beruhigend, wenn die Wähler nur dort eine Entscheidung riskieren, wo sie auch kompetent urteilen können. Und das ist offensichtlich nur in Dingen möglich, bei denen sie den Überblick besitzen. Insofern sind die Amerikaner unter ganz anderen Umständen auf einige Grundsätze zurückgekommen, die sich weit weg und lange Zeit zuvor in der attischen Demokratie herausgebildet hatten.

Die Erfahrungen der Europäer sehen anders aus. Aufgewachsen in Territorien, die seit Jahrhunderten wenn schon nicht gut, so doch von harter Hand regiert worden waren, verstanden sie unter Partizipation zunächst einmal die Chance, auf die Landespolitik Einfluß zu nehmen. Sie hatten die Prinzipien einer verfassungsmäßigen Ordnung ja nicht auf wilde Ländereien anzuwenden, in denen die Staatsgewalt erst schwach entwickelt war, sondern auf Nationen, die schon längst das besaßen, was in Amerika erst noch eingerichtet werden mußte: eine funktionierende Verwaltung. Die unterschiedliche Situation fand ihren Ausdruck in den Gründungsdokumenten hier und dort. Während die amerikanische Unabhängigkeitserklärung in reichlich unbestimmten Worten vom »pursuit of happiness« spricht und den einzelnen dazu ermuntert, von diesem Recht nun auch Gebrauch zu machen, ernennt die nur wenig jüngere Jakobinerverfassung von 1793 die Gesellschaft zur Quelle dessen, was in Amerika alleinige Sache des Bürgers war. Sie setzt die kollektiv verordnete Wohlfahrt an die Stelle des individuell realisierten Glücks.

So wie die Amerikaner daran gewöhnt sind, die Welt aus der Perspektive des Bürgers wahrzunehmen, betrachten die Europäer die Verhältnisse gern aus der Sicht des Machthabers; mit höchst realen Folgen für das tägliche Leben. Was die Franzosen den »état-providence« nennen, was in England »welfare state« heißt und was die Deutschen unter Wohlfahrtspolitik verstehen, ergibt sich aus ihrer Neigung, den Staat für Dinge zuständig zu halten, von denen er nach amerikanischer Überzeugung nichts weiß und auch nichts wissen soll. Deswegen hat Teilhabe in der Neuen Welt einen anderen Sinn als in der Alten. Es gibt hier nicht die Tradition der weiten Räume und der grenzenlos offenen Gesellschaft, wo jedermann auf sich allein gestellt sein Glück versuchen darf und, wenn er Pech hat, einfach weiterzieht, um es woanders noch einmal zu wagen. Die europäischen Länder sind kleiner, die Verwaltung ist näher, die Herrschaft mächtiger, der Bürger schwächer. Es hängt mehr davon ab, wie man regiert wird und von wem. Weshalb es in Europa etwas anderes zu bedeuten hat als in Amerika, wenn sich die Hälfte der stimmberechtigten Bürger unschlüssig, gelangweilt oder aufgebracht von der Politik abwendet.

Das aber ist es, was zur Zeit geschieht. Keine Wahl, der nicht Enttäuschung oder Überdruß in einem Ausmaß folgen, das sich beim nächsten Mal in Apathie und Stimmenthaltung niederschlägt. Die Hoffnung scheint nicht mehr zu tragen, der Glaube an eine neue Regierung, eine neue

Partei, eine neue Verfassung, unter der alles wieder besser wird, hat sich auf absehbare Zeit erschöpft. Man traut den Regierenden alles zu, und selbst die ungeheuerlichsten Beschuldigungen, wie sie in Belgien gegen die herrschenden Parteien laut geworden sind, denen von Korruption bis zum Kindesmord schlechthin alles zugetraut wird, finden Gehör. Von Widerstand oder Aufstand, dem Mittel der Unterdrückten, versprechen sich die Menschen nicht mehr viel. Sie sind müde geworden und reagieren auf die Auswüchse beim Kampf um die Macht mit Ekel und Indolenz. Weder schwarz noch rot, die alten Bannerfarben der Rebellion, sondern weiß, Symbol der unschuldigen Kinder, waren die Fahnen, hinter denen sich die Belgier zum Protest gegen ihren verkommenen Regierungsapparat zusammenfanden.

Erwerb und Gebrauch der Macht scheint zu einer Sache von Kaderpolitikern geworden zu sein, die sich bei ihren Spielen um die Macht von denen, die ihnen das Mandat gegeben haben, nicht gern beobachten lassen. Das Bürgertum merkt das und zieht sich zurück. Von dem Sendungsbewußtsein, das es bei seinem Eintritt in die Geschichte beflügelt hatte und das den Abbé Sièyes vom dritten Stand als einer Verkörperung der Nation und einem Herold der Menschheit schwärmen ließ, ist nichts geblieben. Rückzug statt Angriff, Distanz statt Partizipation, Abwehr statt Neugier, das ist die Lage am Ende des Jahrhunderts.

Zweihundert Jahre nach der Revolution hat Alain Touraine, der sich immer noch als Sprecher der französischen Linken versteht, seine alte Gefolgschaft dazu aufgerufen, den Fortschritt neu zu definieren, die Richtung zu wechseln und Partizipation durch Autonomie zu ersetzen. Nur Minderheiten könnten die Dinge in Bewegung halten, weshalb es an der Zeit sei, den Kampf um irgendwelche Mehrheiten aufzugeben und sich bewußt auf kleine Kreise zu beschränken: »Links ist heute, die Individuen und die Minderheiten gegen einen Staat zu verteidigen, der sich mit den Apparaten des Wirtschaftslebens verbündet hat und dazu da ist, die Wünsche einer Konsumentenmehrheit zu erfüllen.«

Das ist nicht bloß die Revision eines antiquierten Parteiprogramms. Es ist auch mehr als ein nur schlecht verklausulierter Abschied vom alten Richtungsschema der Politik, dem Gegensatz von links und rechts. Was Touraine zu sagen hat, ist etwas weitaus Radikaleres. Er hat den Glauben an die Staatsgewalt verloren, der die Parteien und Bewegungen, die Gruppen und Verbände der Linken über alle Gegensätze hinweg jahrzehntelang miteinander verbunden hatte. Deswegen denkt er an einen Bruch mit der ältesten von allen politischen und der heiligsten von allen französischen Ideen, an den Bruch mit dem Etatismus. Er traut der Regierung – jeder Regierung – offenbar nicht mehr zu, gegen die Kräfte des Marktes und die Imperative des Wirtschaftslebens anzukommen. Deshalb empfiehlt Touraine, sich nicht zu engagieren, sondern Abstand zu halten vom politischen Betrieb.

Mit dieser Haltung steht er nicht alleine da. Sich an der politischen Willensbildung zu beteiligen ist zu einem Angang geworden, seit sie den Parteien in die Hände gefallen ist, die sie als exklusives Recht betrachten und damit umgehen, wie es ihnen paßt. Um viele, möglichst alle Wähler zu erreichen, haben sie sich zu Dienstleistungskombinaten entwickelt, genauso groß, genauso teuer, genauso unwirksam und genauso eigennützig wie diese. Ständig darum bemüht, die verschiedenen Flügel und Kreise, Gruppen und Arbeitsgemeinschaften, in die sie sich aufgefächert haben, beieinanderzuhalten, schließen sie einen Kompromiß nach dem anderen: so lange, bis sie den politischen

Willen, statt ihn zu bilden oder zu entwickeln, gelähmt und abgeschliffen haben. Programmatisches ist von ihnen nicht mehr zu erwarten; die vertrauten Merkmale haben sich verwischt, ohne daß neue hervorgetreten wären, an die sich der Wähler halten könnte.

Gerhard Schröder, der niedersächsische Ministerpräsident und Kanzlerprätendent der SPD, hat das inhaltliche Vakuum mit seiner Bemerkung, es gebe keine sozialdemokratische und keine christdemokratische, sondern nur noch moderne oder unmoderne Wirtschaftspolitik, treffend beschrieben. Denn daß es die Aufgabe der Parteien sein könnte, bei einer solchen Unterscheidung hilfreich zu sein, also Maßstäbe an die Hand zu geben und Ziele zu proklamieren, kommt Schröder nicht mehr in den Sinn. So etwas liegt jenseits des Bereichs, den eine moderne Partei mit ihrer Programmarbeit ausfüllen möchte. Sie paßt sich an, macht weiter und hält mit, und das nicht bloß einmal, sondern immer wieder. Sie läuft in alle möglichen Richtungen, wenn es ihr nützlich scheint, sogar in mehrere zur selben Zeit. Unter solchen Umständen ist intellektuelle Bedürfnislosigkeit – Max Weber sagte: Gesinnungslosigkeit – die wichtigste Voraussetzung, um in einer Partei mitzuarbeiten oder aufzusteigen. Wer dieses Opfer scheut, wird dem Routinebetrieb fernbleiben, damit aber auch auf alle wirkungsvollen Formen der politischen Teilhabe verzichten.

Er wird dazu um so eher bereit sein, als die Entscheidung zwischen den Parteien ähnlich schwer fällt wie die Orientierung innerhalb einer Partei, gleichgültig welcher. Zwei Drittel der deutschen Wähler erklären auf Befragen, es sei ihnen egal, wer in Bonn an der Regierung sei. Die Machthaber haben sich darauf verständigt, politische Fragen von einigem Gewicht, von der Asylgesetzgebung über die Balkaneinsätze der Bundeswehr bis hin zur Steuer- und zur Rentenreform, im Einvernehmen mit der Opposition zu regeln. Das mag in ihrem Sinne praktisch, vielleicht auch von der Sache her geboten sein, beraubt den Bürger allerdings der Wahl, weil diese Art von Verbundpolitik, wie sie Dieter Grimm einmal genannt hat, auf ein Rätselraten, fast schon auf eine Irreführung des Souveräns hinausläuft. »Ohne die öffentliche Darstellung der konkurrierenden Konzeptionen fehlen die Ansätze für Meinungsbildung und Interessenartikulation«, schreibt Grimm über die Mängel der Bonner Konkordanzdemokratie. »Die Ergebnisse der Verbundpolitik sind den konkurrierenden Kräften nicht mehr eindeutig zurechenbar. Die Differenz zwischen Mehrheit und Minderheit schrumpft. Kritischer Bewertung der Regierungspolitik läßt sich durch den Hinweis auf Mitwirkung vorbeugen. Die Opposition kann für sich in Anspruch nehmen, Regierungsmaßnahmen entschärft zu haben, die Mehrheit kann sich darauf berufen, an der Realisierung ihrer eigentlichen Absichten gehindert worden zu sein. Auf diese Weise«, folgert Grimm, »wird es immer schwerer, in der Wahl ein folgenreiches Urteil über erbrachte Regierungsleistungen oder eine Vertrauensvergabe für erklärte Regierungsabsichten auszusprechen.«

Das Urteil soll wohl auch schwerfallen, zumal in den mageren Jahren, in denen so viel von dem, was die Parteien in besseren Zeiten unters Volk geworfen haben, wieder eingesammelt werden muß. Wenn es kalt wird, steht niemand gern alleine da. Den Wählern Opfer zuzumuten fällt leichter, wenn man auf Mitschuldige zeigen und hinter dem Rücken eines anderen Deckung nehmen kann. Diese anderen sind zahlreich: sie finden sich im Bundestag (als Oppositionsparteien), im Bundesrat (als Länder), vor allem aber im Vermittlungsausschuß, wo alle zusammensitzen, um im Halbdunkel der Vertraulichkeit die Karten auszuteilen. Neben den Koalitions- und Kanzlerrunden – wo man die Tarifparteien oder den Bündnispartner einbinden, also lähmen kann – gibt es die Runden Tische und Konzertierten Aktionen, die sich zum Abladen der Verantwortung schon deshalb so gut eignen, weil sie in keiner Verfassung auftauchen und niemand weiß, wofür sie eigentlich zuständig sind.

Welche Möglichkeiten des Verlagerns, Vermengens und Verschweigens das Einziehen einer weiteren Ebene bieten wird, auf der sich Europäische Parlamente, Europäische Kommissionen und Europäische Gerichtshöfe am großen Unschuldsspiel beteiligen können, läßt sich einstweilen nur vermuten. Der deutsche Finanzminister hat aber schon vorgemacht, wie man das Spiel betreibt, als er dem allgemeinen Ärger über die höhere Mehrwertsteuer durch den gezielten Hinweis auf einen Beschluß des europäischen Ministerrats zu entkommen suchte: einen Beschluß, an dem er selbst natürlich mitgewirkt hatte, der ohne ihn auch nie zustande gekommen wäre, der sich jedoch, weil die Zusammenhänge unklar sind, als Alibi vorzüglich eignet. Der Wähler ist in solchen Fällen wehrlos. Ihm fehlt der Überblick und damit das Entscheidende, die Alternative. Ohne Bescheid zu wissen und eine noch so vage Vorstellung davon zu haben, wie man es anders oder besser machen könnte, wird jede Wahl sinnlos.

Die vielfältigen Beziehungen, in die man sich durch die moderne Politik verwickelt sieht, machen jedes eindeutige Votum schwierig. Man hat es mit lauter widerstreitenden Interessen zu tun, die von allen Parteien zum Teil, von keiner einzigen allerdings so überzeugend vertreten werden, daß man mit wenigen Sätzen begründen könnte, warum man sie wählt und nur sie. Die Parteien locken den Bürger mit tausend Vergünstigungen und drohen ihm mit ebenso vielen Nachteilen, so daß er bei jeder Neuerung etwas zu gewinnen hofft oder fürchten muß, irgend etwas zu verlieren. In viele Richtungen gezerrt, kann er sich nicht entscheiden, und um nichts falsch zu machen, läßt er die Dinge einfach laufen. »Komplexe Interessenkonstellationen« zur Grundlage einer Wahl zu machen, mag etwas für Intellektuelle sein; gewöhnliche Menschen fühlen sich überfordert und werden ratlos. Ihre Produzenteninteressen lassen sich mit ihrer Konsumentenrolle nicht zur Deckung bringen. Als Sparer rechnen sie anders denn als Sachwertbesitzer, als Autofahrer opponieren sie gegen das, was ihnen als Fußgängern gerade recht ist, als Beitragszahler unterstützen sie eine Politik, die sie als Rentner verdammen. Die Mannigfaltigkeit der Interessen, die sie unter sich nicht mehr zum Ausgleich bringen können, macht ihnen das Leben schwer und die Entscheidung lästig. Wenn sie zur Wahl gehen, könnten sie jeder Partei ihre Stimme geben – oder keiner. Was Wunder, daß sie lieber zu Hause bleiben oder demonstrativ ungültig wählen, als sich im Gewirr von Erwartungen, Rücksichten und Ängsten zu verheddern.

Kein Vormund und kein Lehrer, keine Kirche und keine Gewerkschaft, kein Verband und kein Verein wird ihnen den Faden in die Hand geben, der sie aus diesem Labyrinth befreit. Denn alle diese Institutionen leiden ja selbst unter den Auflösungserscheinungen, die jedem einzelnen zu schaffen machen. Auch die machtvollsten unter ihnen, die großen Wirtschaftsverbände, halten dem aufkeimenden Verdacht, daß jeder für sich alleine besser zurechtkommt als alle gemeinsam, nicht länger stand. Ihre Mitglieder glauben nicht mehr, daß es so etwas gibt wie übergreifende Verpflichtungen; und daß solche Verpflichtungen im Verband besser erfüllt werden können als von jedem für sich, glauben sie schon gar nicht.

Der Deutsche Industrie- und Handelstag mag noch so vehement für eine Liberalisierung und Deregulierung eintreten und die Beseitigung der viel zu vielen Vorschriften verlangen, die einem freien Unternehmertum den Weg versperren – wenn es ernst wird, ist eine halbherzige Lockerung das Äußerste, zu was diese mächtige Organisation sich durchringen kann. Die Ladenschlußzeiten dürfen verändert werden; aufgehoben werden dürfen sie nicht, weil dann ja aus dem Wettbewerb tatsächlich etwas werden könnte. Das wäre den vielen Einzelhändlern, die Mitglieder der Industrie- und Handelskammern sind, aber gar nicht recht, und deshalb verhindern sie im stillen, was ihr Verband nach außen hin mit lauter Stimme propagiert.

Die vielen Instanzen, die einst im gesellschaftlichen Leben zwischen oben und unten vermittelt haben, bringen den Interessenausgleich nicht mehr zustande. Wo es zum Schwur kommt, hat es die sogenannte Basis leicht, sich gegen die Spitze durchzusetzen, und Rousseau scheint wieder einmal gegen Aristoteles recht zu behalten: die Menschen sind nicht von Natur aus dazu in der Lage, mit vielen anderen eine Gemeinschaft zu bilden. Wer sie beisammenhalten will, muß die Natur verändern, muß sie zu dem, was er erreichen will, erst noch erziehen. Die Orte, an denen das bisher geschah, Schule, Familie und Kirche, sind allerdings bedeutungsarm, zum Teil auch menschenleer geworden, so daß sie ihren alten Zweck nicht mehr erfüllen können. An ihren Platz sind die Maschinengötter des Informationszeitalters getreten, die Medien. Wenn man den Herolden dieser Revolution glauben darf, werden sie ein dichtes Netz weltweiter Kommunikationsmöglichkeiten knüpfen, mit dessen Hilfe jeder mit jedem in Verbindung treten kann. Ein Pfingstwunder der weltumfassenden Verständigung wird angekündigt und eine Wiederkehr der schönen

Jahre, in denen die Athener sich über die Politik durch Zuruf verständigen konnten. Nur lustiger soll es diesmal werden, weil nämlich ohne Sklaven.

Doch das Regieren und Verwalten ist kein Spaß, unter den aufreibenden Bedingungen der flächendeckenden Demokratie schon gar nicht. Der französische Historiker Fustel de Coulanges, der sich mit dem Alltag der attischen Politik beschäftigt hat, gibt eine eher abstoßende Schilderung von dem, was Teilhabe in dieser Stadt bedeutete. Das Bürgerrecht sei eine wahre Last gewesen, denn die Staatsgeschäfte hätten den einzelnen so stark in Anspruch genommen, daß ihm nur wenig Zeit blieb für Beruf und häusliches Leben. Die Menschen, schreibt Fustel, »verbrachten ihre Zeit damit, sich selbst zu regieren«. Gerade davon wollen die Anwälte der neuen Medien und der durch sie erschlossenen Partizipationsmöglichkeiten aber nichts hören. Sie stellen sich die Demokratie als etwas Leichtes und Unterhaltsames vor, als pausenloses Spiel am Bildschirm. Um sich als Bürger zu betätigen und an der Politik teilzuhaben, braucht man ein Modem, technisches Geschick und Grundkenntnisse in der einen oder anderen Programmiersprache; der Rest ergibt sich dann von selbst. Regierung und Verwaltung, Staat und Politik sollen ans souveräne Volk zurückgegeben werden, und das soll sich darüber auch noch freuen: die alte Hoffnung auf ein Absterben des Staates in ihrer einstweilen letzten, kapitalistischen Version.

Mit Politik hat das so gut wie nichts zu tun, mit Teilhabe nur wenig. Denn der Spaß an der Technik lenkt doch auch hier nur davon ab, daß jeder, der die Einzelheiten nicht beherrscht, abhängig bleibt, abhängig vom Gerät, abhängig von den Vermittlern und abhängig von den Quellen, aus denen ihm seine Informationen zuströmen. Man braucht die Spinne nicht zu sehen, um zu wissen, daß sie im Netz die Fäden zieht und darauf wartet, Beute zu machen. Schließlich sind die »provider« keine Aufklärer, sondern Geschäftsleute, die an der Sache etwas verdienen wollen. Und sie verdienen um so mehr, je fester sie die Kunden an die Leine nehmen. »Wir brauchen graphische Interfaces, die nicht nur benutzerfreundlich sind, sondern süchtig machen wie Drogen«, bekennt einer der führenden Hardwareproduzenten in Amerika. Die Fachleute fürs Inhaltliche stimmen dem ausdrücklich zu: »Wenn wir gut sind«, sagt einer von ihnen, »dann werden die Leute vor ihren Bildschirmen wie festgenagelt auf den Stühlen sitzen bleiben.« So etwas wäre dann das Gegenteil von Mitwirkung und Selbstbestimmung: kein Ausgang, sondern der Rückfall der Menschen in eine selbstverschuldete Unmündigkeit. Der größte Teil von ihnen wird von den neuen Priestern mit Hilfe von technischen Hürden draußengehalten, »den Rest« zäunen sie ein und steuern ihre Bewegungen mit behavioristischer Brutalität.

Wo die Freiheitsrechte von solchen Leuten und mit solchen Argumenten verteidigt werden, kann es nicht gut um sie stehen. Freiheit braucht das Vertrauen, daß man verstehen kann, um was es geht, und daß sich ändern läßt, was man verstanden hat. Wer diesen Glauben verloren hat, entscheidet entweder gar nicht oder ohne Überlegung, auf gut Glück also, wie es gerade kommt. Das eine führt zu rückläufiger Wahlbeteiligung, das andere zu Ergebnissen, die nahe bei der Gleichverteilung liegen: etwa zu dem also, was die Statistik tatsächlich bestätigt. Die Zahl der Bürger, die bei der Wahl zu Hause bleiben oder bewußt ungültig stimmen, wächst seit langem, die Häufigkeit von äußerst knappen Wahlausgängen auch. Die Iren haben über das Recht auf Scheidung, die Kanadier über den Status Quebecs, die Franzosen über den Maastrichtvertrag mit so hauchdünnen Mehrheiten entschieden, daß man das Resultat genausogut hätte auswürfeln können. Bei dem historischen Referendum, das Mitterrand den Franzosen versprochen hatte, kam es zu einem fast perfekten Patt. Von den Befragten waren 50,06 Prozent dafür und 49,94 Prozent dagegen. Und 900.000 Stimmen waren ungültig: in einer Sache, in der es um die einfachste von allen Alternativen ging, die schlichte Wahl zwischen Ja und Nein. Es war ein denkbar knappes und leicht anrüchiges Ergebnis, denn daß die hohe Zahl der ungültigen Stimmen nicht ohne Zutun des Wahlleiters zustande gekommen ist, läßt sich ja immerhin vermuten. Verständlich, daß nach diesem Ausgang den meisten europäischen Politikern die Lust auf den Appell ans Volk vergangen ist. Entsprechend schwach bleibt aber auch die Legitimation, auf die sie sich berufen können.

Am Leitseil des Parteibetriebs

Voters are no fools.

VLADIMIR ORLANDO KEY

Wahrscheinlich war das Parlament, die repräsentative Volksvertretung, die wichtigste Entdeckung in der Epoche der jüngeren Verfassungsgeschichte. Sie gemacht und entwickelt und durch das eigene Vorbild alle Welt davon überzeugt zu haben, daß legitime Herrschaft auf dem Einverständnis der Untertanen beruht, bleibt das Verdienst der Engländer. Sie waren freilich auch die ersten, die über die Schattenseiten dieser neuen Institution belehrt worden sind. Es ging um Steuern, die das englische Parlament verordnet hatte, die von den Siedlern in den amerikanischen Kolonien, damals noch Untertanen der englischen Krone, aber als so ungerecht empfunden wurden, daß sie sich weigerten, zu zahlen. Als Folge dieser Insubordination lernten sie die harte Hand ihrer angeblichen Repräsentanten kennen und machten die denkwürdige Erfahrung, daß der Parlamentsabsolutismus nicht weniger drückend sein kann als der Absolutismus eines Monarchen.

Ihre Antwort bestand in der Rückbesinnung auf ein anderes Stück der europäischen, besonders der englischen Verfassungsgeschichte: die Tradition der individuellen Grundrechte. Genauso wie die Engländer selbst beriefen sich jetzt auch die Kolonisten in der Neuen Welt auf ihre unveräußerlichen Bürgerrechte; nur eben nicht mehr gegen einen König, sondern gegen das souveräne Parlament, das es gewagt hatte, in die Lebensverhältnisse von Leuten einzugreifen, die weder Sitz noch Stimme im Parlament von Westminster besaßen. Die Lehren, die aus diesem Kapitel ihrer bis dahin gemeinsamen Verfassungsgeschichte zu ziehen waren, haben beide Nationen nie mehr vergessen. Seither bildet die Warnung vor einer Tyrannei der Legislative so etwas wie ein Grundmotiv der politischen Literatur in England und Amerika. Man findet sie bei John Stuart Mill genauso wie bei James Madison und den übrigen Verfassern der ›Federalist Papers‹.

Heute scheint auch diese Zeit an ihr Ende gekommen zu sein. Der moderne Parlamentarismus hat nicht mehr gegen den Vorwurf zu kämpfen, Willkür in ihren klassischen Formen auszuüben, die Macht also widerrechtlich an sich zu reißen oder zu mißbrauchen. Beklagt wird das Gegenteil, die Machtvergessenheit der Parlamente, die Lustlosigkeit des Betriebs, das Absterben der Debatten und die Neigung der Abgeordneten, sich ihren Aufgaben unter allerlei Vorwänden zu entziehen. Das gilt besonders für Deutschland. »Wir haben«, resümiert der Verfassungsrichter Paul Kirchhof, »die Hälfte der Gesetzgeberkompetenzen vom Deutschen Bundestag auf den Rat als Exekutivorgan der Europäischen Gemeinschaft übertragen, dem Parlament durch Nebenhaushalte, deren Gesamtvolumen das des Bundeshaushalts übersteigt, einen wesentlichen Teil seines Budgetrechts genommen, wichtige politische Entscheidungsbereiche in die Hand von Sachverständigen gegeben und gegen parlamentarischen Einfluß abgeschirmt, gewaltenteilende Kompetenzen faktisch in Parteigremien vereinigt, durch die jüngste Einführung von Staatszielbestimmungen der Verfassungsgerichtsbarkeit die Aufgabe zugewiesen, nunmehr nicht nur über die Instrumente, sondern auch über die Ziele der Politik zu entscheiden, schließlich auch eine lebhafte Diskussion über plebiszitäre Elemente entfacht, die Wahl der Ministerpräsidenten auf Landesebene unmittelbar durch das Staatsvolk gefordert und damit die Kreationsfunktion des Parlaments in Frage gestellt.«

Der Katalog ist unvollständig, aber beispielhaft. Und er läse sich noch viel dramatischer, wenn man die vielen Zuständigkeiten und Kontrollmöglichkeiten hinzufügen würde, die den Landesparlamenten im Laufe der Zeit abhanden gekommen, entwunden oder entrissen worden sind. Hier, auf Länderebene, verloren sich die angestammten Kompetenzen gleich in zwei Richtungen, nach oben hin zur Ministerialbürokratie des Bundes, nach unten hin zur Kommunalverwaltung. Am Ende ist den Ländern nicht viel mehr als ihre Zuständigkeit fürs Bildungswesen und für die Polizei geblieben, auch diese freilich eingeengt durch den Verfassungsauftrag, in der gesamten Bundesrepublik auf gleichartige Lebensbedingungen zu achten. Die erweiterten Mitwirkungsrechte an der Gesetzgebung des Bundes, die sie sich dafür als Entschädigung erstritten haben, ist den Regierungen zugute gekommen, nicht den Landtagen. Jede Bilanz fällt für den deutschen Parlamentarismus, die vornehmste von allen Teilgewalten, traurig aus. Von dem Tyrannen, gegen den die amerikanischen Kolonien rebellierten und schließlich ihre Unabhängigkeit ertrotzten, ist nichts mehr zu erkennen. Die Exekutive, die Wirtschaft, die hohe Judikatur und andere, demokratisch nur indirekt legitimierte Kräfte haben ihn beerbt.

Um dem verbreiteten Unbehagen an der Politik auf die Spur zu kommen, muß man jedoch unterscheiden. Die Unzufriedenheit richtet sich ja nicht eigentlich gegen den Umfang des parlamentarischen Betriebs, genausowenig wie gegen die schlechte und flüchtige Qualität der Gesetze, sondern gegen das Mißverhältnis zwischen dem einen und dem anderen, den offensichtlichen Gegensatz von Aufwand und Ertrag. Zwar sind die Abgeordneten fleißig, der Ehrentitel »Arbeitsparlament«, mit dem der Bundestag so gern hantiert, hat seinen Anhalt in der Wirklichkeit; die Arbeit läßt jedoch zu wünschen übrig. Im Jahressteuergesetz 1995 wurde ein wichtiger Termin vergessen, ein Jahr danach mußte der fertig ausformulierte Text schon vor seinem Inkrafttreten novelliert werden, die entsprechenden Bestimmungen für 1997 sind viel zu spät im Bundesgesetzblatt veröffentlicht worden und waren, als sie dann schließlich gelten sollten, kaum bekannt. Zu lückenhaft, zu ungenau, zu oberflächlich, das ist der traurige Befund beim Blick auf weite Teile der Gesetzgebung. Er bleibt auch dann enttäuschend, wenn man sich klarmacht, daß das Steuerrecht eine extrem schwierige Materie ist. Denn er bestätigt ja nur, daß sich der Staat zwar endlos gedehnt, aber nicht gefestigt hat, daß die Bürokratie in die Breite, aber nicht in die Tiefe gewachsen ist und daß der Bundestag, indem er sich mit Dingen befaßt, die er in allen Einzelheiten gar nicht überblickt, seiner Aufgabe als Volksvertretung nur noch ausnahmsweise gerecht wird. Niemand braucht Angst vor den despotischen Gelüsten einer solchen Versammlung zu haben; aber das böse Wort vom Banausenparlament, das immerhin von Max Weber stammt, geht einem nicht mehr aus dem Kopf.

Die parlamentarische Gewalt zerrinnt, sie erstreckt sich über immer weitere Räume, die immer nachlässiger regiert werden. Gewinner dieser Machtdiffusion ist zunächst die Verwaltung, die mit ihren tausend Armen bis in den letzten Winkel reicht und die Gesellschaft flächendeckend kontrollieren will. Sie überzieht die gesellschaftliche Oberfläche mit einem Netz verwickelter, »äußerst genauer und einheitlicher Vorschriften, durch die sie den Willen der Bürger nicht eigentlich bricht, sondern aufweicht, abstumpft und auslöscht«: so Tocqueville vor mehr als 150 Jahren. Die Obrigkeit lastet, aber sie bewegt nichts mehr. Sie wirkt durch ihr Gewicht und ihre Masse, nicht mehr durch ihre Autorität oder den Respekt, den ihr der Bürger entgegenbringt. Sie ist für alles zuständig, für den Erlaß und für die Ausnahme vom Erlaß, für die Einführung und für die Abschaffung von Steuern, für den Ausbau der Straßen und für ihre Stillegung. Sie gewährt Werftsubventionen genauso großzügig wie Abwrackprämien und treibt Verkehrspolitik, indem sie mal das Auto fördert und mal die Bahn, am liebsten beides zugleich. Das große Vorbild ist die europäische Zentralbürokratie in Brüssel, die aus ihren unerschöpflichen Fonds zuerst die Erzeugung von Mastvieh, Tafelobst und sonstwas unterstützt und anschließend seine Vernichtung. Von ihrer Unentbehrlichkeit überzeugt, will sie mit ihrem Eingriff wieder Ordnung schaffen, wo sie durch Eingriff Schaden angerichtet hatte, und macht dabei die Dinge nur noch schlimmer.

Amtlich geregelt und entschieden werden inzwischen alle möglichen Dinge, die noch vor wenigen Jahrzehnten in der Hand des einzelnen lagen. Die Verwaltung kümmert sich um die schmerzfreie Geburt, die pünktliche Rückkehr aus dem Urlaub und das Ausführen von Haustieren bei Nacht. Welche Behandlung für welches Leiden angezeigt und damit erstattungsfähig ist, bestimmen weder Arzt noch Patient, sondern die Geschäftsführer der Krankenkassen in Absprache mit den Managern der Berufsverbände und den Interessenvertretern der pharmazeutischen Industrie. Im Bau- und Planungsrecht ist der Berg von Vorschriften, die zu beachten, und von Auflagen, die zu erfüllen sind, so erdrückend geworden, daß mancher Bauherr achselzuckend resigniert. Wer seine Kinder auf eine andere als die nächstgelegene öffentliche Schule schicken will, muß dafür eine Genehmigung beantragen, rechtzeitig, schriftlich und in doppelter Ausfertigung. Besonders wild mit ihren Vorschriften, Anweisungen und Kontrollmethoden treibt es die Sozialbürokratie, das fette Herzstück der Verwaltung. Der Katalog, mit dem der Bundesgesundheitsminister den neuen Ländern sein reiches Angebot angedient hat, umfaßte 146 Seiten. Nach amtlichen Angaben sind nicht weniger als 37 verschiedene Behörden damit beschäftigt, 152 soziale Leistungen auf 80 Millionen Deutsche zu verteilen. Sie errichten ein Labyrinth, in dem sie dann den Führer spielen.

Ermächtigt durch ein förmliches Gesetz ist von dieser ausufernden Verwaltungstätigkeit nur das wenigste. Meistens begnügt man sich mit den höchst unbestimmten Formen einer Pauschalermächtigung, die von der nachgeordneten Behörde nach eigenem Ermessen mit Inhalt, also Kraft versehen wird. Ob eine Kur notwendig, wirtschaftlich und zweckmäßig ist und damit den Anforderungen des Gesetzes genügt, entscheidet im Einzelfall die zuständige Dienststelle, im Streitfall die Justiz. Natürlich nur, soweit die Vorschrift überhaupt bekannt geworden ist. Auf wie viele Richtlinien und Anleitungen, Verordnungen und Erlasse das zutrifft, weiß kein Mensch; die gewaltige Zahl von knapp 5.000 Gesetzen und Rechtsverordnungen mit mehr als 84.000 Einzelbestimmungen, die man allein auf Bundesebene zusammengerechnet hat, läßt aber nicht viel Hoffnung. Die schiere Masse liegt sich selbst im Wege, und die Überfülle der Anordnungen bewirkt fast dasselbe wie ihr vollständiges Fehlen, einen rechtsarmen Zustand nämlich, der im schlimmsten Fall zur Willkür einlädt, im besten zur Schlamperei. Kurt Biedenkopf hat die plausible Vermutung geäußert, daß die gewissenhafte Beachtung aller Rechtsvorschriften die öffentliche Verwaltung von heute auf morgen lahmlegen würde. Sie müßte dann erkennen, daß vieles von dem, was sie mit guten Gründen oder aus schlechter Gewohnheit tagtäglich einfach tut, eine viel zu schwache Grundlage hat; und ihre Arbeit folgerichtig einstellen. So daß, wenn man so will, Großzügigkeit im Umgang mit den Gesetzen zur Voraussetzung geworden ist für die Gesetzmäßigkeit der Verwaltung.

Solange der Bundestag ans Mengenwachstum glaubt und sich die Abgeordneten am Ende jeder Legislaturperiode mit der Zahl der Gesetze brüsten, die sie veranlaßt oder beraten, beschlossen oder verändert haben, wird man mit solchen Widersprüchen leben müssen. Rupert Scholz' Vorschlag, alle gesetzgeberischen Vorhaben »insbesondere im Hinblick auf ihre Notwendigkeit« zu überprüfen, beweist mehr Hilflosigkeit als guten Willen; eine Absurdität wie das Bundesverkehrswegeplanungsbeschleunigungsgesetz, ein besonders häßliches Exemplar aus der schnell wachsenden Klasse der sogenannten Maßnahmegesetze, hat er jedenfalls nicht verhindert. Der Versuch, die Maschinerie dadurch aufzuhalten, daß Gesetze nur noch auf Zeit erlassen werden, würde schon gar nichts helfen. Wahrscheinlich bräche die Flut danach erst richtig los, weil sich die Abgeordneten in jedem Einzelfall damit herausreden könnten, alles nur vorläufig zu regeln – um dann, von allen Hemmungen befreit, bedenkenlos auf Produktion zu setzen. Vertrauen in den Staat und Respekt für die Arbeit der Regierung und des Parlaments lassen sich auf diese Weise wohl kaum zurückgewinnen. Am Ende wäre man so klug wie Rousseau, der im Verfall der Kunst, Gesetze zu schreiben, ein Zeichen dafür erkannte, daß der Bürgersinn erlahmt.

Eine lebendige Vorstellung davon, was ein Parlamentarier von sich und den Bürgern verlangen darf, ist selten geworden. Sie paßt nicht mehr in eine Zeit, in der sich Abgeordnete als Dienstleistungspolitiker betrachten. Als der frühere britische Premier John Major auf den Gedanken kam, seiner von allerlei Skandalen und Korruptionsfällen erschütterten konservativen Unterhausfraktion einen parlamentarischen Tugendkatalog zu verordnen, stieß er bei seinem ehemaligen Parteifreund Enoch Powell sofort auf Widerspruch. In einem Beitrag für die ›Times‹ beschwor der alte Mann noch einmal das Ideal des »gentleman«, zu dem ein solcher Katalog, wie Powell meinte, nicht paßt. Der Abgeordnete dürfe sich nicht von irgendwelchen Spezialisten vorschreiben lassen, was ihm erlaubt sei und was nicht: Das müsse er schon selber wissen. Im Parlament zu sitzen und als ein Mandatar des ganzen Volkes zu handeln sei ein Ziel, das um seiner selbst willen begehrt werden müsse. »Solange das der Fall ist, liegt das öffentliche Wohl in guten Händen. Wenn diese Motivation jedoch nachläßt, kann sie durch keine Verhaltensregeln, Ehrenausschüsse oder Kontrollorgane wirksam ersetzt werden.«

Abgeordnete seines Schlages, die das Ganze im Blick haben, die repräsentieren wollen und können und den Fachleuten schon aus diesem Grunde mißtrauen, werden freilich selten. Sie sind beerbt worden von den Vertreterexistenzen, die ihren Aufstieg irgendeiner Interessengruppe verdanken; und solche Gruppen sind natürlich auch Parteien. Der moderne Abgeordnete, auf den Powell mit seinen Vorhaltungen zielt, ist ein Geschöpf seiner Partei. Eingebunden in die Organisation, der er Mandat und Einkommen verdankt, ist er der typische Vertreter einer neuen, der öffentlichen Klasse. In dieser Position bildet er Eigenschaften wie Opportunismus und Unterwürfigkeit aus, Eigenschaften, die mit dem, was von einem Regierungsmitglied erwartet wird, wenig zu tun haben. So belohnt der laufende Parteibetrieb gerade das, was der Politiker nicht braucht, und verhindert, was er nötig hat: Mut, Unabhängigkeit und Urteilskraft. Angehörige der öffentlichen Klasse leben nach eigenen Regeln, verkehren in eigenen Kreisen und stellen ihre eigenen Verbindungen her. Die Zustände, die sich dabei herausbilden, haben mit dem, was die Verfassung will, nur noch äußerlich zu tun. Man merkt das, wenn ein Abgeordneter den Versuch macht, die Fraktion zu wechseln, sein Mandat aber zu behalten. Er wird dann ziemlich unverblümt daran erinnert, daß er seine politische Existenz der Gunst irgendeines Parteihäuptlings verdankt und erst danach, wenn überhaupt, dem Volk. Genauso hat Helmut Kohl argumentiert, als er Richard von Weizsäcker Treulosigkeit vorwarf, weil der gegenüber der Partei auf Abstand hielt: der Mann verdanke ihm und seiner CDU doch alles.

Am deutlichsten verrät sich die Machtverschiebung, die hier vor sich gegangen ist, im Begriff der Fraktionspartei. Soweit bekannt, ist er von Peter Radunski, dem früheren Bundesgeschäftsführer der CDU, geprägt worden. Er soll ältere Begriffe wie Honoratioren-, Richtungs-, Massen- oder Volkspartei ersetzen. Tatsächlich haben sich alle diese Vokabeln überlebt, denn inzwischen sind die Fraktionen zu Zentren des Parteibetriebs geworden. »Sie setzen die Themen, wählen das Führungspersonal aus, mobilisieren die Partei vor Ort, akquirieren Spenden und führen den Dialog mit dem Bürger«, erläutert Radunski die neue Situation. »Die Volkspartei wandelt sich zur Fraktionspartei: Die Fraktionen vertreten die Regierungs- und Oppositionspolitik in der Öffentlichkeit und sind der Ansprechpartner der Bürger.« Das ist zwar nicht im Sinne der Verfassung, beschreibt aber die gegenwärtige Lage auf allen parlamentarischen Ebenen, im Bund, im Land und in den Kommunen recht genau.

Der Grund, der die Fraktionen zum Lehensbesitz der Parteien und die Parteien zu Außenstellen des Parlaments gemacht hat, ist bekannt. Es geht ums Geld. Denn über dem Bundestag, den Landtagen und den Kommunalversammlungen kann der warme Regen der öffentlichen Zuwendungen, der den Parteien und ihren Stiftungen nur kanalisiert zufließen darf, in vollen Strömen niedergehen; die Stellung der Legislative als der ersten und vornehmsten unter den drei konkurrierenden Gewalten macht es möglich. Von allen Wegen, Steuermittel zu ergattern, ist der Fraktionsbetrieb der kürzeste und der bequemste. Ihn zu verbauen ist selbst dem Bundesverfassungsgericht, das dem Geldhunger der Parteien so oft und so wirkungsvoll Grenzen gesetzt hat, nicht gelungen. Den Hilfsinstanzen kann es Schranken setzen, Verfassungsorganen wie dem Parlament und seinen Fraktionen aber kaum. Die Parteien haben diese Chance erkannt und mit gewohnter Rücksichtslosigkeit ausgenutzt. Allein der Bundestag beschäftigt inzwischen mehr als 4.000 Mitarbeiter, die dafür vorgesehenen Ausgaben sind in zweieinhalb Jahrzehnten um das Fünfzigfache gestiegen. Die Summe der Fraktionsmittel hat die direkte Parteienfinanzierung längst hinter sich gelassen. Insoweit werden in Karlsruhe nur noch Scheingefechte ausgetragen, und das Verfassungsgericht muß einsehen, daß es seinen heroischen Kampf gegen die ungenierte Art, in der sich die Parteien selbst begünstigen, zunächst einmal verloren hat. Der Staatsrechtslehrer Hans Herbert von Arnim, einer der wenigen, die sich in dieser schwierigen Materie noch auskennen, beziffert den Betrag, der den Parteien auf allen Haupt- und Nebenwegen zufließt, auf sechs Milliarden Mark im Jahr.

Vor diesem Hintergrund gewinnt der mit viel Bitterkeit geführte Streit um die Höhe der Abgeordnetendiäten eine etwas andere Bedeutung. Der Plan, die sogenannten Volksvertreter wie Richter an einem Obersten Bundesgericht zu bezahlen, hätte wahrscheinlich nie zu einem Aufstand geführt, wenn man den Abgeordneten ähnliche Sachkunde und dasselbe Maß an Unabhängigkeit zugetraut hätte wie einem Bundesrichter. Dazu waren aber nur die wenigsten Bürger bereit. Die meisten hielten den Schritt für eine Anmaßung und werden sich gedacht haben: Was man als Bundesrichter können muß, das wissen wir; was man geleistet haben muß, um Abgeordneter zu werden, ist uns dagegen nicht ersichtlich. Auch wenn sie die Fraktionshändel und Koalitionsvereinbarungen im einzelnen nicht kannten, brauchten sie nur das Abstimmungsverhalten zu verfolgen, um zu erkennen, daß der freie Abgeordnete fast überall zum Parteibeauftragten herabgesunken ist. Für den erscheint das Gehalt eines Bundesrichters aber nun wirklich zu hoch; zumal ja zu den eigentlichen Diäten noch allerlei Kostenpauschalen und Ruhegeldansprüche hinzukommen, die über das, was einem Beamten zusteht, weit hinausgehen.

Die gängige Begründung für diese üppige Versorgungspraxis lautet, daß sich nur so die guten Leute für die Parlamentsarbeit gewinnen ließen: Unabhängigkeit habe nun einmal ihren Preis. Das könnte überzeugen, wenn es die Wähler wären, die bei der Kandidatenauswahl zu entscheiden hätten. In Wahrheit sind es aber die Parteien. Indem man ihre Macht, zu belohnen und zu bestrafen, durch üppige Diäten auch noch steigert, wird die Unabhängigkeit des Abgeordneten gerade nicht gefördert, sondern geschwächt. Nach deutscher Praxis ist das Abgeordnetenmandat so etwas wie ein zulassungsbeschränkter Beruf, der nur dem offensteht, den die Parteien passieren lassen. Das straffe Reglement begünstigt Leute, die es mit der Selbständigkeit nicht übertreiben, weil sie sich der Parteiräson verpflichtet fühlen. Unter solchen Umständen kommt die Reizwirkung, die von den Diäten ausgeht, nicht dem einzelnen und seiner Freiheit zugute, sondern dem Machtanspruch der Parteiführung. Denn letztlich befindet sie darüber, ob das Mandat erteilt, erneuert oder entzogen wird. Das gibt ihr Mittel an die Hand, Gefälligkeiten zu erbitten und Gefügigkeiten zu erzwingen, alle paar Jahre, wenn das Mandat verlängert werden muß, von neuem. Welchen Einfluß auf die Personalauswahl dieser ewige Prozeß einem machtbewußten Parteivorsitzenden zuspielt, beweist die unangefochtene Stellung Helmut Kohls.

Max Weber hatte zu einer Zeit, als die Parteien noch schwache Gebilde waren, über das unaufhaltsame Wachstum ihres Apparats gespottet. Auf ihr Funktionärscorps gestützt, würden die Parteien auch dann noch überleben, wenn sie jede Spur ihres alten Sinnes verloren hätten. Fast hundert Jahre nach Weber haben die deutschen Parteien dieses ehrgeizige Ziel fast erreicht. Bei ihrem Versuch, unabhängig zu werden von den drei Größen, die sie bisher zu respektieren hatten: vom Eigensinn der Mandatsinhaber, von den Beiträgen ihrer Mitglieder und vom Zuspruch der Wähler, sind sie erstaunlich weit gekommen. Wie man die Parlamentarier an die Leine nimmt, zeigt der Koalitionsvertrag zwischen den Grünen und der SPD in Nordrhein-Westfalen, der auf fast 150 Seiten die Regierungspolitik in allen Details auf vier Jahre im voraus festlegt, die Abgeordneten also für diese Zeit faktisch entmachtet. Wie man mit der schwindenden Mitgliederzahl und ihrer Folge, dem Mangel an Geld und Personal, fertig zu werden hofft, hat der brandenburgische SPD-Vorsitzende zu erkennen gegeben: durch höhere Staatszuschüsse. Sie würden es der Partei erlauben, Mandatsträger und Amtsinhaber als öffentliche Bedienstete einzustellen.

Wie man es fertigbringt, die Bedeutung des Wählers zurückzustutzen, haben die Parteischatzmeister vorgemacht. Nach den Berechnungen von Kennern sind alle Parteien weit davon entfernt, den Auflagen des Bundesverfassungsgerichts nachzukommen und zwischen Eigenmitteln und Staatszuschüssen ein ungefähres Gleichgewicht herzustellen. Mit allerlei Kunststücken haben sie es dahin gebracht, daß ihr Wahlerfolg in die Zuschußberechnung mit viel geringerem Gewicht eingeht als vom Gericht gefordert. Die Folge ist, daß der Gesamtumfang der Parteisubventionen vom sinkenden Wählerzuspruch längst nicht so stark in Mitleidenschaft gezogen wird, wie es sich das Verfassungsgericht gewünscht hatte. Die Vorhersage, die Adolf Arndt 1958 beim ersten Prozeß dieser Art in Karlsruhe riskiert hatte, daß nämlich eine staatliche Finanzierung die Parteien »denaturiert und kompromittiert und sie unfähig macht, als eigenständige Gemeinschaften selbständig und verantwortlich an der politischen Willensbildung des Volkes mitzuwirken«: diese Voraussage hat sich inzwischen erfüllt. Den Idealzustand, unabhängig vom Wahlausgang den Staat auf Dauer zu okkupieren, werden die Parteien wohl nie erreichen; aber nahe gekommen sind sie ihm, und sie werden alles dransetzen, sich vom Volk, dem großen Lümmel, immer weiter zu emanzipieren.

Mit der Auflage, die Hälfte der Einnahmen aus Beiträgen und Spenden zu erwirtschaften, wollten die Verfassungsrichter, wie es im Urteil wörtlich heißt, die Parteien in der Gesellschaft verwurzeln. Die Parteien selbst wollen das aber ganz und gar nicht, sie ziehen das Eigenleben oberhalb und außerhalb der Gesellschaft vor. Ihr Leitbild ist der ausgebildete Berufspolitiker, als den sich Ludger Volmer, führendes Mitglied der Grünen, in aller Unschuld öffentlich bezeichnet hat. Mit dem Politiker scheint er das Parteimitglied gemeint zu haben, mit dem Beruf ein festes Einkommen, mit Ausbildung sein Studium der Soziologie. Knapper und naiver sind die Veränderungen, die aus der Politik ein Handwerk gemacht haben, in dem es wie überall um Einkommen, Auskommen und Fortkommen geht, selten beschrieben worden.

Solche Ansichten und solche Karrieren haben dazu verführt, von einer Privatisierung der Politik zu sprechen. Daß Staatsdiener, wie es der Freiherr vom Stein einmal gesagt hat, nicht nur eigentumslos, sondern auch interesselos, also frei von eigennützigen Erwägungen sein sollten, ist eine Vorstellung aus der Frühzeit des preußischen Staates, die auf jedem Beamtentreffen und auf jedem Gewerkschaftstag, von jedem Parteikongreß und von jeder Fraktionssitzung schwungvoll widerlegt wird. Die öffentliche Klasse hat ihre Besitzstände wie alle anderen, die sie auch mehren will wie alle anderen, und sie hat längst gemerkt, daß sie gemeinsam stärker ist als alle anderen; der notorisch hohe Anteil von Beamten, Arbeitern und Angestellten des öffentlichen Dienstes in allen Parlamenten der Welt ist das Ergebnis dieser Symbiose.

Am Leitseil der Partei wechselt das Mitglied des öffentlich bezahlten Dienstes von der A- in die B-Besoldung, vom Landratsamt ins Ministerium, danach in den Fraktionsstab und von dort, je nach Wahlausgang, zurück in die Ministerialverwaltung oder als Abgeordneter ins Parlament. Wer dazugehört, weiß genau, was er an den Parteien hat, und reiht sich ein: in Ländern, die von der SPD regiert werden, bei den Sozialdemokraten, in christdemokratisch geführten Ländern bei der CDU. Nach oben, zum Platz an irgendeiner öffentlichen Tränke, kommt er in jedem Fall. Denn neben der ersten Bürokratie haben die Parteien ja längst eine zweite aufgebaut, die Gegenbürokratie der Parlamentsfraktionen. Hier kommen die politischen Beamten unter, die nach einer verlorenen Wahl ihre Plätze im Ministerium räumen müssen; natürlich nur, um beim nächsten Regierungswechsel auf gleichem oder höherem Rang dorthin zurückzukehren, woher sie kamen. Es handelt sich, resümiert der Jurist Hans Meyer, der das Phänomen der Doppelbürokratie eingehend untersucht hat, »sozusagen um das alte amerikanische Beutesystem in einer dem deutschen ›Fortschritt‹ angemessenen, sozialverträglichen Weise«.

Die Parteien haben gesiegt, in Deutschland gründlicher als anderswo. Denn hier können sie für sich in Anspruch nehmen, mit ihrem Hunger nach öffentlichem Geld und öffentlicher Macht die Lehren aus dem Debakel der Weimarer Republik zu ziehen: ein Anspruch, der fast unangreifbar macht. Mit Blick auf Weimar haben sie sich aufgeplustert, haben sie Gesetzgebung, Exekutive und Judikatur okkupiert und damit die wichtigste von allen Vorkehrungen gegen den Machtmißbrauch, die klassische Gewaltenteilung, außer Kraft gesetzt. Den Staat mit Leben und die Politik mit Sinn zu erfüllen, vermochten sie mit diesen Mitteln freilich nicht, denn so etwas setzt eine Vorstellung vom Allgemeinen und ein Gespür für öffentliche Verpflichtungen voraus. Dafür aber haben die Parteien kein Organ. Wer ihre Schule durchlaufen hat, wird früher oder später zum Repräsentanten einer Clique, die an sich selbst Genüge findet.

Vieles von dem, was in diesem engstirnigen Politikbetrieb nicht vorkommt, was übersehen wird oder einfach liegenbleibt, landet in Karlsruhe. Das Bundesverfassungsgericht hat die ihm zugewachsene Rolle des Ersatzgesetzgebers bis an die Grenze des Zulässigen ausgeschöpft und die apathischen, widerwilligen oder überforderten Parlamentarier immer wieder daran erinnert, was ihres und nicht seines Amtes ist. Erfolgreich war es damit aber nicht. Schließlich läßt sich der Bundestag genausowenig wie jedes andere Parlament einfach durch Richterspruch in eine

Stellung zurückbringen, mit der er nichts mehr anzufangen weiß. Beim Übergang immer weiterer Kompetenzen an die Organe der Europäischen Union dürfte diese Entwicklung anhalten, sich wahrscheinlich sogar noch beschleunigen, weil die Gemeinschaft durch Verträge begründet worden ist und nur in dieser Form, als Rechtsgemeinschaft also, wachsen kann.

Schon heute ist der Europäische Gerichtshof neben der Brüsseler Kommission die mächtigste unter den gemeinsamen Einrichtungen, sicherlich einflußreicher als das Straßburger Parlament. Er ist in vielen Fällen letzte Appellationsinstanz und trifft bei Kompetenzstreitereien zwischen den Organen der Gemeinschaft verbindliche Entscheidungen. Anders als die nationale Gerichtsbarkeit hat der Europäische Gerichtshof aber keine Verfassung hinter sich, die er nur anzuwenden oder auszulegen braucht, um seine Aufgabe zu erfüllen. Solange es diese Verfassung nicht gibt und die verschiedenen Verträge, mit denen der Einigungsprozeß vorangetrieben wird, gerade die heiklen Punkte offenlassen, wird der Gerichtshof immer wieder rechtsschöpferisch tätig werden müssen. Was er entscheidet und wie er es begründet, kann sich auf keine Tradition berufen. Europäisches Recht kommt von oben, ist gemachtes, nicht gewachsenes Recht. Wie alles andere, was aus Brüssel, Luxemburg oder Straßburg stammt, wird es deshalb lange Zeit als fremd und fern empfunden werden.

Die Herrschaft der Experten

Wir klagen nicht und beklagen uns nicht;
die Blume verblüht, die Frucht muß treiben.
Aber die besten von uns empfinden es,
daß wir Fachmänner geworden sind.

THEODOR MOMMSEN

Als während des 18. Jahrhunderts die Grundsätze der Demokratie neu entdeckt wurden, galt die Volks-
herrschaft als eine Staatsform, die sich nur für kleine und
überschaubare Gemeinwesen eignete. Unter Berufung auf
Aristoteles, dessen Autorität auch in diesen Dingen immer
noch unbestritten war, glaubte man über die Größe des
Stadtstaates, in dem jeder jeden kannte oder doch kennen
konnte, nicht hinausgehen zu dürfen. Den Beweis dafür,
daß es auch anders ging, lieferte erst die Gründung der
Vereinigten Staaten von Amerika. Die USA waren der erste
Flächenstaat, der nach demokratischen Verfassungsregeln
eingerichtet wurde, die erste Demokratie, die von Anfang
an darauf angelegt war, sich über ein größeres Gebiet zu
erstrecken. Ohne die Anwendung des Repräsentationsprinzips wäre das nicht möglich gewesen. Es war der entscheidende Schritt, mit dem die Amerikaner über das hinaus-
gingen, was sie über die Zustände in Athen zu wissen
meinten.

Im Laufe der Zeit entdeckte man noch weitere Vorzüge
des Repräsentationsprinzips. Der wichtigste von ihnen war,
daß sich eine ständige Vertreterversammlung dazu eignete,
die Politik gegen die Exzesse der öffentlichen Meinung ab-
zuschirmen. Repräsentation verstetigte und mäßigte das
politische Geschäft und machte die vielen absurden Vorkehrungen überflüssig, die sich die Athener hatten einfal-

len lassen, um ihren Staat vor den Launen des souveränen Pöbels zu schützen. Nur Menschen, die sich auf Dauer und in gehobener Position mit den öffentlichen Angelegenheiten befassen durften, schienen in der Lage zu sein, auf die vertrackten Fragen, mit denen es die Politik zu tun hatte, eine vernünftige und beständige Antwort zu geben. Zur direkten Entscheidung hätte man das Volk ja nur mittels eines Referendums auffordern können, in dem die Vielfalt der Aspekte auf die brutale Alternative zwischen Ja und Nein verkürzt worden wäre; und das empfahl sich selten oder nie.

Hinzu kam, daß man vor allem in Deutschland mit der Volksbefragung schlechte Erfahrungen gemacht zu haben glaubte. Das Scheitern der Weimarer Republik wirkte nach und machte alles Plebiszitäre oder Populistische von vornherein verdächtig. Weder die Wiedervereinigung noch der Vertrag von Maastricht, wahrhaftig Wendemarken der deutschen Politik, sind zum Anlaß genommen worden, dem Volk in Kardinalfragen der Verfassung die Entscheidung zuzuspielen oder auch nur seine Meinung einzuholen. Welche Chancen damit vertan worden sind, ist im deutschen Einigungsprozeß schmerzhaft spürbar geworden; auf europäischer Ebene dürfte ähnliches noch bevorstehen. Politik war etwas für die Professionellen, für ausgebildete Berufspolitiker wie den erwähnten Ludger Volmer. Und so sollte es nach deren Willen auch bleiben.

So ist es aber nicht geblieben, aus guten Gründen nicht. Denn wenn die Politik, wie das so gern behauptet wird, immer mehr zur Sache von Fachleuten wird, dann ist sie eben nichts für die Berufspolitiker, diese Generalisten mit Spezialkenntnissen zur Bekämpfung des politischen Gegners, wie Richard von Weizsäcker sie einmal genannt hat. Dann muß die Politik den wirklichen Experten überlassen werden, den Wissenschaftlern, Technikern und Ingenieuren. In dieser Runde steht der politisierende Halbexperte nicht viel besser da als jeder Laie, der mit gutem Gewissen nur das zu tun wagt, wozu das Fachgutachten ihn ermächtigt. Bismarck konnte es sich noch erlauben, wissenschaftliche Ratschläge öffentlich zu verhöhnen und den Primat der Politik in seiner hergebrachten Form zu verteidigen. Die abstrakten Lehren der Wissenschaft ließen ihn »in dieser Beziehung« – es ging um das Für und Wider der Schutzzollpolitik – vollständig kalt. Vor dem Reichstag erklärte er: »Ich urteile nach der Erfahrung.«

So etwas wäre hundert Jahre später, im Zeitalter der Fachbeiräte, Expertenkreise und Sachverständigenkommissionen, unmöglich gewesen. Als legitim gilt heute das, was funktioniert. Doch daß es funktioniert, scheint immer weniger durch Politik und immer mehr durch Wissenschaft garantiert zu werden. Im Bundestag klingt es denn auch ganz anders als im Reichstag, wenn es um Grundsatzfragen der Finanz- und Wirtschaftspolitik geht: »Die gefährlichsten, wenn vielleicht auch ahnungslosesten Feinde der Sparer und der Währung sitzen heute auf den Bänken des Parlaments«, meinte Karl Maria Hettlage, Staatssekretär und Professor, Anfang der fünfziger Jahre in einem Gutachten über Sparsamkeit und Wirtschaftlichkeit in der Verwaltung. Sein polemisches Urteil löste bei den Politikern zwar einen Sturm der Entrüstung aus, ist aber nie zurückgenommen oder auch nur modifiziert worden. Es diente, ganz im Gegenteil, dem Wirtschaftswissenschaftler Günter Schmölders kurz darauf als Ausgangspunkt für eine weitere Untersuchung über die Wege, auf denen sich die Mitglieder des Deutschen Bundestags in Währungsfragen urteilsfähig machen. Mit dem Ergebnis, daß Hettlages Zweifel bestätigt, sogar noch übertroffen worden sind.

Inzwischen hat man sich daran gewöhnt, daß sich die wissenschaftliche gegen die politische Vernunft mit derselben Voreingenommenheit verhält, wie diese gegen die Vernunft des Wählers. Den Vorwurf des Dilettantismus, mit dem die Volksvertreter gegen das gemeine Volk so schnell zur Hand sind, bringen die Sachverständigen in jedem Anhörungsverfahren gegen die Politiker vor. Der Amerikaner Albert Wohlstetter, der sich jahrzehntelang auf der Grenzlinie zwischen Wissenschaft und Politik bewegte, hat die prekäre Lage des Politikers aus eigener Anschauung beschrieben. Um keine Fehler zu machen, müsse er nicht nur mit allen möglichen Spezialkenntnissen und technischen Einzelheiten vertraut sein, sondern auch über so ausgefallene Themen wie Konjunkturzyklen, Verfahrensforschung und Systemanalyse Bescheid wissen. Deshalb sei der Politiker auf das sachkundige Urteil von Leuten angewiesen, die andere und reichere Erfahrungen besäßen als er selbst und seine nähere Umgebung: die alte Frage nach der Legitimität der Macht in ihrer zeitgemäßen, technischen Verkleidung.

Sie zu beantworten war noch niemals leicht; wo die Experten an der Herrschaft sind, braucht man sie aber gar nicht mehr zu stellen. Wer den Schnellen Brüter, eine Investitionsruine im Wert von zehn bis zwölf Milliarden Mark, zu verantworten hat, weiß niemand mehr und will auch niemand wissen. Die zuständigen Minister fühlen sich frei von aller Schuld und verweisen auf die Kerntechniker, die Elektrizitätswirtschaft oder die damals oppositionellen Grünen: lauter Mitspieler, die es natürlich ihrerseits genauso machen, so daß man sich im Kreis bewegt und keinen Schuldigen mehr findet. Wenn sich die Magnetschwebebahn Transrapid als das Debakel erweist, das viele befürchten, wird sich das Spiel in wenigen Jahren wiederholen, bei jedem anderen Projekt, das teuer ist und wenig bringt, natürlich auch. Die hochentwickelte Kunst, Mitschuldige auszumachen, erlaubt keine Kontrolle mehr, Zurechnung und Verantwortlichkeit schon gar nicht.

Daß Wissen Macht ist und daß Macht dazu neigt, sich in den Händen weniger zu konzentrieren: diese alte Wahrheit gewinnt unter den Bedingungen der High-Tech-Zivilisation einen neuen Sinn. Sie ist nämlich auf ganz besondere Weise dazu angetan, die Demokratie leerlaufen zu lassen, sie also nicht etwa abzuschaffen, sondern auszuhöhlen und um ihren Sinn zu bringen. Wo es um technisch anspruchsvolle Dinge geht, haben die Bürger *vor* der Wahl noch keine Ahnung, was auf sie zukommen könnte; genausowenig wie sie *nach* der Wahl jemals erfahren werden, an wen sie sich, wenn etwas schiefgeht, halten dürfen. Ohne dafür ein Mandat zu besitzen, treffen Techniker und Wissenschaftler Entscheidungen, die unabsehbare Konsequenzen für die Lebensumstände ihrer Mitbürger haben.

Walther Rathenau war sich über diesen Makel im klaren und hat nichts beschönigt. Nach seinem Ankauf der europäischen Edison-Patente bemerkte er, daß es sich hier um eine tiefgreifende Umgestaltung der Lebensverhältnisse handele, »die nicht von Konsumenten ausging, sondern von Produzenten organisiert und gewissermaßen aufgezwungen werden mußte«. Die meisten seiner Kollegen waren weniger sensibel, sie wollten etwas Neues durchsetzen und fragten nicht danach, mit welchem Recht. Eine Ausnahme ist Edward Teller, einer der Väter der amerikanischen Wasserstoffbombe. Teller hat Macht besessen und Politik gemacht wie kaum ein zweiter; er hat aber auch das Unerlaubte seiner Arbeit gespürt und in geschickter Anpassung an die amerikanische Idee vom souveränen Volk die Verantwortung für alles, was er tat, auf die Wähler geschoben. Als

Techniker, so hat Teller mehr als einmal erklärt, sei er verantwortlich für die Erforschung der Natur und dafür, seine Entdeckungen »in klaren, verständlichen und schlichten Worten publik zu machen, so daß die darauf folgenden Entscheidungen von jedermann im Lande mit Sachverstand getroffen werden können. Denn die Macht der Entscheidung gehört dem Volk, und es ist das Volk, das die Folgen der Entscheidung zu tragen hat.«

Das zweite ist offensichtlich richtig, das erste nicht. Die Folgen hat zweifelsohne das Volk zu tragen. Daß es diese aber auch gewollt hätte, kann man nur dann behaupten, wenn man den Vormund übersieht, der dem Mündel bei seinen Entscheidungen die Hand führt. Werner Heisenberg hat sicherlich nur mäßig übertrieben, als er meinte, es seien die Physiker, die in der Politik den Ausschlag gäben. Sie könnten alle wichtigen Leute in diese oder jene Richtung dirigieren, je nachdem, ob sie den Aufwand für irgendeine wissenschaftliche Novität als hoch und den Ertrag als gering veranschlagten oder die Dinge gerade umgekehrt darstellten. Dann müßten auch die Laien folgen, die Wähler genauso wie die Gewählten, denn Widerspruch sei Unvernunft, und dazu werde sich, meinte Heisenberg, kein Mensch bekennen. Mit jeder neuen Erfindung ist diese Rechnung bestätigt worden. Was avancierte Wissenschaften wie die Kernphysik oder die Molekularbiologie bei ihren Vorstößen in unbekannte Räume vom Volk und seinen Repräsentanten verlangen, ist nicht Verständnis, sondern Vertrauen, Folgsamkeit und Freigebigkeit: die Leute sollen glauben und bezahlen.

Gehorsam will und braucht natürlich jede Herrschaft; aber die Experten stellen ihn auf andere Weise her als die Vertreter der staatlichen Gewalt. Im Unterschied zur Politik, die sich ihre Legitimation im voraus verschaffen muß, rechtfertigt sich der Fachmann immer erst nachträglich, durch seinen Erfolg. Er läßt nicht abstimmen oder zustimmen, sondern ausführen und durchführen, weshalb man ganz zu Recht gesagt hat, daß die moderne Technik ohne Legitimität auskommt. Sie kann auf diese Prozedur verzichten, weil gegen wissenschaftlich garantierte Wahrheiten jede Opposition zunächst einmal sinnlos ist. Der Spezialist beschränkt sich nur scheinbar auf Empfehlungen; in Wahrheit arbeitet er mit Zwang, dem sogenannten Sachzwang, und ruft damit jenen Eindruck des Schicksalhaften hervor, der für die zeitgemäße Auffassung von Politik so bezeichnend ist. Beim ersten Schritt mögen sich die Wähler noch frei fühlen, beim zweiten oder dritten sind sie es ganz bestimmt nicht mehr, denn wie es weitergeht, darüber entscheiden unpersönliche Instanzen, die niemand in Zweifel zu ziehen wagt: das Kalkül der Wirtschaft und der Stand der Technik. Im Teilgenehmigungsverfahren, wie es beim Bau von Kernkraftwerken, aber auch für alle anderen technisch anspruchsvollen Großvorhaben angewandt wird, ist diese Strategie zur Perfektion gediehen. Es wird ein Schritt nach dem anderen getan, so lange, bis ein Punkt erreicht ist, der den Rückzug unmöglich oder entsetzlich teuer macht. So treiben die Fachleute alle anderen vor sich her, von einem Sachzwang zum nächsten. Obwohl sie nur im zweiten Glied marschieren, bestimmen sie die Richtung.

Man hat darin einen Fortschritt erkennen wollen, die Erfüllung der alten, auf Auguste Comte zurückgehenden Voraussage, daß sich die Politik in ihrem Wesen ändern werde. An die Stelle der Herrschaft über Menschen werde die Verwaltung von Sachen treten, und das sei gut so. Offenbar glaubte man, daß Herrschaft über Menschen schon dadurch abgebaut wird, daß man bescheiden auftritt und sich darauf beschränkt, nur Sachen zu verwalten. So einfach ist es aber nicht; das eine hängt ja mit dem anderen zusammen, und nichts ist einfacher, als auf dem Umweg über die Verwaltung zur Sklaverei zurückzukehren. Die Parteidiktatur der Kommunisten, die mit der Herrschaft von Menschen über Menschen definitiv Schluß machen wollte und sie dabei erst auf den Höhepunkt getrieben hat, ist dafür nur der deutlichste Beweis.

Belege gibt es aber auch im freien Westen. Der deutsche Sozialminister, der einen Rentenbestand von vielen hundert Milliarden Mark verwaltet, übt selbstverständlich Herrschaft über Menschen aus, und es ist schierer Selbstbetrug zu glauben, daß seine Macht schon deshalb angenehmer zu ertragen sei, weil sie in den anonymen Formen der Versicherungsbürokratie daherkommt. Spätestens dann, wenn sich herausstellt, daß das gigantische Zwangssystem die Menschen geprellt hat, weil jede private Kapitalanlage mehr eingebracht hätte als das »bewährte« staatliche System, werden sie merken, daß die unpersönliche Herrschaft der Verwaltungsfachleute genauso drückend sein kann wie die eines leibhaftigen Monarchen. Schwerer zu ändern oder abzuwerfen ist sie leider auch, denn man weiß nie, wer was veranlaßt hat und wer für welchen Fehler haftbar zu machen ist. Die Herrscher verstehen sich ja als Wohltäter, als dienende Organe, die das Unglück immer nur abwehren, niemals vorbereiten. Daß sie eine fatale Entwicklung in Gang gesetzt oder doch vorangetrieben haben, wollen sie nicht zugeben. Wie alle Fachleute, besitzen auch die Sozialexperten das notorisch gute Gewissen der Weltverbesserer. Sie fühlen sich unschuldig an dem Desaster, das sich mit ihrer Hilfe vorbereitet.

Die sogenannte Wissensgesellschaft realisiert sich offenbar ganz anders als von ihren Propheten vorausgesehen. Sie unterteilt die Menschen in oben und unten, in einige, die Bescheid wissen, und den großen Rest der Laien und Dilettanten, zu dem die Masse der Politiker genauso zählt wie die Masse der Bürger. Der stehende, bei jeder Gelegenheit wiederholte Satz, es gebe keine Alternative – zur staatlichen Rentenversicherung nicht, zur Atomenergie nicht, zur Währungsunion nicht und zur regierenden Koalition erst recht nicht –, ist leider gut begründet. Er berichtet von politischen Zwängen, verursacht durch die Macht der Spezialisten. Die Floskel klingt, als hätten die Verantwortlichen die Zügel aus der Hand gegeben und fänden sich nun plötzlich vor dem Wagen wieder: nicht mehr als Kutscher, sondern im Geschirr. Das läßt die Politik langweilig, unselbständig und banal erscheinen. Sie braucht eben, wie Karl Barth es einmal ausgedrückt hat, Spielcharakter. Möglich werde sie erst da, wo das Ungezwungene und Vorläufige ihres Wesens am Tage sei, »wo der absolute Ton aus den Thesen wie aus den Gegenthesen verschwindet«. Gerade das, den absoluten Ton, trägt der Experte mit seinem Anspruch, eherne Wahrheiten zu verkünden, aber immer wieder in die Debatte hinein. Es ist der Trumpf, mit dem sein Auftritt steht und fällt.

Wer ihm nicht folgen will, der wartet ab. Er verweigert die Entscheidung, klammert ein und klammert aus. Helmut Kohl hat diese Technik zur Grundlage seiner Regierungskunst gemacht. Stabilität, keine Experimente, Weiter so: das sind die Leitmotive einer Politik, die immer da auf der Höhe ist, wo sie die Dinge treiben lassen kann, ohne an den Strukturen viel zu ändern. Kohls Mißtrauen gegen alles, was anders ist, gegen andere Menschen und andere Möglichkeiten, läßt ihn Entscheidungen hinausschieben, drei Kommissionen und vier Parteitage mit ihrer Vorbereitung betrauen und dann noch einmal abwarten. Die offene Auseinandersetzung ist ihm verdächtig, weil sie den Meinungsdruck, den er nicht liebt, erzwingen könnte. Der letzte Zweck der vielen Kreise, Zirkel, Runden oder Komitees, die sich an der Regierungs- und Parteiarbeit beteiligen, ist denn auch nicht, die Argumente zuzuspitzen, sondern sie zu verschlucken: die Diskussion nur noch als Scheingefecht, als Vorbereitung darauf, nichts zu tun. Das Tabuisieren sei immer Teil der Kohlschen Regierungskunst gewesen, meinte einer seiner langjährigen Begleiter. Solange Kohl nicht zu wissen glaubt, was bei einer Sache herauskommt – und wann weiß man das schon? –, zieht er das Verzögern, Vertagen und Verschleppen allen anderen Verhaltensmöglichkeiten vor. Aus seiner Sicht ist das sogar vernünftig, denn etwas zu riskieren bedeutet für einen Politiker etwas ganz anderes als für einen Fachmann. Während der Sachverständige immer nur mit begrenztem Einsatz spielt, geht es für den Politiker gleich ums Ganze, um die Eroberung und Sicherung der Macht.

Adorno hatte eben doch nicht recht, als er behauptete, daß nicht die Technik das Verhängnis sei, sondern ihre Verfilzung mit den gesellschaftlichen Verhältnissen, von denen sie umklammert werde. Was doch wohl heißen sollte, daß man die Verhältnisse nur zu ändern brauche, um dem Verhängnis zu entgehen. Die richtige, humane Technik als ein Produkt der richtigen, humanen Gesellschaft, das war sein Traum vom besseren Leben. Er ist inzwischen ausgeträumt, weil er die Macht der Technik unterschätzt hatte. Sie ist es ja, die sich zum Herren aufgeschwungen hat, die den Entwicklungsgang vorzeichnet und ihrerseits die Verhältnisse umklammert. Die Gründungsurkunde der Royal Society, die der neugeschaffenen Gesellschaft den Zweck setzte, das Wissen um die natürlichen Dinge durch Hypothesen und Experimente voranzutreiben, »ohne sich um die moralische und politische Seite ihrer Arbeit zu kümmern«, ist unverändert gültig, nicht nur für den engeren Bereich der Forschung. Nach der Reaktorkatastrophe von Tschernobyl haben ein paar unerschrockene Physiker genauso gesprochen. Als man das Ausmaß des Debakels nicht mehr verstecken konnte, lud der Vorsitzende des radiologischen Koordinationsrates alle Welt dazu ein, den Untergang ganzer Landstriche mit den Augen des Wissenschaftlers zu betrachten und sich, »abgesehen von der Tragik des Ereignisses«, wie er gefühlvollerweise hinzufügte, darüber zu freuen, daß die Forschung nun endlich ein Laboratorium zur Verfügung habe, in dem sich die Auswirkungen von Strahlung auf die lebendige Natur im Maßstab eins zu eins untersuchen ließ. Die Antwort aus der Sicht der Politik gab damals Franz Josef Strauß, indem er die Destabilisierung der Bundesrepublik für den Fall voraussagte, daß sich Tschernobyl oder das, wofür der Name stand, auch nur ein einziges Mal wiederholen sollte.

Die Politik weiß offenbar, was auf dem Spiel steht; den Ausweg aber kennt sie nicht. Die Menschen wollen Sicherheit, Sicherheit *durch* die Technik und Sicherheit *vor* der Technik. Dieses doppelte Bedürfnis macht es der Regierung unmöglich, sich aus der Umklammerung durchs Spezialistentum zu befreien und die Spielräume zurückzugewinnen, nach denen sie sich immer wieder sehnt. Wo die Technik versagt, wird ja nicht irgendwer zu Hilfe gerufen, sondern die Sachverständigen vom Technischen Überwachungsverein und die Mitarbeiter des Technischen Hilfswerks. Es ist, wie es ein amerikanisches Gericht am Ende eines durch Gutachten und Gegengutachten endlos verschleppten Verfahrens einmal festgestellt hat: Der Macht der Wissenschaft kann man nicht mehr entkommen. Sie ist immerzu beides, Gegner und Vorbild zugleich.

Die »scientific community«, die Gemeinschaft der wissenschaftlich Wissenden, hat sich den politischen Instanzen erfolgreich aufgedrängt. Ihre Angehörigen werden nicht nur dann gefragt, wenn man wissen will, ob der Rhein Trinkwasserqualität besitzt, ob das Klima kippt oder die gesetzlich vorgeschriebene Mehrwegquote erfüllt wird, sondern auch sonst in ziemlich allen Dingen des täglichen Lebens. Die Wissenschaft muß entscheiden, wie man den richtigen Partner findet, ab wann die Kinder in die Schule müssen, was sie dort lernen sollen und wie man sie ernährt. Wirklich ist, was sich messen läßt, soll Max Planck einmal gesagt haben: ein Grundsatz, der zunächst nur auf das Weltbild der Naturwissenschaften gemünzt war, inzwischen allerdings fast überall in Geltung steht. Wahrgenommen und beurteilt wird immer mehr Wirklichkeit im Spiegel von immer mehr Zahlen. Um zu erfahren, ob die Rente sicher ist, ob man zu hohe Steuern zahlt, ob man am Arbeitsplatz oder beim Autofahren ein unvertretbar hohes Gesundheitsrisiko eingeht, sucht man die Auskunft der Statistik. Denn die Statistik definiert die Wirklichkeit.

Ein denkwürdiges Beispiel für die unwiderstehliche Macht der Zahl und für die Folgen ihres Gebrauchs zu propagandistischen Zwecken lieferte die sogenannte deutsche Bildungskatastrophe. Gestützt auf den statistischen Beweis, hatte sie Georg Picht seinen Landsleuten zunächst vorgerechnet, dann eingeredet und schließlich heraufbeschworen. So wie damals Schüler- und Studentenzahlen, sind es heute genuin politische Themen wie Arbeitslosigkeit und Inflationsgefahr, die mit statistischen Methoden definiert und das heißt eben: vorentschieden werden. Jeder erwartet, daß die Geldentwertung gering bleibt und daß möglichst viele Leute Arbeit haben. Wie man die beiden Größen festlegt und wie man sie überprüft, was in den Warenkorb gehört und was nicht, ob man die stille Reserve der Arbeitslosenquote zurechnen darf und mit welchen Sätzen, das alles sind Fragen, die von der Politik nur im Einvernehmen mit den Fachleuten für Wirtschaftsstatistik beantwortet werden können. Die Rechenmeister liefern das Material, dessen sich Regierung und Opposition bedienen, um einander zu beweisen, daß sie gut oder schlecht gewirtschaftet, vernünftig oder unvernünftig geplant, die richtige oder die falsche Entscheidung getroffen haben. Souverän ist, wer über den Ausnahmezustand entscheidet, heißt eine ältere politische Devise. Auf die Gegenwart angewandt, hätte man wohl eher denjenigen souverän zu nennen, der über die Statistik verfügt.

Das hat die Machtbesessenen empfänglich gemacht für den Gedanken, die Hand nach der Statistik auszustrecken. Autoritär regierte Länder ohne Gewaltenteilung und ohne unabhängige Kontrollinstanzen haben es dabei besonders leicht gehabt. In den letzten Monaten seiner Herrschaft soll Erich Honecker die Kritiker seiner Wirtschaftspolitik mit einer Statistik zum Schweigen gebracht haben, die er aus ebendiesem Grunde ständig bei sich trug. Sie stammte von der OECD und arbeitete mit Zahlen, die Honecker selbst geliefert, also doch wohl selbst gefälscht hatte. Der Umweg über die Pariser OECD-Zentrale schien sie jedoch gereinigt oder geadelt zu haben; jedenfalls galt sie im Politbüro als sakrosankt, und manches spricht dafür, daß sogar Honecker die Herkunft des Machwerks vergessen hatte.

Es wäre ein Wunder, wenn andere, weniger selbstherrliche Potentaten sich die Möglichkeiten der Manipulation durch Information, von der für das Schicksal einer Regierung unter den Bedingungen der modernen Zahlen- und Faktengläubigkeit so viel abhängt, entgehen ließen. In der Bundesrepublik unterliegen die statistischen Landes- und Bundesämter der Fachaufsicht durch die Exekutive. Das

Stabilitätsgesetz von 1967 läßt die Einflußchancen, die sich da bieten, immerhin ahnen, wenn es die Sachverständigen anweist, ihren Gutachten die Orientierungsdaten zugrunde zu legen, die die Bundesregierung ihnen »zur Verfügung stellt«. Der Wirtschaftsminister kann den Prozeß, an dessen Ende die reine Wahrheit herausspringen soll, am Anfang also durchaus steuern. Damit schließt sich der Kreis. Das Spiel wird unberechenbar, und wenn sie Pech haben, gehen Regierung und Sachverständige gemeinsam in die Irre.

Man muß kein Gewohnheitsskeptiker sein, um so etwas für möglich zu halten. Erst kürzlich hat die Monopolkommission bei der Vorlage ihres Hauptgutachtens ihre Unfähigkeit, aufgrund der Datenlage ein verläßliches Urteil über die Unternehmenskonzentration abzugeben, offen eingestanden. Wie der Prozeß im einzelnen aussehe und ablaufe, wisse er auch nicht, sagte Carl Christian von Weizsäcker, der Präsident des Gremiums. Wenn sich die Datenbasis nicht verbessere, werde die Kommission ihrem Auftrag, den Wettbewerb zu garantieren, nicht mehr nachkommen können. Vermutlich, so der Präsident, laufe der nationale Konzentrationsvorgang bedeutend schneller ab, als er sich in den amtlichen Zahlen niederschlage; wissen könne man das aber nicht.

Wie aber soll man das dann in Europa wissen? In einem Gebiet, das zehnmal so groß ist wie die Bundesrepublik, in dem 370 Millionen Menschen leben, die in ganz unterschiedlichen Regionen und Kulturen zu Hause sind? Je länger die Strecke, die die Daten auf ihrem Weg von unten nach oben zurücklegen müssen, desto größer die Gefahr (und desto aussichtsreicher der Versuch), das Bild zu entstellen. Der fruchtlose Streit um die Maastrichtkriterien hat gezeigt, was alles von der Statistik abhängt und wie wichtig es für die Politik ist, dieses Legitimationsinstrument nicht aus der Hand zu geben. Was die Kriterien über das Inflationsniveau, das Haushaltsdefizit und die Gesamtverschuldung tatsächlich aussagen, weiß kein Mensch. Erhoben durch Gesetz, zusammengestellt von den Finanzministern, berechnet durch die Fachleute von EuroStat, dem statistischen Zentralamt der Gemeinschaft, und überprüft, wenn es zur Auseinandersetzung kommen sollte, von der europäischen Verfassungsgerichtsbarkeit, fordern die Konvergenzkriterien zum Manipulationsversuch geradezu heraus. Die meisten Länder haben der Versuchung denn auch nachgegeben und mit allerlei Rechenkunststücken darauf hingewirkt, daß die Zahlen stimmen. Ein genuin politisches Vorhaben wie die Einführung eines gemeinsamen Zahlungsmittels ist eben viel zu wichtig, um es allein den Fachleuten für Währung und Statistik zu überlassen.

»Wer wen?« hieß für Lenin die Schlüsselfrage der Politik: Wer umarmt, betrügt und legt schließlich wen auf den Rücken? Im Umgang mit dem ökonomischen und bürokratischen Sachverstand, der eigentlichen Machtbastion im technischen Zeitalter, stellt sich die alte Frage auf eine neue, dramatisch zugespitzte Weise. Die Politik hat einen Konkurrenten bekommen, der sie auf unauffällige, aber höchst wirkungsvolle Art und Weise an die Wand spielen kann. Wenn die Entwicklung im selben Tempo weiterläuft, werden die Regierungsorgane irgendwann nur noch die Fassade abgeben, hinter der die Richtlinienkompetenz von den neuen, fast immer unbekannten Machthabern wahrgenommen wird. Der Einfluß der Experten wird mit der Größe und der Unübersichtlichkeit der Gebilde wachsen, die sie zu untersuchen oder zu verwalten haben. Er dürfte in der Stadt größer sein als im Dorf, im Bund größer als in den Ländern, am größten auf der weit abgehobenen Ebene der Europäischen Union.

Die Konstruktion, die hier errichtet werden soll, wird ähnlich aussehen wie der berühmte Marktplatz ihrer Hauptstadt Brüssel. Hinter einer heimeligen Kulisse von Bürgerhäusern in überschaubaren und vertrauten Dimensionen werden riesige Bürostädte entstehen, in denen die neuen Oligarchen, die Fachleute für Wirtschaft, Technik und Verwaltung, dem Volk ein Beispiel dafür geben, was sie unter Effizienz verstehen. Die Lobbyisten der restlos freien Marktwirtschaft haben sich dort zu Hunderten, die Ministerialbeamten aus aller Herren Länder zu Tausenden niedergelassen. Für sie ist Bürgernähe eine Fassade aus Pappmaché, hinter der ganz andere Kräfte Regie führen. Wie die europäische Zukunft aussehen wird, ist nicht ungewiß: in Brüssel kann man sie besichtigen.

Mehrheit statt Zukunft

Die Republik? Die Monarchie?
Ich kenne nichts als die soziale Frage!

MAXIMILIEN DE ROBESPIERRE

Sehnsucht nach Freiheit haben die Bürger immer gehabt, auch schon zu einer Zeit, die wenig Spielraum ließ, sie auszuleben. Von ihren Verheißungen nicht nur zu träumen, sondern auch Gebrauch zu machen, war unter den Bedingungen des Ständestaates, wie er jahrhundertelang bestanden hat, aber nicht gerade leicht. Bei dem Versuch, die Standesgrenzen zu überwinden, merkten die Menschen schnell, daß der Genuß der Freiheitsrechte an einige Voraussetzungen gebunden war, von denen die Sicherheit, die Sicherheit der eigenen Person, die wichtigste war. Zu den äußeren kamen die inneren Voraussetzungen der Freiheit, unter denen die Sicherheit, verstanden als Selbstsicherheit, den ersten Platz einnahm. Man hatte erfahren, daß alle hoheitlich gewährten Rechte ohne das Bewußtsein, frei zu sein, und den Willen, frei zu bleiben, nicht viel wert waren. Alles hing an der Sicherheit: ohne sie, meinte noch Wilhelm von Humboldt, vermöchte der Mensch »weder seine Kräfte auszubilden noch die Frucht derselben zu genießen. Denn ohne Sicherheit ist keine Freiheit.«

Das war die Stimme der Aufklärung. Erst mit der Französischen Revolution und den Erfahrungen, die man mit der angewandten Freiheit machte, hat der Begriff der Sicherheit eine andere Dimension erhalten. Natürlich hatten auch die Aufständischen gemerkt, daß ihre Freiheit an der Sicherheit hing, mit der sie ihren Status innehatten, so daß sie als Bürgerliche einem Höhergeborenen nicht schon einfach deshalb Platz machen mußten, weil der Adelige sechsspännig daherkam, während sie selbst zu Fuß gingen. Sie wußten aber auch, daß die Rechtssicherheit einer materiellen Basis bedurfte und nach Besitz und Eigentum verlangte, eine Erkenntnis, die sie in den verschiedenen Verfassungen, die nach 1789 in schneller Folge entstanden, deutlich zum Ausdruck gebracht haben. In dieser Hinsicht waren sich die Verfasser der Menschen- und Bürgerrechtserklärung vom August 1789, die Jakobiner im Jahre 1793 und die Urheber der 1795 entstandenen Direktorialverfassung ziemlich einig. Sie alle zählten, neben der Freiheit, der Gleichheit und dem Recht auf Widerstand gegen Unterdrückung, Sicherheit und Eigentum zu den natürlichen und unveräußerlichen Bürgerrechten, die von keiner Regierung aufgehoben oder auch nur angetastet werden durften.

Diese Formel wurde zur Ursache für die nächste Revolution. Denn wenn Eigentum einerseits als notwendige Bedingung für den Genuß der Bürgerrechte angesehen wurde, es aber andererseits höchst ungleich verteilt war und breite Schichten existierten, die nichts besaßen und auf Besitztum auch nicht hoffen konnten, dann gab es nur zwei Wege, die Parolen der Aufrührer einzulösen und wirklich allen zu gewähren, was allen versprochen worden war: das Eigentum mußte entweder abgeschafft oder umverteilt werden. Die Marxisten, die im Privateigentum die Quelle aller Ungleichheit erkannten und mit dem einen auch die andere beseitigen wollten, gingen den ersten Weg. Den zweiten Weg wählten die Sozialreformer, die dem vierten Stand für das Eigentum, das zu erwerben seinen Angehörigen so schwer wurde, Ersatz boten durch den Eingriff des Gesetzes. In Deutschland ist dieses Verfahren am konsequentesten angewandt worden. Bismarck hatte keine Bedenken, den Arbeitern mit den sozialen Bürgerrechten einen großzügigen Abschlag auf die politischen Grundrechte zu gewähren, welche er nur zögernd und widerwillig zugestehen mochte. Er hielt sich an die deutsche Tradition, die von einer guten Regierung erwartete, den Bürgern von sich aus das zu geben, was sie sich anderswo, im revolutionären Ausland, mit Waffengewalt erkämpft und erstritten hatten.

In neuerer Zeit wurde durch die Proklamation sozialer Grundrechte, eine Besonderheit der deutschen Verfassungsgeschichte, diese Tradition fortgesetzt. Sie hatte freilich ihren Preis. Weil sich die Menschen das, was sie geschenkt bekamen, nicht mehr holen mußten, wurden ihre politischen Instinkte schwach. Statt zum öffentlichen Engagement anzustiften und die Bürger dazu einzuladen, ihr Schicksal selbst in die Hand zu nehmen, haben die sozialen Anspruchsrechte den Sinn für den Wert der politischen Beteiligungsrechte langsam verkümmern lassen. Das Bewußtsein, in jeder Hinsicht nahezu perfekt abgesichert zu sein, hat die Leute daran gewöhnt, im Wohlfahrtsstaat eine Agentur zu sehen, von der sie viel erhalten können, ohne viel zu geben. Geschaffen in der Absicht, den Ärmsten Schutz zu bieten gegen die Wechselfälle des Lebens und sie in den Stand zu versetzen, am politischen Geschehen teilzunehmen, hat der soziale Rechtsstaat die Gemüter satt gemacht und träge. Als die Mittel, die man braucht, um die bürgerliche Freiheit zu genießen, einigermaßen vollständig beieinander waren, war der Zweck des Ganzen vergessen, und was als Voraussetzung für die ersehnte Einmischung ins öffentliche Leben gedacht war, wurde zur Einladung ins Private. Der Staat, der seine Bürger mit immer neuen Wohltaten überhäufte, der ihnen Sicherheit im Fall von Alter und Arbeitslosigkeit, von Berufsunfähigkeit und Krankheit versprach, hat die Menschen bequem und anspruchsvoll gemacht und damit gerade die Tugenden gefährdet, die er begünstigen oder bewahren wollte.

Um zu beschreiben, was eine Gemeinschaft zusammenhält, hätte man bis zur Französischen Revolution wahrscheinlich von Sympathie und Nächstenliebe gesprochen, danach von Brüderlichkeit, dem profanen Nachfolger der christlichen Caritas. Der Sozialstaat will von allen dreien nichts mehr hören, er kennt und schätzt nur noch eine Tugend: die Solidarität. Solidarität, mehr als nur ein neues Wort für eine alte Sache, ist allerdings ein Kampfbegriff, eine Parole aus der Frühzeit der Arbeiterbewegung, die sich unter diesem Ruf zusammentat, um gleiche Rechte zu erzwingen. Diese Herkunft ist dafür verantwortlich, daß Solidarität bis heute zwei Gesichter zeigt: man übt sie nicht nur mit jemandem, sondern auch gegen jemanden, sie schließt nicht bloß ein, sondern auch aus. Wer dazugehört und wer nicht, richtet sich nach handfesten, durchaus persönlichen Interessen, die durchzusetzen Zweck der Solidaritätsrhetorik ist. Sie lädt dazu ein, Lager zu bilden, Grenzen zu ziehen und von den anderen mehr zu erwarten, als man selbst beisteuern mag. Sie ist deswegen immer in Gefahr, sich selbst zu schaden und das Gefühl, an das sie appelliert, zu untergraben. Ihr Zögling ist der Einzelmensch, der seine Nachbarn nicht mehr kennt: »Was seine Mitbürger angeht, so ist er zwar bei ihnen, aber er sieht sie nicht«, hat Tocqueville schon früh dazu bemerkt. »Er berührt sie, aber er spürt sie nicht. Er lebt nur in sich und für sich selbst, und wenn ihm auch noch die Familie bleibt, so kann man doch sagen, daß er sein Vaterland verlassen hat.«

Das mag erklären, warum der vollentwickelte Sozialstaat mit seinem gewaltigen Aufwand so wenig ausrichtet und der Mißstände, die er bekämpft, niemals Herr wird. Die scheinbar unerschöpflichen Reserven der Solidargemeinschaft vor Augen und seinen Rechtsanspruch auf Rente, Kur, Gesundheit, Hilfe, Pflege, Glück und alles Weitere im

Kopf, verläßt man sich auf die Verwaltung. Sie wird zum Ziel von tausend Erwartungen, die sich in jedem Einzelfall begründen lassen, in ihrer Summe das System aber ruinieren. Noch Jahre nach der Thatcher-Revolution, deren erklärtes Ziel es war, die Ansprüche der Bürger zu beschneiden und den einzelnen wieder auf sich selbst, auf seine Intelligenz, seine Phantasie und seine Arbeitskraft zu verweisen, berichtete der Vorsitzende des zuständigen Unterhausausschusses und spätere Staatssekretär im Sozialministerium Frank Field vom Scheitern dieser ehrgeizigen Pläne. Der Sozialetat sei nach wie vor der mit Abstand größte Einzelhaushalt, wachse ständig und überdurchschnittlich und könne von niemandem kontrolliert werden. Obwohl der verantwortliche Minister von morgens bis abends damit beschäftigt sei, die Ausgaben zu kürzen und den Bezug von Sozialleistungen zu erschweren, habe bisher noch jedes neue Budget das alte übertroffen. »Und jedes Jahr muß der Sozialminister feststellen, daß sein Etat die vorgesehene Zuwachsrate sprengt. Er steigt schneller als alles andere, auch schneller als das Nationaleinkommen. Vernünftiges Regieren ist unter diesen Umständen unmöglich, denn alle anderen Kabinettsmitglieder müssen sich das teilen, was der Sozialhaushalt übrigläßt.«

In Deutschland sieht es nicht viel besser aus. Hier gilt das Sozialgesetzbuch, dessen erklärter Wille es ist, die sozialen Rechte »möglichst weitgehend« zu realisieren. Und das geschieht, wenn auch nach den verqueren Regeln der deutschen Wohlfahrtsbürokratie, die denen, die draußen sind, möglichst alles nimmt, um denen, die dazugehören, so viel wie möglich zustecken zu können. Dieses eigenwillige Verständnis von Solidarität hat dazu geführt, daß sich die Absicht des Gesetzgebers, Gerechtigkeit und Sicherheit miteinander zu verbinden – »Das Recht soll zur Verwirklichung sozialer Gerechtigkeit und sozialer Sicherheit Sozialleistungen einschließlich sozialer und erzieherischer Hilfe gestalten«, heißt es im ersten Paragraphen des Gesetzbuchs wörtlich –, nicht mehr erfüllen läßt. Der Wohlfahrtsstaat hat beides versprochen, und er hat beides verspielt.

Zwar ist die Altersarmut, dieses Schandmal der Industriegesellschaft, weitgehend beseitigt worden. Aber doch nur, weil man dafür eine andere Armut, die von Kindern und Müttern nämlich, in Kauf genommen oder großgezogen hat. Während sich rüstige Rentner anschicken, im Altenparadies von Florida die laut Werbung besten Jahre des Lebens zu genießen, ist die Zahl der sozialhilfebedürftigen Minderjährigen auf weit über eine Million gestiegen. Da das gesamte Wohlfahrtswesen nach dem Grundsatz eingerichtet worden ist, bei den Jüngeren das zu holen, was man den Alten zukommen läßt, ist das kein Wunder. Der Plan ging so lange auf, blieb jedenfalls so lange unanstößig, wie die Bevölkerungsstruktur in Ordnung war, es also viel mehr junge Menschen gab als alte. Seitdem sich die Alterspyramide, durch Krieg, Vertreibung und die Wiederaufbaufolgen ohnehin schon stark verzerrt, in einen Pilz mit schmalem Fuß und breiter Krempe verwandelt hat, ist diese Form der Umverteilung aber selbstzerstörerisch. Durch seine einseitige Bevorzugung der Alten, die für die Parteien die wahlentscheidende Schicht bilden, verprellt der Sozialstaat gerade jene Bevölkerungsgruppe, die er demnächst am meisten brauchen wird: die Jugend. Er untergräbt das Fundament, auf dem seine Versprechen gründen, und wird sich schließlich kaum noch retten lassen.

Lang genug hat es gedauert, bis dieser Mechanismus angeprangert worden ist. Da sich die Regierung allen Warnungen und Klagen verschloß, mußte das Bundesverfassungsgericht einspringen und den Gesetzgeber zurechtweisen. Doch auch nachdem die höchst unsozialen Folgen der sozialen Umverteilung als ein Verstoß gegen den Geist der Verfassung verurteilt worden waren, lief der Betrieb in seinen gewohnten Bahnen weiter. Eine symbolische Geste, die als Zeichen der Entschlossenheit hätte verstanden werden können, den Schaden nachträglich zu heilen, hat es nie gegeben. Entschädigt wurde nur, wer früh genug vor Gericht gezogen war. Am Ende standen die Querulanten, die sich gegen ihre Ausplünderung rechtzeitig gewehrt hatten, gut da, während die Staatsgläubigen, die ihrer Steuerschuld pünktlich und vollständig nachgekommen waren, geprellt wurden.

Es wäre, wie Theo Waigel seinerzeit meinte, »in der Tat nur sehr schwer verständlich zu machen«, wenn diejenigen, die sich gefügt hatten, schlechter behandelt würden als die Aufsässigen. Genau diesen Ausweg hat der Minister dann aber genommen. Die Leute haben das als Aufforderung verstanden, in Zukunft klüger zu sein und nicht noch einmal vom Staat aus Vertrauensseligkeit betrogen zu werden. Sie haben die Finanzämter mit Klagen und Einsprüchen in einer Menge überhäuft, die den geordneten Betrieb ins Stocken brachte. Waigel und seine Leute haben darauf mit Empörung reagiert und die Prozeß- und Einspruchsfreudigkeit der Deutschen öffentlich angeprangert: als hätten sie mit ihrem kurzsichtigen und ungerechten Verhalten nicht selbst dazu eingeladen, daß sich die Leute gegen alles, was von oben kommt, zur Wehr setzen. Wenn der Staat flüchtig ist oder ungerecht, wird die Versuchung, sich selbst zu helfen und sich das Recht, das man nicht kriegt, einfach zu nehmen, unwiderstehlich.

Das alles gehorcht der alten, einfachen und schäbigen Maxime, nach der die Steuern nicht von denen gefordert werden, die sie am leichtesten aufbringen, sondern von denen, die sich am schlechtesten dagegen wehren können. Wo er in Geltung stand, war es vor allem dieser Grundsatz, der dazu beigetragen hat, daß die Menschen der Regierung die Gefolgschaft kündigten und den Gehorsam verweigerten; in Frankreich hat er den Mann, der als verantwortlich dafür galt, daß der Adel von den meisten, der Klerus sogar von allen Abgaben befreit war, aufs Schafott gebracht. Die beiden ersten Stände hatten Zugang zum König und konnten ihren Einfluß bei Hofe ausspielen, der dritte Stand besaß ihn nicht und mußte dafür büßen: das ist die simple Logik jeder Willkürherrschaft, weitgehend unabhängig von Verfassung und Regierungsform.

Im deutschen Verbändestaat hat diese Logik das eherne Prinzip jedes ordentlichen Steuerwesens – Belastung der Bürger nach ihrer individuellen Leistungsfähigkeit – faktisch außer Kraft gesetzt. Wie sonst ließe sich erklären, daß Millionen von Lohnempfängern gebeutelt werden, während die größte und umsatzstärkste Firma des Landes auf Jahre hinaus keine Abgaben leisten muß, weil ihr das Steuerrecht erlaubt, zukünftige Gewinne gegen frühere Verluste aufzurechnen? Hohe Umsätze zu erzielen, in Bonn eine gut organisierte Interessenvertretung zu unterhalten und die Regierung mit allerlei Ankündigungen unter Druck zu setzen ist unter den Bedingungen des demokratischen Verfassungsstaates etwa das, was in den Zeiten der Monarchie der Zutritt bei Hofe war. Druck ausüben können alle Verbände, die für gesellschaftlich relevante Gruppen sprechen; gut organisiert sind die Gewerkschaften, die bei Bedarf zum Marsch nach Bonn aufrufen; umsatzstark ist die Industrie, die ihrer Privilegien deshalb sicher ist. Am besten dran ist allerdings der öffentliche Dienst, der heute noch das Immediatrecht genießt. Er braucht keine Umwege zu nehmen, weil er seine Funktionäre und Sympathisanten in den Ministerien sitzen hat, wo sie für sich und ihre Leute tätig werden.

Aus solchen Gruppen sucht sich die Regierung ihre Mehrheiten zusammen. Ein ganzes Volk läßt sich nicht kaufen, die Mehrheit eines Volkes aber schon. Wenn die beisammen ist, dann springt sie mit der Minderheit um, wie es die vielen mit den wenigen immer schon getan haben. Vor dieser Art von Gewaltsamkeit, der Diktatur der Mehrheit, haben die frühen Theoretiker der Demokratie mit gutem Grund die größte Angst gehabt. Wo die Mehrheit, meinte John Stuart Mill, die Macht habe, da flöße sie einen Schrecken ein, wie ihn nicht einmal der willkürlichste Monarch zu erregen vermöchte.

Der neue Großtyrann setzt sich zusammen aus vielen Kleintyrannen, die aus unterschiedlichsten Gründen nichts sehnlicher wünschen als an der bestehenden Ordnung festzuhalten. Bei einer Umverteilungsmasse von mindestens 600 Milliarden Mark im Jahr, immerhin ein Fünftel des deutschen Bruttosozialprodukts, hat es der Staat so eingerichtet, daß jeder Bürger irgendwie am Subventionstropf hängt. Am günstigsten ist das für die Wohlhabenden, für diejenigen also, die genug Geld besitzen, um die planmäßige Suche nach Steuersparmodellen wirklich lohnend zu machen. Vor ihrem Widerstand ist Waigel in die Knie gegangen. Je mehr einer hat, desto mehr muß er ja fürchten, bei einer Neuordnung der Verhältnisse zu verlieren: die denn auch konsequenterweise unterbleibt. Massenhaft angestellt, hat dieses Kalkül die deutsche Politik zum Stillstand verurteilt. Tiefgreifende Reformen brächten ja nicht nur den Besitzstand in Gefahr, sie würden auch, vernünftig durchgeführt, die Aussicht der Regierung auf den nächsten Wahlsieg schmälern. Der Wunsch, wenn überhaupt, dann nur kosmetisch etwas zu verändern, bringt jene übergroße

Koalition aus Protegés und Protektoren zustande, auf die sich Helmut Kohl seit fünfzehn Jahren stützt.

Um an der Macht zu bleiben, muß er die Dinge so einrichten, daß sie von oben gesteuert werden können, er also in der Lage bleibt, der einen oder anderen Klientel Vorteile zuzuschieben, für die sie sich mit ihrer Zuneigung bedanken. So etwas setzt Unübersichtlichkeit geradezu voraus, denn nur ein kompliziertes System hält die Bürger dazu an, in Furcht und Hoffnung auf den Staat zu blicken. Das Schicksal der ewig versprochenen und ewig vertagten Steuerreform zeigt, wie man das macht. »In der Konsensdemokratie muß das Steuergesetz eine barocke Maschine sein mit möglichst vielen Schrauben und Hebeln und Pumpen und Rädchen und Treibriemen und Zahnrädern und Ventilen und Pfeifen und Trillern und Lampen und Lämpchen. Dann ist es möglich, die verschiedenen Interessengruppen zu befriedigen, zu ihren jeweiligen Gunsten dieses Schräubchen zu verstellen und jenes Lämpchen zu verstärken«, faßt Carl Christian von Weizsäcker seine Erfahrungen zusammen. Am Ende »kann dann jeder zufrieden sein über den Kompromiß, den man nach tage- und nächtelangem Gefeilsche erreicht. Jeder zeigt fernsehwirksam, wie er sich bis an den Rand der Erschöpfung für die Ziele seiner Anhänger eingesetzt und deshalb den Sieg davongetragen hat: alle sind schließlich Sieger. Vor allem aber siegt der Status quo. Denn dort, wo keine Einigung erzielt wird, bleibt alles beim alten.«

Daß dabei lebenswichtige Belange mißachtet werden oder zu kurz kommen, ist unvermeidlich. Je umfassender und allgemeiner ein Interesse ist, desto größer ist ja auch die Gefahr, daß es den vielen Sonderwünschen ins Gehege kommt und weichen muß. Diese Erfahrung, als Forsthoffsche Regel bekannt, wird von den politischen Parteien, ausnahmslos allen Parteien, instinktiv beachtet. So erklärt es sich, daß in der interessegeleiteten und interessentengesteuerten Demokratie gerade die allgemeinsten Belange am schlechtesten bedient werden. Die rücksichtslose Art, in der die belebte und unbelebte Natur ausgebeutet wird, bestätigt das genauso wie die Selbstverständlichkeit, mit der man Kindern, geborenen und ungeborenen, zumutet, für die Schulden der Gegenwart aufzukommen. Um beachtet zu werden, muß man den Mund aufmachen, zusammen mit vielen anderen nach Bonn ziehen und das Parlament belagern: auf diese Erkenntnis ist der moderne Pluralismus, die Staatsideologie der Bundesrepublik, bisher noch jedesmal hinausgelaufen. Für ihre Anhänger zerfällt die Welt in Männer und Frauen, Alte und Junge, Gewerkschafter und Unternehmer, Raucher und Nichtraucher, Heteros und Homosexuelle und wie die gängigen Klassifizierungen sonst noch lauten mögen. Was alle diese Gruppen verbindet und zu gemeinsamem, also politischem Handeln überhaupt erst fähig macht, bleibt unerklärt und unverständlich. Vor lauter Eifer, selbst dem letzten Sonderling gerecht zu werden, gerät das Große und Ganze aus den Augen, das es doch schließlich auch noch gibt. Und ohne das die tausend Vertreternaturen mit ihrer ewig gleichen Forderung nach Meistbegünstigung nichts ausrichten würden.

Den demokratischen Staat bringt das in eine prekäre Lage, denn er lebt ja von der Mehrheit. Wenn diese Mehrheit bei Leuten liegt, die alt oder kinderlos oder beides zugleich sind, steht die Regierung irgendwann vor einer abenteuerlichen Entscheidung. Sie muß die Wahl treffen zwischen den vielen, die den größten Teil ihres Lebens schon hinter sich haben, und einer Minderheit von jungen Menschen, die alles noch vor sich hat. Den Staat in diese Zwangslage manövriert und ihn vor die unmögliche Alternative zwischen Mehrheit und Zukunft gestellt zu haben ist das Verdienst der im Sozialstaat hemmungslos betriebenen Klientelpolitik. Sie hat die einen gegen die anderen aufgebracht und die Aussicht auf eine für alle gedeihliche Zukunft stark verdüstert. Bestand kann ein Wohlfahrtsunternehmen, das wie das deutsche vom Umverteilen lebt, nur dann haben, wenn jeder damit rechnen darf, annähernd so viel, wie er gegeben hat, auch wieder zurückzubekommen. Daran glaubt jedoch heute niemand mehr. Alle Umfragen sind in dieser Hinsicht völlig unzweideutig. Die Renten sind nicht sicher, und die Menschen wissen das. Wenn Blüm das Gegenteil behauptet, kann er dabei nur an die eigene Rente denken. Er wirkt schon lange wie ein Bankrotteur, der den Zusammenbruch der Firma dadurch hinauszögern will, daß er mit seinen windigen Versprechungen noch ein paar Ahnungslose zur Einlage überredet.

Retten wird ihn das nicht. Inzwischen nämlich bringt der Wohlfahrtsstaat die Risiken, gegen die er die Bürger schützen wollte, selbst hervor. Nach dem Ende der fetten Jahre, in denen sich jedes neue Glücksversprechen aus dem Zuwachs bestreiten ließ, sehen sich die Umverteilungspolitiker zum ersten Mal in der unangenehmen Lage, für höhere Beiträge weniger zu bieten. Wer mit dieser Aussicht unzufrieden ist und das schlechte Geschäft, das ihm da angeboten wird, auf allerlei legalen oder halblegalen Wegen zu vermeiden sucht, wird von den Vorkämpfern der sozialen Gerechtigkeit hart angefaßt. Je unattraktiver ihr Zwangsversicherungssystem dasteht, desto genauer achten sie darauf, daß ihm keiner entkommt. Von Niedergang möchte Norbert Blüm nichts hören, und obwohl seine Alterssicherung von einer Krise in die nächste stolpert, wird er nicht müde, all jene, die von dem aussichtslosen Spiel genug haben, als Drückeberger und Betrüger anzuprangern.

Mit der Pflegeversicherung, seinem vorerst letzten Werk, hat er das Netz noch einmal enger geknüpft und fester gezogen. Der Preis ist hoch, weil jeder, der aus dieser Kasse etwas haben will, sich den Behörden bis aufs Hemd offenbaren muß. Er muß den Abgesandten des Medizinischen Dienstes Auskunft darüber geben, ob er in der Lage ist, sich zu bewegen, sich zu beschäftigen, sich sauberzuhalten und sich zu kleiden, ob er essen, trinken, ausscheiden und kommunizieren kann: all dies penibel unterteilt in die Rubriken Selbständig, Bedingt selbständig, Teilweise unselbständig und Total unselbständig. Der Befund, in umfangreichen Listen festgehalten und nach Punkten bewertet, geht zu den Akten. Der fürsorgliche Staat kennt kein Pardon, er tritt genauso auf, wie seine frühen Kritiker es vorausgesagt haben: als absoluter Herrscher. Nur daß er milde sei, wird niemand mehr behaupten wollen. Denn seine Fahnder und Kontrolleure spüren ihren Opfern bis in die letzten Winkel nach, bis an den Arbeitsplatz und ins Refugium der Wohnung. Sie sind die modernen Nachfolger jener bewaffneten Patrouillen, die im vorrevolutionären Frankreich unterwegs waren, um Abgaben und Steuern einzutreiben. Alexander Hamilton hat in ihnen nicht nur die Abgesandten einer tyrannischen Grundherrschaft erkannt, sondern auch Vorboten der Revolution. Die willkürlichen und schikanösen Vollmachten, mit denen diese Streifen durch das Land zogen, hielt er für unvereinbar mit den Rechten eines freien Volkes.

Daran hat sich bis heute nichts geändert. Verringert hat sich nur die Chance, die Auflagen und Strafen, mit denen die Emissäre die aufsässigen Untertanen zur Räson bringen wollen, auch tatsächlich durchzusetzen. In einer Welt, die sich auf freien Warentausch verständigt hat und die zusammen mit den Handelsschranken auch die Personenkontrollen abbaut, hat es jede Art von Zwangsregiment schwer. Wer sich heute der Aufsicht irgendwelcher Behörden entziehen will, hat dazu meistens auch die Möglichkeit. Die Globalisierung hat die Grenzen durchlässig gemacht und den Steuerflüchtling zu einer stillschweigend beneideten oder offen bewunderten, auf jeden Fall zu einer populären Figur werden lassen. Wo der Druck zu hart wird, weicht man aus und entkommt der deutschen Steuer- und Sozialpolizei durch den Wechsel ins Ausland. Eines der letzten Privilegien der Reichen, das Recht auf Mobilität und Ubiquität, ist demokratisiert worden, so daß sich jetzt auch kleine Leute da ansiedeln können, wo das Leben schön und die Steuerlast niedrig ist. Sie haben gelernt, sich als Wirtschaftssubjekte zu betrachten, und sehen in den überlieferten Grenzen von Völkern und Kulturen nur noch die Restbestände einer glücklich überwundenen Epoche. Zugehörigkeiten definieren sie nicht mehr traditionell, sondern nur noch wirtschaftlich, auf Zeit also und damit unter Vorbehalt.

So kommt beides zusammen: von links der Glaube ans Soziale, der die persönlichen Beziehungen verwässert und zerstört, von rechts der Wunsch, die Welt in einen großen Marktplatz zu verwandeln, auf dem der einzelne nur dann zurechtkommt, wenn er flexibel und mobil und frei verfügbar ist. Für all die Sphären, die ohne das Gefühl von Verbundenheit und Verpflichtung nicht überleben können, für Staat, Regierung, Politik bleibt im einen wie im anderen Weltbild wenig Platz. Die Linke träumt von herrschaftsfreien Räumen, erfüllt vom ewigen Geschnatter zwangloser Diskurse, die Rechte will das Leben als Termingeschäft, bei dem man sich mit einem anderen nur deshalb einläßt, um beim gemeinsamen Gewinn persönlich einen guten Schnitt zu machen. Der Bürger wird zum Marktteilnehmer, der den ganzen Tag über mit seinen Unternehmungen und Spekulationen beschäftigt ist und alle Welt nach ihrem Kontostand taxiert.

Und wie der Bürger, so der Staat: seine Bediensteten sollen als Unternehmer denken, handeln, fühlen und die Regierungsgeschäfte wie Manager verwalten. Auch wenn die klassischen Ressorts nach außen hin erhalten bleiben, verändert sich dabei ihr Selbstverständnis. Die Außenpolitik wird zur Außenhandelspolitik, im Inneren werden Dienstleistungen angeboten, die Bundeswehr »produziert Sicherheit«, für Polizeieinsätze soll der Bürger zahlen. Der Staat definiert sich neu, und dieser Wandel tritt im Zentrum seiner Tätigkeit, bei den hoheitlichen Aufgaben, naturgemäß am deutlichsten hervor. Das Gerichtswesen als ein privates Serviceunternehmen aufzuziehen dürfte schwer werden, aber beim Strafvollzug sieht das schon anders aus. Irgendwann wird man wohl auch wieder mit der römischen Figur des Steuerpächters zu rechnen haben: sein Auftreten wäre ein Zeichen dafür, daß die Obrigkeit stillschweigend kapituliert hat. Es gäbe einen gewaltigen Apparat, aber die Idee des Staates wäre tot.

Wenn er nur noch als Standort für die Wirtschaft existieren will, hat der Staat seine Chancen schon verspielt. Denn die Wirtschaft kann ja auch anders, sie ist tatsächlich standortlos. Mit dem Vagabunden, der überall seine Geschäfte macht und nirgendwo zu Hause ist, kann der Markt leben, das Gemeinwesen nicht. Es verlangt nicht bloß das Geld seiner Bürger, sondern viel mehr, unter extremen Umständen sogar ihr Leben, und das zu geben ist ein Kunde, Marktbesucher, Beitragszahler, Wirtschaftsfaktor, Arbeitsplatzbesitzer oder wie die neuen Rollen sonst noch heißen mögen, aus guten Gründen nicht bereit. Die letzte politische Idee, die ein Markt- und Wirtschaftsbürger verstehen kann, ist ein vager Sozialstaatspatriotismus. Gerade mit dem werden es die Deutschen auf europäischer Ebene aber schwer haben, weil eben auch Sozialstaatlichkeit eine Form von Staatlichkeit ist. Sie steht und fällt mit dem Bewußtsein, einer Gemeinschaft anzugehören, die über das rein Geschäftliche hinausreicht. In dem Europa von Maastricht und Amsterdam ist davon aber nur sehr wenig zu erkennen.

Jeder Fortschritt will sein Opfer

In dem Bestreben, größere Freiheit zu gewinnen,
erweitert der Mensch nur den Herrschaftsbereich
des Notwendigen.

HERMAN MELVILLE

Der Siegeszug, zu dem die modernen Naturwissenschaften am Beginn der Neuzeit aufgebrochen sind,
hatte nicht eigentlich die Erkenntnis zum Ziel; nach der
hatte die Wissenschaft schon immer gesucht. Die Neuorien-
tierung, die sich im 16. und 17. Jahrhundert ankündigte,
ging auf etwas anderes zurück, auf die Entschlossenheit
nämlich, die bis dahin unangefochten dominierende Na-
turbetrachtung durch die Naturbeherrschung zu ersetzen.
Man wollte die Wahrheit, um sie zu einem vorbestimmten
Zweck einzusetzen und die Welt für die Bedürfnisse der
Menschen angenehmer zu gestalten. Er sei der Ansicht, daß
das einzige Ziel der Wissenschaft in dem Versuch bestehe,
die Mühseligkeit der menschlichen Existenz zu erleichtern,
läßt Brecht seinen Galilei bekennen: historisch sicherlich
zu Recht, weil dies die Hoffnung war, die zu erfüllen die
Naturforscher sich vorgenommen hatten. Bestimmend war
für sie und ihre wachsende Gemeinde der Wunsch nach
Freiheit, nach der Befreiung von Hunger, Krankheit, Armut
und kräftezehrender Arbeit, im letzten also die Erwartung,
mit Hilfe der angewandten Wissenschaften von den Unbil-
den des Lebens verschont zu bleiben. Olof Palme, der letzte
Prophet des sozialdemokratischen Jahrhunderts, hat dieser Sehnsucht noch einmal Ausdruck gegeben. Als er die
schwedische Wohlfahrtspolitik zur Frohen Botschaft für jedermann verklärte, schlug er nicht zufällig den biblischen
Tonfall an. Im Bündnis mit der Politik, meinte er kurz vor

seinem gewaltsamen Tode, »nimmt uns die Wissenschaft die Angst vor dem Unerwarteten, das kommt, um unser Leben und unsere Träume zu zerstören. Sie geleitet uns zum Lichten und Guten. Wir fühlen uns geborgen, sind frei von lähmender Furcht.«

Das ist das alte Angebot der Kirche, das Versprechen von Trost und Hoffnung, vom Jenseits allerdings ins Diesseitige, Alltägliche, Sozialdemokratische gewendet. Um es in dieser Form zu erfüllen, bedurfte man der Kunst der Techniker und Ingenieure. Wenige haben diesen neuen und zukunftsweisenden Menschenschlag so rein verkörpert wie James Watt, der Erfinder der Dampfmaschine. Er wollte nicht nur entdecken und konstruieren, sondern von dem, was er erfunden hatte, auch gut leben. Zu diesem Zweck hatte er sich mit einem finanzkräftigen Kompagnon zusammengetan, der ihm dabei half, seinen Einfall gewinnbringend zu vermarkten. Watt steht für die Figur des forschenden Unternehmers, der mit seinem Wissen und seinem Können den allgemeinen Wohlstand mehrt; den eigenen natürlich auch. Das hat ihn, zusammen mit Leuten wie Edison und Diesel, Marconi und Pasteur, zum Heros aller fortschrittlichen Kräfte gemacht, der rechten ganz genauso wie der linken. Moderne Politik ist ohne technische Helfer und wissenschaftliche Assistenten nicht mehr möglich. Denn Wissenschaft ist der Nährboden der Technik, die Technik läßt die Wirtschaft wachsen und bringt damit das Kapital hervor, mit dem man das Volk zufriedenstellen und die Mehrheit der Wähler hinter sich bringen kann.

Doch die Dinge sind mit der Zeit schwieriger geworden. Je heller der Glanz, in dem die Wissenschaft erstrahlte, desto tiefer die Schatten, die von den Erzeugnissen der reißenden Modernisierung geworfen wurden. Dabei ging es nicht länger um die eher triviale Einsicht in die Zweideutigkeit allen Wissens und das Bewußtsein, daß man für jeden Fortschritt einen Preis zu zahlen hat; diese Erfahrung hatte die industrielle Revolution von Anfang an begleitet. Daß die Lobsprüche des Bürgertums auf die komfortablen Lebensumstände, die es der angewandten Wissenschaft zu verdanken hatte, »vom Nothgeschrei der Hungernden, durch das Maschinenwesen Verarmten« tausendfach übertönt wurden, hat man schon im Jahr 1829 vermerkt, zu Lebzeiten Goethes also, dessen Abneigung gegen die um sich greifende Mechanisierung ja gleichfalls gut bezeugt ist. Unter Hinweis auf die Gewaltsamkeit, mit der das Neue seit jeher in die Welt zu treten pflegt, sind diese Opfer aber stets entschuldigt und zu ebenso bedauerlichen wie unvermeidlichen Nebenfolgen einer Entwicklung verharmlost worden, deren Vorzüge im ganzen unbestritten waren.

Das wurde erst in dem Augenblick anders, als man es mit Techniken zu tun bekam, bei denen sich Nutzen und Nachteil nicht mehr trennen ließen, so daß man sich mit dem einen zwangsläufig auch das andere einhandelte. Angesichts solcher Erfahrungen schlug die Stimmung um, am gründlichsten im Umgang mit der Kernenergie. Im Zweiten Weltkrieg mit immensem Aufwand an Geld und Einfallsreichtum zur militärischen Einsatzreife gebracht, wurde sie den Geruch von Tod, Zerstörung und schleichendem Verderben nie mehr los. Ihre Fürsprecher haben alles unternommen, um sie von diesem Odium zu befreien, bis heute allerdings erfolglos. Sie werden auch keinen Erfolg haben, weil sich die Grenze zwischen friedlicher und kriegerischer Nutzung eben nicht technisch garantieren läßt, sondern immer nur Ausdruck ist für die vorläufigen und höchst wandelbaren Absichten der Staaten, die über die Atomtechnik verfügen. Gebrauch und Mißbrauch, Fortschritt und Rückschritt sind nicht mehr auseinanderzuhalten; die in der Sache selbst angelegte Ununterscheidbarkeit der Sphären hat die Kernenergie zum abschreckenden Paradefall für »dual use« gemacht, die doppelte Verwendbarkeit der Technik. Wer das Verfahren kennt, der weiß auch, daß der Weg herauf und herab ein und derselbe ist und daß nur die Propagandisten so tun, als könnten sie den einen vom anderen unterscheiden.

In großem und immer größerem Maßstab angewandt, hat die Technik viele der Mühseligkeiten, von denen sie laut Brecht und Galilei und all den anderen Propheten das Dasein befreien wollte, erst eigentlich hervorgebracht. Und das nicht nur als unerwünschte Beigaben, die irgendwie kompensiert werden konnten, sondern als ihren alles andere überspielenden Haupteffekt. Das hochgelobte Contergan, das wie der gute alte Baldrian in keiner Hausapotheke fehlen durfte, stand über Nacht als ein heimtückisches Gift da und wird in ebendieser Eigenschaft, als Ursache für Mißbildungen aller Art, in der Erinnerung haftenbleiben, nicht etwa als patentes Schlafmittel. Asbest, als idealer Werkstoff angepriesen, hat Schäden in Milliardenhöhe angerichtet und Verluste verursacht, die ein Mehrfaches über dem liegen, was durch seine massenhafte Verarbeitung gewonnen werden sollte. Die Fluorchlorkohlenwasserstoffe sind jahrzehntelang produziert und in gewaltigen Mengen freigesetzt worden, ehe man sie als besonders gefährliche, weil extrem langsam wirkende Klimagifte identifiziert hatte. Das Schauspiel hat sich ständig wiederholt: dieselben Qualitäten, die von der Wirtschaft und der Wissenschaft zunächst gesucht, begrüßt und propagiert worden waren, erwiesen sich später als Ursache für neue Schäden.

Im Kampf gegen die Malaria erreichte dieses Überraschungsspiel sogar ein weiteres, ein drittes Stadium, bei dem die Maßstäbe für Gut und Böse vollends durcheinandergeraten sind. Am Anfang galt DDT als ein relativ billiges, aber hochwirksames Mittel im Kampf gegen die Krankheit. Dann stellte sich heraus, daß DDT dazu geeignet war, den Überträger immun zu machen gegen alle weiteren Attacken; damit erhielt die Euphorie den ersten Dämpfer. Schließlich wurde bekannt, daß gerade die am dichtesten besiedelten Staaten Afrikas den Feldzug gegen die Malaria mit der Begründung abbrachen, sie hätten für die viel zu vielen Menschen ohnehin nicht genug zu essen; es mache keinen Sinn, irgend jemanden vor einer tückischen Krankheit zu bewahren, um ihn ein paar Tage später verhungern zu lassen. Damit war die moralische Verwirrung perfekt: nachdem ein guter Vorsatz, der Kampf gegen die tödliche Infektion, eine üble Folge, die Resistenz des Schädlings, hervorgebracht hatte, mußte man erkennen, daß die Absicht selbst ins Zwielicht geraten war. Am Ende kam man achselzuckend auf diejenige Instanz zurück, aus deren Fesseln man sich hatte befreien wollen, auf die Natur. Der Versuch, die Mühseligkeiten der menschlichen Existenz zu mildern, hatte dazu geführt, diese Mühseligkeiten als gottgegeben hinzunehmen, und statt der Hoffnung auf ein besseres Leben blieb lediglich die Wahl zwischen zwei Übeln.

Das war eine Herausforderung für die Fachleute in Sachen Ethik und Moral, die Philosophen. Die taten auch, was man von ihnen erwartet hatte, und kamen ihren Kollegen aus den naturwissenschaftlichen Fakultäten zu Hilfe. Das geschah in der Weise, daß sie das heikle Problem der Nebenfolgen auf die simple Frage nach Plan und Vorsatz verkürzten. »Wer hat den sauren Regen gewollt? Wer ist für das vermutete oder gar schon vermessene Loch im Ozonmantel unserer Atmosphäre verantwortlich? Wessen Absicht war es, die Dronte auszurotten und seither Arten in dramatisch gestiegener Zahl? Wer wollte den Salm aus dem Rhein vertreiben und wer die Herztodquote auf ihren heutigen Anteil bringen?« So fragte Hermann Lübbe. Und wie immer, wenn der Rhetor fragt, versteht die Antwort sich von selbst: Niemand hat das gewollt.

Tatsächlich wäre es ja auch ziemlich unsinnig, in den von ihm zitierten Fällen Vorsatz zu unterstellen. Nur geht es darum ja auch gar nicht. Was hier paßt, sind nicht Begriffe wie Vorsatz und Absicht, sondern bedingter Vorsatz und begrenzte Absicht. Man wollte weder den Lachs vertreiben noch die Dronte ausrotten, hat aber beides kühlen Herzens in Kauf genommen, weil man nicht einsah, warum man einen Vorteil, der auf der Hand zu liegen schien, aus Angst vor irgendwelchen vagen, fernen Folgen ausschlagen sollte. Nach diesem kurzsichtigen Rezept sind Vor- und Nachteile der sogenannten Modernisierung immer wieder gegeneinander abgewogen worden; natürlich stets mit demselben schiefen Resultat, das bei der schiefen Optik ja auch gar nicht zu vermeiden war. Der Sachzwang herrschte und garantierte jedem, was er wollte: der Forschung ihre Freiheit, der Wirtschaft den Gewinn und den Politikern die Macht auf Zeit. Selbst zuzugreifen und andere dafür zahlen zu lassen ist eine Maxime, die einer Gesellschaft, in der sämtliche Beziehungen aufs Geschäftsmäßige reduziert worden sind, unmittelbar einleuchtet.

Der Rückschlag kommt dann ganz von selbst, man muß nur etwas warten. Um seine Bürger gegen die Risiken des galoppierenden Fortschritts zu versichern, schränkt der Staat ihre Rechte immer weiter ein, bietet mehr Schutz im Austausch gegen weniger Freiheit. Unter dem Einfluß der Technik, die alles schneller und höher, größer und stärker macht, wachsen ja auch die Gefahren. Erst der Einsatz von Schnellbooten, Mobilfunk und modernen Waffen hat den

Drogenhändlern die Möglichkeit gegeben, den Staat in die Enge zu treiben. Der wehrte sich gegen die neuartige Bedrohung mit neuartigen Mitteln, mit Hilfe von Rasterfahndung, Richtmikrophonen und telefonischer Überwachung. Die öffentliche Gewalt griff früher ein und dehnte das Feld, über das sich ihre Beobachtungen und ihre Ermittlungen erstreckten, weiter aus. Prophylaxe und Prävention wurden zum Einfallstor, durch das sich der Staat mit seinen Auflagen und Kontrollen in die Privatsphäre vortastete. Er bewegte sich langsam, meistens auf Wunsch oder doch mit Einwilligung der Bürger, so daß man sein Vorrücken kaum spürte; aber wenn man sich nach einiger Zeit umsah, entdeckte man mit einem leisen Erschrecken die tausend Vorschriften und Einschränkungen, denen der Alltag, fast ohne daß man es bemerkt hätte, mittlerweile unterworfen worden war. Dann fragte man sich, was aus den Freiheiten einer Gesellschaft werden soll, die glaubt, immer höhere Risiken eingehen zu müssen. Sie treibt dann ja auf einen Zustand zu, in dem sich Grundrechte nur noch bedingt, auf Kosten anderer Grundrechte nämlich, verbürgen lassen: »Mag auch jede einzelne Freiheitsbeeinträchtigung, wie etwa die Leibesvisitation auf Flughäfen für sich allein genommen geringfügig und angesichts der drohenden Gefahren vernünftig erscheinen, so kann ihre Summierung doch dazu führen, daß die Freiheit allmählich unter den Anforderungen der Sicherheit verkümmert«, schreibt dazu Dieter Grimm.

Flughäfen und Autobahnen, U-Bahn-Stationen und ICE-Trassen: Attentäter und politische Demonstranten wissen genau, warum sie es auf technische Einrichtungen abgesehen haben. Der Staat ist an dieser Stelle am leichtesten zu treffen; effektiv schützen kann er sich nur selten und wenn, dann nur unter gewaltigem, gewaltig teurem Aufwand.

Dennoch erwartet man von ihm, daß er seine Vorkehrungen trifft, und er erfüllt diese Erwartungen nur zu gern. Die massenhafte Verwendung von Telefonen, Datennetzen und elektronischen Kennkarten liefert dafür die allerbesten Voraussetzungen. Jeder, der sie benutzt, hinterläßt eine Spur, die aufzunehmen eine Meute von technisch dressierten Jagdhunden jederzeit bereitsteht. Der Kreislauf von Ausbau und Gegenwehr, von Aufrüstung, Verteidigung und neuer Aufrüstung ist auch im zivilen Leben in Gang gekommen, und die Bewegungsgesetze der Wissenschaft sorgen dafür, daß es so weitergeht: »Es genügt, daß man eine theoretische Kenntnis hat, die man nicht verbergen kann; dann wird es technisch schon gemacht werden«, hat Carl Friedrich von Weizsäcker dazu bemerkt. Obwohl er es leugnet und angeblich auch gar nicht will, schafft der erfolgreiche Forscher immerzu vollendete Tatsachen, gegen die der durchschnittliche Politiker nicht mehr ankommt. Dieser kann zwar den Lauf der Dinge kommentieren. Korrigieren oder dirigieren kann er ihn aber kaum noch, rückgängig machen schon gar nicht.

Indem der Staat auf Fortschritt durch Technik setzt, bedroht er auf lange Sicht genau das, um was es ihm eigentlich geht: die bürgerliche Freiheit. Die Leute merken das und fangen an, sich zu verweigern. Ihre Zustimmung zum weiteren Vormarsch in die unbekannten Räume der Moderne kommt ja schon heute oft genug nur dadurch zustande, daß die Einheit von Chance und Gefahr, die für das Risiko bezeichnend ist, aufgespalten wird. Die Mehrheit richtet es so ein, daß sie selbst in den Genuß der Chancen kommt, während man die Gefahren, die Unannehmlichkeiten und die Rückstände der Modernisierung irgendwelchen Minderheiten zuschiebt. Nichts anderes beabsichtigen die Behörden ja, wenn sie den Platz für Giftmülldeponien und atomare Zwischenlager mit Vorliebe im grenznahen Bereich suchen. Da haben sie es nämlich nur mit einem Teil der wahlberechtigten Bevölkerung zu tun; der andere Teil lebt jenseits der Kreis- oder Landesgrenzen, muß also nicht gefragt und nicht berücksichtigt werden. Gorleben auf westlicher und Morsleben auf östlicher Seite kamen als Lagerstätten für ausgediente Brennelemente vor allem deshalb in Betracht, weil diese Lage den Vorzug hatte, daß es die technischen und politischen Planer nur mit einem Bruchteil des Widerstandes und der Aufsässigkeiten zu tun bekamen, mit denen sie anderswo hätten rechnen müssen.

Das Land Baden-Württemberg verfuhr genauso, als es nach einem Platz suchte, um seinen Industriemüll loszuwerden. Die Wahl fiel damals auf Aalen im Osten und Kehl im Westen des Landes, Grenzorte nach Frankreich und nach Bayern. Damit war ein Großteil der Menschen, die in einer solchen Sache hätten Schwierigkeiten machen können, von vornherein ausgeschlossen. Offenbar müssen, um mit den Abfallprodukten der technischen Zivilisation fertig zu werden, die Spielregeln der Demokratie heute schon so weit gedehnt werden, daß von dem Recht auf Mitentscheidung nicht viel übrigbleibt. Wenn man in dieser Richtung weitergeht, Vorzüge und Nachteile der Entwicklung also bewußt ungleich verteilt, wird die demokratische Substanz des Ganzen zwangsläufig immer dünner. Das war es wohl, was Ernst Albrecht, der frühere Ministerpräsident von Niedersachsen, im Blick hatte, als er nach monatelangen Erörterungen über das Für und Wider der Kernenergie und ihre langfristigen Folgen zu dem Urteil kam, ein atomares Endlager in Gorleben sei technisch zwar machbar, politisch aber nicht durchzusetzen. Der Aufwand, mit dem seine Nachfolger die ersten Castor-Transporte sichern mußten, hat ihm mit einiger Verspätung recht gegeben.

Die Wissenschaft folgt eben ihrem eigenen Gesetz. Es ist das Gesetz der Spezialisierung, das die Sonde auf immer engerem Gebiet immer tiefer in den Boden treibt, jedoch für Überblick, Synthese, Wechselwirkung keinen Raum mehr läßt. In unserer Lebensnot, klagte Edmund Husserl gegen Ende der dreißiger Jahre, hat uns die Wissenschaft nichts mehr zu sagen: *die* Wissenschaft, das waren für ihn ihre dominierenden Zweige, Naturerkenntnis und Naturbeherrschung. Husserl vermißte eine Antwort auf die Fragen, »die für den in unseren unseligen Zeiten den schicksalsvollsten Umwälzungen preisgegebenen Menschen die brennenden sind: die Fragen nach Sinn und Sinnlosigkeit dieses ganzen menschlichen Daseins«. Er konnte nicht ahnen, daß inzwischen nicht nur die naturwissenschaftlichen Disziplinen an diesen Fragen vorbeigehen, sondern die Masse der Geisteswissenschaften auch. Sie haben am Vorbild der Konkurrenz Maß genommen und geben sich dementsprechend exakt, empirisch und objektiv. Methodenbewußtsein und Detailversessenheit, die ganze Pedanterie des Nochgenauerwissens hat Husserls Sehnsucht nach dem Ganzen abgelöst und das Gerede von den Orientierungswissenschaften zum Witz gemacht. Nietzsche hatte den Gang der Dinge vorausgesehen, als er empfahl, nicht mehr vom Sieg der Wissenschaften zu sprechen, sondern vom Sieg der wissenschaftlichen Methode über die Wissenschaft. Die Beispiele für diese Wende ins Methodische, Abstrakte, Lebensferne fand er in den ihm wohlvertrauten Geisteswissenschaften.

Heute kommt alles auf Methode an; wer sie beherrscht, beherrscht auch die Debatte. Gerade dreißig Jahre hat es gedauert, bis es in der Geschichte der angeblich friedlichen Kernenergienutzung zur großen Katastrophe kam, zur Kernschmelze, die alle Fachleute »praktisch« für unmöglich hielten. Der Reaktor in Calder Hall alias Windscale alias Sellafield – nach jedem Unfall änderte man den Ortsnamen – war im Oktober 1956 von der englischen Königin in Betrieb gesetzt worden, Tschernobyl ereignete sich im Frühjahr 1986. Der GAU, der größte anzunehmende Unfall, war also keineswegs unmöglich; er war nicht einmal unwahrscheinlich. Und so, als eine handfeste, jederzeit gegenwärtige Drohung wäre er wohl auch eingestuft worden, wenn die Fachleute nicht einen Weg gefunden hätten, der es ihnen erlaubte, das Mögliche als unwahrscheinlich und das Unwahrscheinliche als unmöglich darzustellen.

Das Geheimnis lag in der Methode, »Risiko« als das Produkt aus Schadensgröße und Schadenswahrscheinlichkeit zu definieren. Auf diesem Wege wurde so ziemlich jedes Vorhaben unangreifbar, denn man brauchte ja nur die Unfallwahrscheinlichkeit extrem gering anzusetzen, um selbst noch das größte Abenteuer rechtfertigen zu können. Nach der Beinahekatastrophe im amerikanischen Harrisburg ist dieses Verfahren zum ersten Mal publikumswirksam angewandt worden, um das ins Schwanken geratene Vertrauen in die Kernenergie zurückzugewinnen. Damals stellten die Experten des deutschen Atomforums öffentlich fest, daß aus Ereignissen, die als sehr unwahrscheinlich betrachtet werden, keine Auslegungsanforderungen abgeleitet werden können. Mit etwas einfacheren Worten: Wir berücksichtigen bei unseren Vorkehrungen nur das, was wir berechnen können; was sich nicht kalkulieren läßt, das existiert für uns auch nicht. Diese Argumentation ist ein Sieg der Methode über die Wissenschaft – und über die Vernunft gleich mit. »Wir parametrisieren unsere Unwissenheit«, meinte ein Kenner des methodologischen Aberglaubens zu dem Versuch, mit Zahlen eine Sicherheit zu suggerieren, die es in Wahrheit gar nicht gibt.

Alle Ausfälle und Vorfälle, Störfälle und Unfälle, mit denen die unvollkommene Realität auf sich aufmerksam macht, werden gegen die technisch versierten Rechenmeister nicht viel bewirken. Denn diese leben in einer Sonderwelt, die immun ist gegen widrige Erfahrungen und schwerhörig gegen den Einspruch der Wirklichkeit. Nach dem Desaster von Tschernobyl erklärte einer der verantwortlichen Ingenieure, das Unglück habe sein Vertrauen in die Sicherheit der Konstruktion keineswegs erschüttert. Tatsächlich war ja, was sich im Reaktorkern abgespielt hatte, in keinem Modell und keiner Simulation aufgetaucht. Und da er als Physiker darauf getrimmt war, nur das für wirklich zu halten, was sich berechnen läßt, glaubte er, auf ein Ereignis, das die Theorie nicht vorsah, nicht eingehen zu müssen.

Heinz Maier-Leibniz, der sich um den Aufbau und den Ausbau der Nukleartechnik in Deutschland große Verdienste erworben hat, kommentierte den Vorgang damals fachmännisch, mit Hinweis auf das sogenannte Restrisiko. Alle Experten seien sich einig darüber, daß bei der Kernenergie ein solches Risiko nicht zu vermeiden ist, meinte er beruhigend. »Kein Verantwortlicher hat je erklärt, es könne keine Reaktorunfälle geben ... Der Fall Tschernobyl hat uns lediglich gezeigt, was wirklich geschieht. Insofern kann man also nicht sagen, daß durch Tschernobyl die Erwartungen an die Kernenergie von der Sache her anders geworden sind. Allenfalls müßte jemand, der rational denkt, zu der Schlußfolgerung gelangen: so schlimm, wie die Folgen eines solchen Unfalls in der Vergangenheit dargestellt wurden, sind sie glücklicherweise nun wieder auch nicht.« Das zu einem Zeitpunkt, an dem man gerade erst damit begonnen hatte, die Auswirkungen zu sichten, ein auch nur ungefährer Überblick also noch gar nicht möglich war.

Auf seine Weise hatte Maier-Leibniz recht. Unter Risiko verstand er das Produkt aus Schadensumfang und Eintrittswahrscheinlichkeit innerhalb einer bestimmten Frist. Über das Wann und Wo eines Unfalls, also gerade das, was den normalen Bürger an der Sache interessiert, verrät dieses Verfahren aber rein gar nichts. Bei denen, die dran glauben, erzeugt es ein höchst abstraktes Sicherheitsgefühl – dem dann genauso abstrakte Gefühle der Angst und der Bedrohung auf seiten derer gegenüberstehen, die nicht dran glauben. Zu welcher Partei man hält, ist letztlich Glaubenssache, hat jedenfalls mit Nüchternheit und Objektivität erheblich weniger zu tun, als die Großpächter dieser Begriffe wahrhaben wollen. Rationalität und Sachlichkeit dürfen die entschlossenen Gegner der Modernisierung mit demselben Recht für sich in Anspruch nehmen wie ihre überzeugten Promotoren. Denn die Gefühle werden doch auf beiden Seiten angesprochen und ausgebeutet. Während sich die einen vor dem Atomstaat fürchten, warnen die anderen vorm Weg zurück ins Mittelalter oder in die Steinzeit. Wenn Wyhl nicht gebaut werde, gingen in Deutschland die Lichter aus, wagten sie vorauszusagen: Kein eben rationales Argument, denn Wyhl ist nicht gebaut worden, und die Lichter brennen heller als je zuvor. Der Jurist Ulrich Preuß, der die Einstellung zum technisch-wissenschaftlichen Fortschritt mit dem Status vergleicht, den die Zugehörigkeit zu dieser oder jener Konfession im Zeitalter der europäischen Glaubenskriege besaß, trifft die Sache wahrscheinlich besser als die Lobredner der wissenschaftlichen Vernunft.

Wenn seine Sicht stimmt, gehen Staat und Staatlichkeit keiner erfreulichen Zukunft entgegen. Denn dann brächte der Leviathan im Bündnis mit der Wissenschaft etwa das hervor, was zu überwinden er seinerzeit geschaffen worden war. Er würde die Menschen in einer Glaubensfrage gegeneinander aufbringen. Das Resultat wäre die Spaltung der Gesellschaft in Wachstumsgewinnler, die weitermachen wollen, weil sie die alten Verheißungen immer noch ernst nehmen, und Fortschrittsverlierer, die von einem Wandel, der ihnen wenig oder nichts zu bringen scheint, genug haben; in Optimisten, die alles für machbar halten, und Skeptiker, die an die schöne neue Welt nicht glauben; in Hoffnungsfrohe, die eine glänzende Zukunft vor sich sehen, und Heuristiker der Furcht, die es mit Hans Jonas halten und in Zweifelsfällen der ungünstigen Prognose den Vorzug geben wollen. In einer ohnehin zerrissenen, von lauter Sonderwünschen geprägten Welt ist das eine Front mehr. Und vieles spricht dafür, daß sich die härtesten Kämpfe in Zukunft an dieser Front abspielen werden.

Arbeit ist nur das halbe Leben

Auf lange Sicht untergräbt das Industriesystem
die Grundlagen des Staates.

THORSTEIN VEBLEN

Über die Jahrhunderte hinweg hat sich das,
was man für den Kern der Menschen- und Bürgerrechte
hielt, immer wieder verändert. Während im Zeitalter der
Glaubenskriege höchst persönliche Ansprüche wie das
Recht auf Bekenntnis- und Gewissensfreiheit allen anderen voranstanden, traten später, als unter dem Einfluß der
Aufklärung die Sorge um das Seelenheil verblaßte und sich
die Aufmerksamkeit den Dingen des irdischen Lebens zu-
wandte, die kollektiven Rechte wie Koalitions- und Ver-
sammlungsfreiheit hervor. Das Recht auf Arbeit, das heute
obenan steht und drauf und dran ist, alles übrige auszuste-
chen, ist eine noch viel spätere Erfindung. Es ist auch niemals, anders als seine Vorläufer, in den Rang eines einklag-
baren Anspruchs gegen den Staat erhoben worden. Und
doch wird kein anderer Rechtstitel so oft beschworen und
versprochen wie das schwammige, weil nämlich adressa-
tenlose Recht auf Arbeit. Es zu vernachlässigen oder rund-
heraus zu bestreiten kann sich, bei Strafe des Machtver-
lusts, keine Regierung leisten. Es geht noch immer nach
der alten Regel, nach der gerade das, was selten ist, besonders hochgehalten wird: in Zeiten religiöser Intoleranz die
Glaubensfreiheit; im Ständestaat das Gleichheitspostulat;
und da, wo die Arbeit knapp wird, das Recht auf Arbeit.

Ludwig XVI., der letzte König des Ancien régime, scheint
der erste gewesen zu sein, der es erwähnt hat; allerdings
nicht als einen Anspruch gegen ihn, die Inkarnation des
Staates, sondern als eine Pflicht, die der Bürger gegen Gott,

praktischerweise also gegen sich selbst und die Seinen zu erfüllen hatte. In einem Erlaß aus dem Jahre 1776 spricht Ludwig sich selbst nur eine Art von Mittlerstellung zu: Der König will seine Untertanen dazu befähigen, das ihnen von Gott verliehene Recht zur Arbeit auch tatsächlich auszuüben. Der absolute Monarch kennt keine Verpflichtungen, sondern nur Gnadenbeweise, die den Weg freimachen sollen zu einem Ziel, das zu erreichen jedermanns eigene Sache ist. Wenige Jahre später, in dem vom revolutionären Konvent 1793 verabschiedeten Verfassungstext, klingt es schon anspruchsvoller. Die Gesellschaft, so der 21. Artikel, »schuldet ihren unglücklichen Mitbürgern Unterhalt, indem sie ihnen entweder Arbeit verschafft oder denen, die außerstande sind zu arbeiten, die Mittel für ihr Dasein sichert«. Folgen hat dieses hochherzige Versprechen natürlich nie gehabt, und das nicht nur deshalb, weil die Konventsverfassung nie in Kraft getreten ist. Solange man sich noch nicht daran gewöhnt hatte, dem Staat die Zuständigkeit für alles und jedes zuzuschreiben, war das Recht auf Arbeit eine schöne, aber wertlose Proklamation. Nüchtern betrachtet, enthält der Verfassungstext von 1793 denn auch nicht mehr als ein großzügig formuliertes Armenrecht.

Der Fortschritt kam erst hundert Jahre später, und es war Deutschland, das ihn brachte. Bismarck bekämpfte den Sozialismus von unten durch seinen Sozialismus von oben, seinen Staatssozialismus, wie er ihn selbst genannt hat, und bekannte sich namens der Reichsregierung zu der Verpflichtung, »arbeitslosen Bürgern, die Arbeit nicht finden können, solche zu verschaffen«. Um die am schnellsten wachsende Bevölkerungsgruppe, die Schicht der Industriearbeiter, nicht an die Linksparteien zu verlieren, bot er ihnen ein Versicherungssystem, das sich im Grundsatz bis heute erhalten hat. Neu und zeitgemäß war Bismarcks

Offerte vor allem deshalb, weil sie der Tatsache gerecht wurde, daß sich unter den Bedingungen der industriell organisierten Massenproduktion der Sinn eines wie auch immer definierten Rechts auf Arbeit gründlich verändert hatte. Wer es festhalten wollte, durfte sich nicht mehr an den Berufsbildern früherer Epochen orientieren und von freien Bauern oder selbständigen Handwerkern träumen; er mußte die Arbeit so betrachten, wie sie sich darbot, als abhängige, bezahlte, einigermaßen würdelose Beschäftigung in Fabriken oder Büros. Sich Arbeit zu suchen konnte nur dann verlangt werden, wenn Arbeitsplätze auch tatsächlich vorhanden waren. Dafür zu sorgen fiel allerdings nicht in die Kompetenz des Staates, der das von ihm anerkannte und verteidigte Recht auf Arbeit daher in der Weise einlöste, daß er die Tarifparteien dazu verpflichtete, die Sache unter sich auszumachen.

Das setzte klare Machtverhältnisse voraus, die es zu Bismarcks Zeit ja auch gab. Kein Unternehmer konnte daran denken, sich der Aufsicht oder dem Zugriff des Staates zu entziehen, die Arbeiter und die Gewerkschaften erst recht nicht. Natürlich ist die hohe Kunst der Interessenvertretung auch damals bekannt gewesen und schon damals geübt worden; Bismarck selbst hat sie beherrscht und bei politischen Händeln gern darauf geachtet, daß er persönlich nicht zu kurz kam. Unabhängig von solchen Szenen hinter der Bühne blieb die Rangordnung zwischen Staat und Wirtschaft nach außen hin aber unbestritten. Wenn sich ein Mann wie Adolph Wagner über das vaterlandslose Kapital entrüstete, »das in seiner Gewinnsucht nicht einmal vor Betriebsgründungen im Ausland zurückschreckt«, brachte er damit nur den Groll zum Ausdruck, mit dem in jenen Tagen nahezu jedermann über eine den Primat der Politik leugnende Wirtschaft dachte.

Heute würde er sich, Volkswirtschaftler, der er war, mit einer solchen Anklage nur lächerlich machen. Denn die Insignien der Macht sehen in einer Gesellschaft, die sich aus Marktbürgern und Erwerbspersonen, Besitzstandswahrern und Anspruchsberechtigten zusammensetzt, vollkommen anders aus als früher. Wenn die Ökonomie von ihren Handelsüberschüssen und Lizenzeinnahmen, von Produktivvermögen, Arbeitsplätzen und Sozialbilanzen berichtet, hat dem die altmodische Staatsgewalt nicht viel entgegenzusetzen. Die Menschen verlangen Wohlstand, Sicherheit und Arbeit, und sie halten sich an den, der ihnen all das bieten kann: die Wirtschaft. Wenn überhaupt an irgendwen und irgendwas, werden sie sich nicht an den Staat gebunden fühlen, sondern an die Firma, die ihnen Brot und Wohlstand gibt. Die populäre Rede vom Betrieb als »Heimat« kommt ja nicht von ungefähr. Als eines der größten deutschen Unternehmen sein altes Gütesiegel »Made in Germany« durch das neue »Made by Mercedes-Benz« ersetzte, kam es damit nicht nur dem Geltungsbedürfnis seiner Kunden, sondern auch dem Betriebsstolz seiner Mitarbeiter entgegen. Jeder von ihnen hätte nachsprechen können, was Jürgen Schrempp, ihr Vorstandschef, in aller Öffentlichkeit erklärt hat: daß Deutschland für ihn nicht mehr allzu viel bedeute. Der Staat ist zweitrangig geworden, abhängig von den Entscheidungen der Wirtschaft und ihrer Führer. Was die Fürsten unter den Bedingungen der merkantilistischen Staatswirtschaft noch anordnen konnten, das Entstehen von Produktionsstätten und die Einrichtung von neuen Arbeitsplätzen, müssen demokratisch gewählte Politiker erbitten und erbetteln und gar nicht selten auch noch subventionieren.

So gerät die Staatsgewalt in eine ungünstige Lage. Was einen Staat wie Preußen dazu befähigt hatte, eine Art Beschäftigungsgarantie zu geben, war ja nicht seine Kompetenz, aus eigenem Vermögen Arbeitsplätze einzurichten, sondern seine Autorität. Nachdem die verloren ist, weckt die Regierung mit ihrem Vollbeschäftigungsgerede Erwartungen, die einzulösen ihr die Mittel fehlen. Das Dilemma ist chronisch, weil sie von einem Versprechen, das so viel bedeutet, nicht herunterkommt; Kohl hat es versucht und ist damit gescheitert. Obwohl die Parteien wissen, daß es unerfüllbar ist, müssen sie das Verslein nachplappern, das ihnen Unternehmer und Gewerkschaften vorsprechen, und Arbeit für alle in Aussicht stellen. Gleichzeitig wissen sie natürlich, daß ihre Möglichkeiten, Wort zu halten, täglich weiter schrumpfen. Das klassische Instrumentarium im Kampf gegen die Arbeitslosigkeit, die Keynessche Wirtschaftspolitik, war eben Nationalökonomie im strengen Sinne des Wortes: an die Nation gebunden und nur so, vermittelt also, Teil der Weltwirtschaft. Doch diese Zeit ist endgültig vorbei; »auf dem Planeten Reebok gibt es keine Grenzen«. Diese Erfahrung hat Keynes und seine Lehren obsolet gemacht. Die Folge ist ein Politikverfall, der sich bei den Wählern als aggressive Langeweile, bei den Gewählten als hektische Lethargie bemerkbar macht. Die Politik tut nur so, als wäre sie noch Herr im Haus; und das Publikum merkt es.

Das ist die Stunde der radikalen Marktwirtschaftler. Sie würden das Fallende am liebsten auch noch stoßen, um desto schneller seine Stelle einzunehmen. Über den Trümmern der Planwirtschaft, die Vollbeschäftigung versprochen und Arbeitslosigkeit hinterlassen hat, geht die Sonne der liberalen Welterlöser um so strahlender auf. Sie wollen den Staat draußen halten, ihn dazu bringen, den Markt mit Eingriffen zu verschonen und nach seinen eigenen Gesetzen leben zu lassen. Markt, das ist für sie das ganze Leben, ist Freundschaft und Ehre, Schönheit und Moral, Kunst und Politik und alles, was es sonst noch gibt. Die großen und die kleinen Propheten der restlos freien Marktwirtschaft – Michel Camdessus mit seiner automatischen Weltverbesserung, Friedrich von Hayek mit seiner selbstgesteuerten Evolution, Karl Popper mit seiner Sozialtechnologie der kleinen Schritte – träumen davon, die Politik durch Handel zu ersetzen. Sie schreiben dem Markt die Fähigkeit zu, alles zum Besten zu wenden, das allgemeine Glück voranzubringen und noch die schlimmsten Blutsauger und Egoisten in Wohltäter der Menschheit zu verwandeln. Ihr Kronzeuge ist Adam Smith: »Von einer unsichtbaren Hand werden sie dahin geführt, beinahe die gleiche Verteilung der zum Leben notwendigen Güter zu verwirklichen, die zustande gekommen wäre, wenn die Erde zu gleichen Teilen unter alle ihre Bewohner verteilt worden wäre. Und so fördern sie, ohne es zu beabsichtigen, ja ohne es zu wissen, das Interesse der Gesellschaft und gewähren die Mittel zur Vermehrung der Gattung.«

Das schöne Bild ist allerdings, zumindest in der Art, wie es von seinen neoliberalen Interpreten gedeutet wird, höchst lückenhaft und mißverständlich. Allein gelassen, leistet der Markt das, was ihm angesonnen wird, ja gerade nicht. Die gleiche oder, wie Smith vorsichtigerweise schreibt, auch nur annähernd gleiche Verteilung der zum Leben notwendigen Güter hat er nie zustande gebracht, heute weniger als je zuvor. Um in diesem Sinne wirksam zu werden, braucht er nämlich einen festen Rahmen, verlangt die unsichtbare Hand des Marktes nach der sichtbaren Hand des Staates. So etwas wie eine natürliche Schwerkraft, die alles von sich aus richtet und wieder ins Lot bringt, gibt es in menschlichen Dingen, zu denen auch die Wirtschaftsordnung gehört, nun einmal nicht. Wohlstand, Gerechtigkeit und gutes Leben sind keine Systemprodukte, die sich hinter dem Rücken der Menschen gewissermaßen von selbst herstellen, sondern Ideale, die gesucht und gewollt und oft genug gegen Widerstände durchgesetzt werden müssen. Dazu beizutragen war und ist die Aufgabe des Staates, von dem die wahren Liberalen denn auch niemals gering gedacht haben. Jedenfalls ist keiner von ihnen auf den Einfall gekommen, den Staat als das Problem und nicht als Lösung anzusehen. »Der Liberalismus fordert einen starken Staat oberhalb der Wirtschaft, oberhalb der Interessen, da, wo er hingehört«, schrieb, einer von vielen, Alexander Rüstow.

Seine modernen oder postmodernen Nachfolger, die Erfinder von Reaganomics und Thatcherism, haben das nicht mehr verstanden und aus Rüstows Staat oberhalb einen Staat unterhalb der Wirtschaft gemacht. »Minimal state«, »schlanker Staat«, »lean government«, so und so ähnlich heißen ihre Antworten auf die uralte Frage nach dem Verhältnis von Wirtschaft und Politik. Daß der Staat nicht bloß schlank, sondern auch stark sein muß, um gegen die entfesselten Kräfte des Marktes anzukommen, paßt nicht in ihr Weltbild. Sie sind frei von dem stets wachen Mißtrauen, das Adam Smith angesichts jedes noch so kleinen Konventikels überfiel und das ihn einen Anschlag gegen das Gemeinwohl befürchten ließ, wo immer er zwei oder drei Geschäftsleute beieinandersitzen sah. Für solche Verschwörungen ist in der deregulierten Handelsgesellschaft kein Platz. Sie ist bevölkert von lauter ehrbaren Kaufleuten, die sich nichts zuschulden kommen lassen; wenn ausnahmsweise einmal doch, dann darf man nicht mit Vorschriften oder Strafen gegen sie vorgehen, sondern nur mit marktkonformen Mitteln, mit noch weniger Staat und noch mehr Wettbewerb.

Wie alle Dogmatiker, kennen die Marktradikalen gegen die Übel dieser Welt nur ein einziges Heilmittel: die Konkurrenz. Eine Instanz, die sich als Sachwalter aller versteht und zum Vorteil derer eingreifen könnte, die beim Kampf ums Dasein unter die Räder kommen, ist mit der reinen Lehre unvereinbar, also schädlich. Fördern und eingreifen soll die Regierung nicht zum Schutze des einzelnen, sondern zugunsten des Marktes: da also, wo die strategischen Allianzen geschmiedet werden, die großen Bündnisse, die ganze Staaten und Kulturen fit machen für den globalen Wettbewerb. Wo das Prinzip der Marktfreiheit berührt wird, verliert die anderswo mit schierer Größe zwangsläufig verbundene Macht für einen überzeugten Marktwirtschaftler ihre Schrecken. Sie ist, im Gegenteil, als Überlebensvorteil anzustreben. Und wenn ein ohnehin schon Großer versucht, noch etwas größer zu werden, dann ist die Politik, wie man so sagt, gefordert. Boeing und McDonnell Douglas, Krupp und Thyssen, Sandoz und Ciba, Hypobank und Vereinsbank: so etwas liegt im »nationalen Interesse«, weil es der Markt so will. Und was der Markt zusammenbringt, das soll der Staat nicht hindern oder scheiden.

Die Umrisse der neuen Weltordnung, die sich hier abzeichnet, hat der amerikanische Politologe Benjamin Barber so beschrieben: »An Teetrinker kann man keine Coca-Cola verkaufen. Lange Mittagspausen bremsen die Ausdehnung von Fast-food-Anbietern, weshalb erfolgreiche Imbißketten den mediterranen Mittagsritualen ein Ende machen müssen. Ein hochentwickelter öffentlicher Nahverkehr hält die Autoverkäufe niedrig und dämpft den Absatz von Stahl, Gummi und Benzin. Ein bäuerlicher Lebensstil – Aufstehen mit dem Hahnenschrei, Ganztagsarbeit und frühes Zubettgehen – ist schlecht für die Fernsehwerbung. Wer sich aus Sport nichts macht, wird kein Kunde für Turnschuhe,

Gesundheitsbewußtsein schadet der Zigarettenindustrie.«
Eine Moral der Bedürfnislosigkeit, so Barbers Resümee,
steht quer zur Logik des Konsums. Diese Logik will mit
ökonomischen Mitteln das zum Abschluß bringen, was die
europäischen Staaten im Zeitalter des Imperialismus begonnen hatten: die Eroberung der Welt, diesmal im Zeichen des »American Way of Life«.

Wer sich damit beruhigen will, daß hier doch nur die
friedfertigen und menschenfreundlichen Methoden Anwendung finden, durch die sich der süße Handel so vorteilhaft
von der martialischen Politik unterscheidet, sollte nachle-
sen, was Tocqueville über die unterschiedlichen Strategien
notiert hat, mit denen Nord- und Südamerika von den Eu-
ropäern unterworfen worden sind. Selbst durch die blu-
tigsten Greueltaten, die ihnen ewige Schmach brachten, sei
es den Spaniern nicht gelungen, die Indios auszurotten; am
Ende hätten sie die Eingeborenen nicht einmal daran hindern können, sich mit ihnen zu vermischen und ihre Rechte
zu teilen. Ganz anders die Angloamerikaner in den Vereinigten Staaten des Nordens: »Sie haben dieses doppelte Ergebnis, Vernichtung und Entrechtung, mit wunderbarer
Leichtigkeit zustande gebracht: ruhig, gesetzlich, men-
schenfreundlich, ohne Blutvergießen, ohne in den Augen
der Welt einen einzigen der hohen sittlichen Grundsätze zu
verletzen. Man könnte die Menschen«, folgert Tocqueville,
»nicht in größerer Ehrfurcht vor den Gesetzen der Mensch-
lichkeit vernichten.«

Der Umsturz, der sich jetzt im Zeichen der Globalisierung abspielt, ist nicht weniger gewaltsam. In seiner nichts
verschonenden, die ganze Welt umfassenden und jeden einzelnen zum Gleichschritt zwingenden Art ist er vielleicht
sogar brutaler als alles, was ihm vorausgegangen war. Frei-
heitlich, wie er sich gibt, hat er das gute Gewissen auf sei-

ner Seite, so daß er über alle Opfer, die er fordert, mit größter Seelenruhe hinwegsteigen kann. Ein Ziel, das weiter reichen würde als das, was es schon gibt, das nicht bloß mehr vom Gleichen, sondern etwas anderes verheißt, ist dabei nicht erkennbar. Die neue Bewegung fühlt sich keiner Idee mehr verpflichtet, die über die materiellen Bedürfnisse hinausweist. Was die Globalisierung will und den Menschen vor Augen stellt, ist keine wie auch immer geartete Vorstellung von Staat, Gesellschaft, Stil, Kultur und gutem Leben, sondern Umsatz. Ganz zu Recht nennt sie sich deshalb auch nicht universell, sondern global, definiert sich also bloß geographisch: mehr, als sich in der Fläche auszudehnen, will sie nicht. Das war es wohl, an was Max Weber dachte, als er voraussagte, daß der Kapitalismus, »wenn er erst einmal gesiegt hat«, den Beistand des Geistes nicht mehr brauchen werde. Er braucht ihn offenbar wirklich nicht.

Die Gewaltsamkeit des Vorgangs, der unter den Auspizien der Marktfreiheit abläuft, steht außer Zweifel. Die Fesseln des Marktes, schreibt Barber, seien unsichtbar, »ja sogar bequem, und sie kommen mit freundlichen Sprüchen über private Wahlmöglichkeiten und persönliche Konsumfreiheit daher«. Um mitzuhalten oder aufzusteigen, muß man das tun, was alle tun, sich also um Werterhalt und Wertzuwachs seines Vermögens kümmern. Wer anders denkt und etwas anderes will, wird zum Aussteiger. Von der bunten Welt des Mittelalters, vom Neben- und Gegeneinander der Bauern und der Städter, von Geistlich und Weltlich, von den Virtuosen, Sonderlingen und Asketen sind lediglich zwei Lebensformen übriggeblieben: die Unternehmer und die Angestellten. Das ist alles. Und Europa hatte noch Glück, weil der Kapitalismus nicht über Nacht hereinbrach und den Menschen Zeit ließ, sich an den

Druck der Marktgesetze zu gewöhnen. Wo der Wechsel plötzlich kam, waren die Folgen ungleich härter. Der freie Wettbewerb kannte kein Nachsehen und sorgte dafür, daß jeder, der mit seinen Grundregeln nicht zurechtkam, ausscheiden mußte. Alle »primitiven« Kulturen haben das zu spüren bekommen.

Das Geschenk der Freiheit hält der Markt nun für diejenigen bereit, deren Leben sich im freien Austausch von Waren, Kapital und Dienstleistungen erschöpft. Selbst heute, im Zeichen der entfesselten Marktkräfte, sind das jedoch nicht allzu viele; der große Rest empfindet den Aufwand, den er treiben muß, um in dem hektischen Betrieb nicht abgehängt zu werden, eher als Belastung. Der französische Parlamentspräsident Philippe Séguin, ein maßvoller Euroskeptiker, warnte denn auch davor, das Interesse kleiner, reicher Gruppen mit dem Interesse der gesamten Menschheit zu verwechseln; er hat sich damit gegen die vorbehaltlose Anpassung an eine Entwicklung gewandt, die ja nicht zwangsläufig verläuft und ganz bestimmt auch nicht zum Vorteil aller. Eine überstürzte und ungeordnete Marktöffnung werde Arbeitslosigkeit und Instabilität zur Folge haben und das Ausmaß der Ungerechtigkeit in aller Welt noch vermehren, meinte Séguin. Wer das nicht einfach hinnehmen will, muß darüber nachdenken, wie sich der einen Gewalt eine andere entgegensetzen läßt: eine Kontrollinstanz, die sicherstellt, daß kein Mensch vom Räderwerk der Ökonomie zermahlen wird. Er braucht eine Macht, auf die sich jeder in seiner Eigenschaft als Bürger berufen kann, nicht nur als sogenannter Marktteilnehmer. Das ist, einstweilen noch, der Staat.

Ihn aufzuwerten und als potenten Gegner wieder ins Spiel zu bringen, gibt es unter den Bedingungen der weltweit agierenden Marktwirtschaft aber nicht nur einen

Weg, sondern zwei, den nationalen und den europäischen. Über dieser Frage droht die Gemeinschaft auseinanderzubrechen, noch ehe sie für alle Ewigkeit etabliert werden konnte. Man hat die Vereinbarung von Maastricht einen Spaltungsvertrag genannt, und wer die vertrackten, quer zu den gewohnten Parteifrontlinien ausgefochtenen Meinungskämpfe über das Für und Wider der Union verfolgt hat, der versteht, warum. In England hat der Vertrag die Tories gegen die Tories aufgebracht, in Frankreich gerät die bürgerliche Mitte unter den Druck der vereinigten Extremisten von links und rechts, in Deutschland stiftet das europäische Thema Bündnisse und Feindschaften, die alle bekannten Arrangements gründlich durcheinanderwerfen: Joschka Fischer, Oskar Lafontaine und Helmut Kohl auf der einen Seite, ihnen gegenüber Edmund Stoiber, Gerhard Schröder und Gregor Gysi.

Die einen hoffen auf die Zivilgesellschaft, die anderen sehen ein Kartell aus Marktmacht und Parteienmacht voraus, gegen das kein Bürger mehr ankommt. Wer Einfluß will, kann schon heute wissen, daß es von ihm in jedem großen Unternehmen mehr zu erobern und zu verteilen gibt als in der Politik. Die Prämien und Attribute abzulehnen, mit denen die Wirtschaft lockt, und sich statt dessen auf die Seite eines Volkes zu schlagen, das es auf europäischer Ebene noch gar nicht gibt, vielleicht auch niemals geben wird, ist mehr, als man von einem Politiker erwarten sollte. Die Sekretäre, Referenten und Geschäftsführer – abhängig Beschäftigte, die keineswegs das ganze Volk vertreten, sondern die Interessen ihrer Parteien, Gewerkschaften und Industrieverbände – geben schon jetzt im Bundestag den Ton an. In Brüssel, Straßburg oder sonstwo stehen ihnen ganz andere Möglichkeiten und Vorteile in Aussicht, und es wäre ein Wunder, wenn sie nicht zugriffen. Alles spricht dafür, daß sich an diesen Plätzen, weit entfernt von der sogenannten Basis, die Starken erst recht mit den Ehrgeizigen zusammentun und die anderen, die Menschen draußen im Lande, buchstäblich aus den Augen verlieren.

Deshalb sollten die Bürger vorsichtig sein und nicht mehr herausgeben, als sie auch zurückerhalten. Von den angestammten Kompetenzen des Nationalstaates sollten sie nur jene abgeben, die bei der größeren Gemeinschaft besser aufgehoben sind als bei der kleinen. Neben der Richtlinienkompetenz für Handel und Verkehr wäre das an erster Stelle die Zuständigkeit für die Außen- und die Verteidigungspolitik. Anders als es die herrschende Lehre will, hätte die Wirtschafts- und Währungsunion also gerade nicht als Vorbereitung auf eine immer engere Verschmelzung zu gelten, sondern als vorletzte Runde. Der harte Kern der Staatsgeschäfte muß auch in Zukunft da bleiben, wo er in Reichweite der Bürger liegt, bei den lokalen Ämtern und den nachgeordneten Behörden, an die sich jeder wenden kann, weil er sie kennt und weiß, wo sie zu finden sind. Rechtspflege und Finanzhoheit sollten deswegen vollständig, das Polizeiwesen und die Bildungspolitik ganz überwiegend in der Verfügungsmacht der Einzelstaaten bleiben, genauso wie alle ökologischen Belange.

Daß erfolgreiche Umweltpolitik die nationalen Grenzen überschreiten muß, war ja schon immer nur die halbe Wahrheit; die andere Hälfte bestand aus der Erfahrung, daß mit dem Wirkungskreis einer Vorschrift auch der Widerstand gegen sie wächst, weil jeder gezielte Eingriff auf die geballte Macht der Firmen, Branchen und Verbände aus aller Herren Länder trifft. Wer sich an die Einwände und Proteste erinnert, die in Deutschland dem Katalysator, der Mehrwegflasche oder der Großfeuerungsverordnung entgegengeschlagen sind, kann sich über das Schicksal ökologischer Vorhaben im Schoß supranationaler Gremien keine Illusionen machen. Den Widerstand der Wirtschaftsverbände niederzukämpfen war schon in Bonn schwer genug. Wie sollte das in Brüssel leichter werden? Der Vierzig-Tonnen-LKW, ein europäischer Kompromiß, ist für die Umwelt eine Katastrophe. Daß es von diesem gemeinsam beschlossenen Unfug bis heute eine Ausnahme gibt, ist lediglich der Schweiz zu danken, die ihr nationales Limit von 28 Tonnen nicht aufgeben will. Seither wird sie von ihren europäischen Nachbarn unter Druck gesetzt, den Sonderweg zu verlassen und sich genauso umweltschädlich zu verhalten wie alle anderen auch. Die Schweiz hat praktiziert, wovon die Europäische Union bloß redet, eine ökologisch geprägte Verkehrspolitik, die die Bahn begünstigt und nicht die Straße.

Noch schwerer dürfte es mit dem heikelsten Kapitel aus dem gemeinsamen Programm werden, mit einer europäischen Sozial-, Beschäftigungs- und Ausgleichspolitik. Als der mit Abstand teuerste Bereich ist er überall ins Zentrum der konkurrierenden Interessen geraten. Schwer vorstellbar, wie es in einem Klima der Eifersucht, des Mißtrauens und der von allen Seiten wachgerufenen Begehrlichkeit gelingen sollte, das Solidaritätsgefühl auch noch zu dehnen. Schon heute könnte es kein deutscher Politiker wagen, seinen Wählern im einzelnen zu erläutern, was für horrende Beiträge sie für welche absonderlichen Zwecke in wie weit abgelegenen Regionen aufbringen müssen; in wirtschaftlich schwierigeren Zeiten ginge das erst recht nicht. Die Milliardenbeträge, die von der einen Ecke des Kontinents in die andere fließen, lassen sich nur deshalb bewegen, weil niemand weiß, was da genau geschieht. Einblick, Überblick und Durchblick sind zu Privilegien der hohen Bürokratie geworden, und vieles spricht dafür, daß die europäischen Angelegenheiten überhaupt nur so, gänzlich abgehoben von der Öffentlichkeit und ihren autorisierten Organen, gedeihen können.

Arkanpolitik wäre dann nicht etwa ein Makel, sondern Voraussetzung für das Funktionieren der Gemeinschaft. Maastricht müsse den Menschen nur erklärt werden, dann würden sich die Ängste schon legen und alle Vorbehalte in sich zusammenfallen, heißt ein geläufiges Rezept. Die Wahrheit ist, daß der Vertrag, so wie er ausgehandelt, modifiziert und ergänzt wurde, den meisten Bürgern gar nicht zu erklären ist. Die Dänen haben es versucht und sind damit gescheitert. Was der Vertrag vorschreibt oder untersagt, beschäftigt Diplomaten und Sachverständige, Generalsekretäre und hohe Richter. Sie haben dafür gesorgt und werden weiter dafür sorgen, daß Europa zurückfindet zu den Praktiken der vorkonstitutionellen Kabinettspolitik. Der Unterschied zwischen damals und heute liegt nur in der Größe des Apparats, denn was früher im kleinen Kreis erledigt werden konnte, beschäftigt heute ein ganzes Heer von Bürokraten.

Rousseau schreibt im ›Contrat Social‹, daß die öffentlichen Abgaben in dem Maße drückender werden, wie sie sich von ihrer Quelle entfernen. Man dürfe sie nicht nach ihrer absoluten Höhe bemessen, sondern nach der Länge des Weges, den sie zurücklegen müßten, um wieder in die Hände derer zu gelangen, die sie aufgebracht hätten. Er wird dabei nicht nur an die Amtsinhaber und Pfründenverwalter gedacht haben, die sich beim Weiterreichen von Geld, das ihnen nicht gehört, die Finger vergolden; wahrscheinlich sprach er auch von der Erfahrung, daß sich ein weit entferntes Ziel im Dunst verliert und nicht mehr klar zu erkennen ist. Alle Umverteiler haben ein Interesse daran, die Wege, auf denen sie ihre Wohltaten unters Volk streuen, lang und gewunden und so unübersichtlich anzulegen wie nur möglich. Die Bürger sollen dankbar sein und nicht merken, daß sie es selbst sind, die sich da beschenken. Und meistens merken sie es ja auch wirklich nicht.

In Europa werden die Wege länger, länger als je zuvor. Was auf ihnen befördert wird und was dabei verlorengeht, wer es erhält und wer dafür bezahlen muß, wissen nur noch wenige. Die aber können die Dinge so regeln, wie es ihnen gefällt, ohne Kontrollen oder Einsprüche befürchten zu müssen. Kritik ist häufig, aber ungefährlich, weil sie ihr Ziel nicht kennt und überall an irgend jemanden gerät, der sie an irgendeinen anderen verweist. Sieht man in die Verträge, sind die Grundsätze der Demokratie – Teilhabe des Volkes, Verantwortlichkeit der Gewählten und Rechenschaftspflicht der Verwaltung – vorbildlich gewahrt. In der Praxis allerdings sind sie nur kümmerlich entwickelt, und die bekannte Floskel, mit der gläubige Europäer alle paar Tage dazu aufrufen, die Verträge endlich mit Leben zu erfüllen, gibt das sogar zu. Daß das in Maastricht vereinbarte Gebilde dem republikanischen Geist fremd und feindlich gegenüberstehen und zu einer lebendigen Demokratie nicht taugen könnte, ist ein Verdacht, der ihnen offenbar nicht kommt.

Ein Pyrrhussieg der Gleichheit

Die Mageren sind noch dünner jetzt,
Noch fetter sind die Feisten.

HEINRICH HEINE

Freiheit, Gleichheit, Brüderlichkeit, so hieß die profane Dreifaltigkeit, unter der die französischen Revolutionäre zu ihrem Sturmmarsch aufgebrochen waren, der sie zunächst im eigenen Land, dann in Europa und schließlich in der ganzen Welt zum Siege führte. Die Trias hat, weit über das Jahrhundert hinaus, die Menschen in Bann geschlagen und zu immer neuen Aufbrüchen verlockt. Daß die revolutionäre Begeisterung in kürzester Zeit die nationalen Grenzen übersprang und den Kontinent in Brand setzte, war neben dem Glück, mit dem das französische Heer die Waffen führte, den suggestiven Parolen zu verdanken, unter denen es durch ganz Europa marschierte.

Doch gerade der Enthusiasmus, der den Franzosen überall entgegenschlug, wurde zur Ursache für erste Zweifel und zähe Einwände, schließlich für Abkehr und Verrat am revolutionären Ideal. Es dauerte kein Menschenalter, bis Tocqueville, der Analytiker der Revolution, erkannt hatte, daß die Demokratie mit ihrem unerfüllten und ewig unerfüllbaren Hang zur Gleichheit den Keim zum Scheitern in sich trug. Der Wunsch, einander gleich zu sein, kennt immer nur die Richtung, nie ein Ziel, an dem er sich, zufrieden mit sich selbst, zur Ruhe setzen könnte. Indem man ihn zu stillen sucht, gibt man ihm Nahrung, denn in dem Maße, wie die Abstände zwischen den Menschen geringer werden, kommen ihnen die noch verbliebenen Unterschiede um so unerträglicher vor. Wenn es ihm nicht als Blasphemie erschienen wäre, hätte Tocqueville über die revolutionäre Trias etwa dasselbe sagen können, was Paulus über die Liebe im Kreise der drei christlichen Tugenden bemerkt hat: daß die Gleichheit die größte unter ihnen sei.

Zweihundert Jahre lang hat sie unaufhörlich Triumphe gefeiert. Jetzt aber scheint ihr Siegeszug ins Stocken zu geraten. Spätestens an der historischen Wendemarke des Jahres 1989 ist die Welt in eine Epoche eingetreten, in der die Aussicht, den Wunsch nach Gleichheit zu erfüllen, geringer wird. Die Empfindlichkeit für die Unterschiede, die den einen vom anderen trennen, ist unverändert groß. Doch die Kraft der Instanzen, die sich den Anspruch auf Gleichheit zu eigen gemacht und lange genug auch eingelöst hatten, hat offensichtlich nachgelassen. In dieser Funktion waren ja immer nur zwei Mächte tätig, zunächst die Kirche, dann der Staat. Die eine verkündigte die Gleichheit der Menschen vor Gott, die andere ihre Gleichheit vor dem Gesetz. Nur in diesen Formen, in ihrer religiösen und in ihrer politischen Spielart also, als Hoffnung für den Gläubigen und als Rechtstitel für den Bürger, ist die egalitäre Sehnsucht wirksam geworden. Nietzsche hat das gewußt und mit dem bösen Blick des Pfarrerssohnes klargemacht. Man habe die Menschen, schreibt er, den Satz von der Gleichheit zunächst religiös stammeln gelehrt und später dann eine Moral daraus gemacht: »Und was Wunder, daß der Mensch damit endet, ihn ernst zu nehmen, ihn praktisch zu nehmen! Will sagen: politisch, demokratisch, socialistisch, entrüstungs-pessimistisch.«

Das war aus der Erfahrung seiner Zeit gesprochen. Denn wirklich hat es unendlich lange gedauert, bis die kirchliche Botschaft im staatlichen Bereich angekommen war und sich die Menschen ein Herz faßten, von der Regierung das zu fordern, was ihnen die Priester versprochen hatten. Feudale Staaten können gar nicht anders als die Hoffnung auf

Gleichheit ins Jenseits zu vertrösten; erst dann, am Ende aller Zeiten, darf man darauf rechnen, daß Könige und Päpste in der Hölle sind, der arme Lazarus im Himmel. Im Diesseits ist am Verhältnis der Über- und Unterordnung nicht zu rütteln, Tocqueville, der selber noch in dieser Welt gelebt hatte, zitiert dafür das Zeugnis der Madame de Sévigné. In einem Brief an ihre Tochter erkundigt sich diese normannische Aristokratin zunächst mit Zartgefühl nach dem Ergehen ihrer Enkel; danach berichtet sie von dem barbarischen Strafgericht, das über ein nahe gelegenes Städtchen niedergegangen war, weil das dort ansässige Bauernvolk gewagt hatte, sich den höheren Abgaben zu widersetzen, die vom Grundherrn verlangt wurden. Ohne das geringste Anzeichen von Mitleid erzählt sie von all den Unglücklichen, den Kindbetterinnen, Greisen und Kindern, die weinend durch die Straßen irrten und nicht wußten, wohin, nachdem sie von den Handlangern der Standesherrschaft aus ihren Häusern vertrieben worden waren. Madame de Sévigné, bemerkt Tocqueville dazu lakonisch, »hatte eben keine klare Vorstellung davon, was Leiden bedeutet, wenn man kein Edelmann ist«.

Darin, im Fehlen solcher gemeinsamen Gefühle, bestand der Unterschied zur »lovely equality«, die Tocqueville bei seinen Reisen durch die Vereinigten Staaten kennengelernt hatte. »Haben alle in einem Volke fast den gleichen Rang, so kann, da alle Menschen ungefähr gleich denken und fühlen, jeder sofort die Empfindungen aller anderen erschließen; er wirft einen raschen Blick auf sich selbst, und das genügt ihm«, heißt es in seinem Buch ›Über die Demokratie in Amerika‹. »Es gibt demnach kein Elend, das er nicht mühelos verstünde und dessen Umfang ihm nicht ein geheimer Instinkt erschlösse. Ob es sich um Freunde oder Feinde handelt: die Einbildungskraft versetzt ihn alsbald an deren Stelle. In sein Mitleid mischt sich persönliches Erleben, und es läßt ihn selbst leiden, während man den Leib seines Mitmenschen zerreißt.« In dieser Nähe der Empfindungen, der Wünsche, Sorgen und Erwartungen, verrät sich für Tocqueville die demokratische Kardinaltugend der Gleichheit. Und John Jay, einer der Mitverfasser der ›Federalist Papers‹, gibt ihm recht: »Gleiche Vorstellungen herrschten bisher bei uns in allen Schichten und Glaubensgemeinschaften«, schrieb er in seinem Plädoyer für eine gemeinsame und starke Regierung. »Bei allen großen Vorhaben waren wir ohne Ausnahme ein Volk; jeder einzelne Bürger überall im Lande genoß dieselben Rechte und denselben Schutz.«

Gilt das auch heute noch in einem Lande, in dem der Fremde davor gewarnt wird, die heruntergekommenen Stadtviertel, die sogenannten no-go-areas, aufzusuchen? In dem die Zahl der Haushalte zunimmt, in denen entweder alle Arbeit haben oder keiner? In dem die Reichen während derselben Zeit, in der die Armen immer tiefer gesunken sind und die Mittelschicht langsam zerrieben wurde, ihr Vermögen verdoppelt und verdreifacht haben? Wo die Sicherheit vom Geld abhängt, das man für seinen persönlichen Schutz ausgeben kann, und die privaten Wachmannschaften mehr Personal beschäftigen als die Polizei? Wo die Börse auf die Nachricht, daß mehr Menschen Arbeit finden, mit Unruhe und fallenden Kursen reagiert, weil Arbeitslosigkeit die beste Garantie für niedrige Löhne und hohe Kapitalgewinne ist? Und wo man die Zukurzgekommenen, die beim »pursuit of happiness« wenig erfolgreich waren, ganz gern sich selber überläßt, solange sie nicht auf den dummen Gedanken kommen, sich zusammenzurotten, Barrikaden zu bauen und die Häuser der Reichen zu stürmen?

Wie es scheint, nimmt die Ungleichheit neue Formen an,

die nicht viel leichter zu durchbrechen sind als die Standes-
schranken des Feudalzeitalters. Im Zeichen der Globalisierung treten die Abstände zwischen den Menschen krasser
und dauerhafter hervor als noch zur Zeit der national begrenzten Marktwirtschaften, ohne daß die alten Tröstun-
gen und Kompensationsmaßnahmen, das Versprechen von
christlicher Nächstenliebe und bürgerlicher Gleichheit, dagegen viel ausrichten könnten. Die Gewichte haben sich
verschoben und verschieben sich weiter – fast ausnahmslos zugunsten derer, die schon haben. Arbeit als Quelle für
Besitz und Wohlstand verliert an Wert, mit ihr zusammen
auch die hergebrachte, vor allem unter Deutschen tief-
verwurzelte Idee, soziale Sicherheit an Fleiß, Beweglichkeit und Arbeitskraft zu binden. Die neue Vormacht ist das
Kapital. Bürger, Städte und ganze Regionen bestimmen
ihren Rang und umschreiben ihre Hoffnungen in der Sprache der Ökonomie, in Zuwachsraten, Steuerquoten, Fi-
nanzreserven, Renditeerwartungen, Produktivitätsgewin-
nen und Überschüssen aus der Handelsbilanz. Das sind die
Kategorien, die im internationalen Wettbewerb entscheiden, nicht mehr die Zahl der Divisionen, über die der Papst
verfügt. Für die Franzosen ist »le Bundesbank« der Inbegriff
dessen, was sie von seiten ihres Nachbarn fürchten, in England verbindet sich der Cauchemar vom Vierten Reich
schon längst nicht mehr mit der Vorstellung von siegrei-
chen Truppen, sondern mit der Angst vor einer allzu stabi-
len Ankerwährung und der überlegenen Wirtschaftskraft
der Hunnen. Nur die Deutschen glauben immer noch, sie
könnten dem alten Mißtrauen, das ihnen überall entgegenschlägt, dadurch entkommen, daß sie die Bundeswehr verstecken und überall ihre D-Mark vorzeigen. Zumindest
tun sie so, als ob sie's glaubten.

Wenn das so ist; wenn Leben und Wirtschaftsleben zusammenfallen; wenn die Existenz mit dem Existenzgründungsdarlehen beginnt; wenn die Gesetze der Ökonomen allen anderen Gesetzen den Rang ablaufen: dann hat das Folgen für den Glauben an die Gleichheit. Statt ihrer bringt der Markt immerzu das Gegenteil hervor, denn gleich sind die Marktteilnehmer, die Käufer und Verkäufer, die Produzenten und Konsumenten, nur im kurzen Moment der Übereinkunft. Nur in diesem Augenblick treten sie einander gleichberechtigt gegenüber; vorher und nachher sind sie »Feinde«, wie Max Weber das Verhältnis kurz und drastisch charakterisiert hat. Im Wettbewerb – und was wird heute nicht nach seinen Regeln eingerichtet und entschieden? – vergrößert sich der Abstand zwischen den Menschen: das ist, wenn schon nicht der Sinn, so doch die Folge der Veranstaltung. Dann werden die Reichen reicher und die Armen ärmer, und die Gesellschaft fällt in einer Weise auseinander, über die ein bekannter Ökonom trocken bemerkt hat, sie sei nun einmal »Theorie und Praxis im Sozialismus und im Liberalismus«.

Der schöne Dual, der Demokratie und Marktwirtschaft zu einem Paar zusammenspannt, will das nicht wahrhaben. Er tut so, als gäbe es zwischen den beiden so etwas wie eine natürliche Symbiose oder eine gottgewollte Harmonie. So ist es aber nicht, wie schon das Beispiel Chinas zeigt, wo es Marktwirtschaft ohne Demokratie zu geben scheint, oder dasjenige Israels, das es vorübergehend mit einer Demokratie ohne Marktwirtschaft versucht hat: die eine deckt sich mit der anderen eben nur zum Teil. Wenn die berühmte unsichtbare Hand, die alles zum Besten richten soll, erlahmt oder zum falschen Hebel greift, dann muß man sich entscheiden, was man will: den freien Lauf der Wirtschaft oder den Primat der Politik. Eine Regierung, die abhängig geworden ist vom Kommerziellen, ist dazu aber nicht mehr in der Lage. Wenn der Staat vom ersten auf den zweiten Platz rutscht, kann er sich nur noch schlecht dagegen wehren, daß seine Gesetze von der Wirtschaft ignoriert, seine Auflagen von der Industrie unterlaufen, seine Grenzen vom Handel überspült werden. Der Versuch, mit der Entwicklung Schritt zu halten und das Entstehen immer größerer Unternehmen durch den Zusammenschluß zu immer größeren politischen Einheiten zu beantworten, wird den Anbruch eines Zeitalters, das ganz und gar im Zeichen der Ökonomie steht, nicht mehr verhindern. Es ist nicht einmal mehr das Ziel der Politik, wenn das Verständnis für den Eigenwert von Staat und Staatlichkeit gelitten hat.

Von außen sieht alles aus wie eh und je; doch ist es, wie man zu Recht bemerkt hat, immer riskant und meistens falsch, von demokratischen Formen auf demokratische Substanz zu schließen. Die Entfremdung zwischen Wählern und Gewählten nimmt zu, und zwar auf beiden Seiten. Der Abwendung von unten, wie sie sich in einer allgemein rückläufigen Wahlbeteiligung verrät, entspricht die Abwendung von oben, ein ausgeprägtes Mißtrauen der Regierenden gegen die Urteilsfähigkeit der Regierten. Erinnerungen an Beteiligungswerte von neunzig Prozent und mehr, wie es sie bei den »Willy-Wahlen« von 1972 und bei der ersten freien Wahl zur Volkskammer der DDR gegeben hat, klingen wie Nachrichten aus einer fernen Welt. Sie jemals wieder zu erreichen ist in Staaten, die unter die Fuchtel einer Parteienoligarchie geraten sind, einigermaßen unwahrscheinlich. Die Ironie, mit der ein Wiener Parteifunktionär den Ausgang einer Lokalwahl kommentierte – »Bei uns hat, so bedauerlich das auch sein mag, das letzte Wort immer noch das Volk« –, gilt ja nicht nur in Österreich und gibt nicht bloß die Mentalität jener höheren Parteikreise wider, die das politische Geschäft am liebsten unter sich abmachen würden. Es geht auch gegen die Wähler, das ignorante Volk, das von den Dingen keinen Schimmer hat und besser daran täte, die Politik den gelernten Politikern zu überlassen.

Mit alledem verliert das Gleichheitsstreben seine Garanten. Nach der Kirche, die den Menschen Gleichheit im Jenseits gepredigt hatte, ist auch der Staat als Anwalt der irdischen Gerechtigkeit so weit zurückgefallen, daß er in seiner alten Rolle meistens hilflos wirkt. Wo früher der Gläubige neben dem Gläubigen stand und der Bürger dem Bürger begegnete, treffen jetzt Interessenten aufeinander. Und weil die Interessen vielfältig sind und wechselhaft, können sie jene unbedingte, von Launen und Berechnung unabhängige Gemeinsamkeit nicht mehr herstellen, die Voraussetzung ist für politisches Handeln. Natürlich pflegt auch der Interessenvertreter sein ganz besonderes Verhältnis zur Staatsgewalt. Er schätzt sie, braucht sie, spannt sie ein. Aber doch nur, weil er von ihr etwas haben möchte; zu geben hat er nämlich nichts, und wenn er kann, versucht er, sich und sein Vermögen vor ihrem Zugriff in Sicherheit zu bringen. Die Unwägbarkeiten, mit denen die gemeinsame europäische Währung belastet sein wird, hat dieser Tendenz noch einmal Auftrieb gegeben und die Steuerflucht zur Massenbewegung gemacht. Der Marktteilnehmer versteht sich ja nicht mehr als Bürger, sondern als Kunde, Kassierer und Konsument und handelt dementsprechend.

Diese Rolle ist inzwischen so selbstverständlich geworden, daß sie auch von den Abgeordneten, Vertretern des ganzen Volkes, wie sie das Grundgesetz genannt hat, usurpiert worden ist. Wo das Geschäftliche über das Politische triumphiert, müssen die Parlamentarier mit Zähigkeit um ihren Lohn feilschen, während die Bürger Spaß daran finden, ihren Repräsentanten beim Beutezug auf die Finger zu sehen oder zu schlagen. Daß das Recht, aber auch die Verpflichtung, einmal im Jahr über den Wert der eigenen Tätigkeit öffentlich zu beschließen, Ausdruck und Folge des Abgeordnetenprivilegs ist, scheint ein Überbleibsel aus der Frühzeit des Parlamentarismus zu sein, an das sich niemand gern erinnert. Wo die Demokratie zur Wirtschaftsdemokratie geworden ist, fördert kein anderes Thema soviel Begehrlichkeit und soviel Neid zutage wie der Versuch, die Abgeordneten angemessen zu bezahlen. Alle sind offenbar zu Interessenten geworden und halten sich in dieser Eigenschaft ans Grimmsche Wörterbuch, in dem »Interesse« als »das mildere Wort für Gewinnsucht, Eigennutz« definiert wird.

Die vielen unappetitlichen Gehaltsaffären, die nach der Wiedervereinigung zumal in Sachsen-Anhalt spielten, haben gezeigt, wie weit die Entfremdung zwischen Oben und Unten gediehen ist. Einer von denen, die sich wegen ihrer formal vielleicht zulässigen, politisch allerdings instinktlosen Rechenkunststücke vor Gericht gestellt sahen, war der Arbeits- und Sozialminister Werner Schreiber, ein Mann, der als Vorsitzender der christlich-demokratischen Sozialausschüsse gelernt hatte, wie man die Rolle eines Sachwalters der Zukurzgekommenen spielt. Sie war ihm so sehr ans Herz gewachsen, daß er sie auch im Prozeß nicht aufgeben mochte: Tag und Nacht habe er für das Wohl des Landes gearbeitet, immer als Anwalt der kleinen Leute, sagte er. Wie schlecht gerade dieser Anspruch zu der Pfennigfuchserei paßte, mit der er einiges unternommen hatte, um bei seinem Einsatz für andere auch ganz persönlich nicht zu kurz zu kommen, ist Schreiber offenbar entgangen. Kein Wort zu dem Vertrauensschaden, den sein Verhalten in einer Umgebung anrichtete, in der Hunderttausende von heute auf morgen mit einem Wirtschaftssystem zurechtkommen mußten, das ihnen jahrzehntelang als Ausbund des Bösen dargestellt worden war. Schreiber und seine Mitangeklagten konnten und wollten sich wahrscheinlich gar nicht ausmalen, wie dem gemeinen Volk, in dessen Namen sie auftraten, in Wirklichkeit zumute war. Oben und Unten in der Gesellschaft sind ziemlich weit auseinandergefallen; und die Politiker sind selbstverständlich oben.

Ausdruck und Träger dieser Entwicklung, die auch das öffentliche Leben den Maßstäben und Vorstellungen der Privatwirtschaft unterwirft, sind die Parteien. Im Programmatischen verwechselbar, ja sogar austauschbar geworden, legen es vor allem die Volksparteien darauf an, mit keiner Idee mehr identifiziert zu werden. Als Organisationen, in denen über die Zukunft des Landes beraten und entschieden wird, sind sie bedeutungslos geworden. Statt die verschiedenen Interessen untereinander zum Ausgleich zu bringen, geben sie sich damit zufrieden, sie gegeneinander abzuwägen und der stärksten zum Durchbruch zu verhelfen. Politische Willensbildung, wie sie das Grundgesetz den Parteien zur Aufgabe gemacht hat, findet vielleicht noch bei den Grünen statt; die anderen verfolgen Machterhaltungs- oder Machteroberungsstrategien, ohne auf den Zusammenhalt der Gesellschaft viel Rücksicht zu nehmen.

So etwas schwächt die Basis für das politische Handeln. Daß die vielen, wie Aristoteles schreibt, mehr vermögen als die einzelnen, ist ja nur so lange richtig, wie die vielen durch ein gemeinsames Band zusammengehalten werden. Und Rechtsgleichheit war zweifellos das stärkste dieser Bande, das wußte man schon in Athen. Nur wenn klar ist, in welcher Hinsicht die Bürger einander gleich sind, wird die Leidenschaft, sich voreinander auszuzeichnen, schneller zu sein, mehr zu können und reicher zu werden als die anderen, keinen Schaden anrichten. Wo sich die Aufmerksamkeit vom Politischen ins Ökonomische verschiebt, ist das jedoch nicht sicher. Denn in einer von wirtschaftlichen Überlegungen beherrschten Welt wachsen die Unterschiede, ohne daß sie durch ein Bewußtsein staatsbürgerlicher oder sonstwie definierter Gleichheit wettgemacht oder zumindest subjektiv gemildert würden. Es war ein und dieselbe große deutsche Firma, die bei der eingeschränkten Lohnfortzahlung für Arbeiter und Angestellte den Pionier abgeben wollte, nachdem sie kurz zuvor die Bezüge ihrer leitenden Herren ausgerechnet in dem Moment von der Bindung an die Ertragsentwicklung gelöst hatte, als feststand, daß das Unternehmen auf einen gewaltigen Verlust zusteuerte. Man mag das eine für unvermeidlich und das andere für geboten halten; beides zusammen kann man aber nur dann propagieren, wenn man jedes Gefühl für zumutbare Spannungen verloren hat und fest entschlossen ist, die Abstände zu vergrößern.

Was dann geschieht, läßt sich in den Vereinigten Staaten beobachten, wo die Gesellschaft unter Gleichheitsparolen in lauter Einzelkulturen zu zerfallen droht. Das Gefühl und der Wille, trotz aller Unterschiede in der entscheidenden Hinsicht, als Bürger nämlich und Geschöpf gleich zu sein, ist so weit abgekühlt, daß mancher Amerikaner den Wahlspruch des Landes »E pluribus unum« ins Gegenteil verkehrt sieht. Wo Menschen aufeinandertreffen, in Schulen, Autobussen und Büros, geben sie sich zunächst einmal als Angehörige von irgendwelchen Gruppen zu erkennen, deren Verbundenheitsgefühle sich durch Hautfarbe, Geschlecht und Herkunft stärker definieren als durch ihre gemeinsamen Rechte als Bürger. Diese Entwicklung, die Fragmentierung der Gesellschaft, hat die Frage nach dem, was eine Republik zusammenhält, wieder dringlich gemacht und im Kommunitarismus eine vorläufige Antwort gefunden. Im Kampf gegen den bedingungslosen Individualismus der Marktradikalen und die Quotenseligkeit der verschiedenen Emanzipatoren versucht er am ursprünglichen Sinn der Verfassung festzuhalten. »›Affirmative Action‹ als ehrlicher Versuch, Angehörige von früher ausgeschlossenen Gruppen zu rekrutieren und nötigenfalls zu schulen, damit sie als Individuen auf gleicher Basis konkurrieren können, ist selbstverständlich legitim«, liest man dazu in einem programmatischen Aufsatz. »Als Sollziffer oder statistische Formel ist ›Affirmative Action‹ jedoch juristischer Quatsch und politischer Unfug.«

Materiell gedeutet, erzeugt der Gleichheitswunsch eine allgemeine Hysterie, die überall das Ende der Bescheidenheit ausruft. Schon Adorno hat unter ihr gelitten und sich gegen die Marotte gewandt, die in jedem Unterschied, dem eingebildeten genauso wie dem tatsächlichen, den Verdacht bestätigt fand, »daß man es noch nicht weit genug gebracht hat, daß irgend etwas von der Maschinerie freigelassen, nicht ganz durch die Totalität bestimmt ist«. Als ihre Sachwalter sind Tausende von Gleichstellungsbeauftragten im Einsatz, die mit dem Versprechen, Differenzen aufzuheben, diese tatsächlich erst herauskehren und fühlbar machen. Ihr auf Beruf und Karriere, Einkommen und Position erpichtes Gleichheitsideal mündet im Proporz. Weil es Unterschiede, selbst die natürlichen, nicht länger geben soll, überprüfen sie den Verfassungsauftrag am fiktiven Zustand einer statistischen Gleichverteilung. Das ist der »operationale« Gleichheitsbegriff, der unter dem Einfluß der Sozialforschung herrschend geworden ist. Mit ihm werden die Leute dazu angehalten, erst dann von Gleichstellung zu reden, »wenn verschiedene Bevölkerungsgruppen in proportional gleichem Ausmaß sich im Besitz bestimmter sozialer Güter befinden, sich also die Bildungs- und Berufsverteilung für Personen in Abhängigkeit von ihrer sozialen

Herkunft nicht mehr unterscheidet«. So dünn und anfecht-
bar das ist, es war die theoretische Rechtfertigung für eine
neue Runde in der Umverteilungspolitik. Was mit dem Ruf
nach gleichen Bürgerrechten begonnen hatte, endete bei
den Strichlisten einer mechanisierten Sozialbürokratie, die
danach lechzte, ihre Wohltaten nach einem festen Schlüssel unters Volk zu geben.

Nur daß der Wunsch, einander gleich zu sein, sich so
natürlich nicht erfüllen läßt. Ihn materiell zu definieren
heißt, ihn beständig zu enttäuschen. Wo er geäußert wird,
im Wirtschaftsleben, ist er nicht angebracht, und wo er hingehört, in den öffentlichen Bereich der Bürgerrechte, fehlt
das Interesse. Das erklärt manches von der diffusen Unzufriedenheit, auf die man allenthalben trifft. Sie ist eine der
wenigen Gemeinsamkeiten, die Wähler und Gewählte miteinander verbindet. Für dieses eine Mal sind sie sich einig:
alles könnte besser sein, aber nichts können wir bewegen.
Früher hätte man das vermutlich eine vorrevolutionäre Situation genannt. Und man könnte auch jetzt so reden, wenn
man hinzusetzen würde, daß es zur revolutionären Entla-
dung wahrscheinlich nicht mehr kommen wird. Dazu fehlt
der politische Kern, um den sich alles sammeln müßte,
wenn die Dinge vorankommen und entschieden werden
sollen. Früher, sagt der französische Soziologe Alain Touraine, haben wir Konflikte durch Revolutionen gelöst, »aber
gegen das internationale Wirtschaftssystem können wir
uns nicht revolutionär auflehnen«. Die Erfahrung, daß bei
wachsenden Abständen die Chance, sie zu überwinden, geringer wird, weil der Staat einer anderen Macht hörig
geworden ist: diese Erfahrung ist zwar überall lebendig,
erzeugt jedoch keine Aufbruchsstimmung mehr, sondern
Gleichgültigkeit und Lethargie. Man fühlt sich, wie die Re-
dewendung lautet, ausgeliefert.

Der Wunsch nach Gleichheit mag so stark sein wie eh und je, er kommt jedoch nicht mehr ans Ziel und schlägt schnell in Fatalismus um. Wenn sich die Menschen, in dem Gefühl, um ihre Hoffnungen betrogen worden zu sein, nach einem Anwalt umsehen, entdecken sie den Staat weit hinter sich, die Kirche meistens gar nicht mehr. Sie haben sich daran gewöhnt, die Gleichheit ökonomisch mißzuverstehen, und finden dafür keinen Adressaten mehr. Die alte Klage über die Ungleichheit unter den Menschen wird zwar nie verstummen, ausrichten wird sie aber auch nichts mehr, weil keiner da ist, der sie annimmt und verhandelt. In seinen ›Weltgeschichtlichen Betrachtungen‹ notierte Jacob Burckhardt seinerzeit: »Das Ende vom Lied: irgendwo wird die menschliche Ungleichheit wieder zu Ehren kommen. Was aber Staat und Staatsbegriff inzwischen durchmachen werden, wissen die Götter.« Das war vor mehr als hundert Jahren. Inzwischen ist die Zeit weitergegangen, und man hat Erfahrungen mit dem gemacht, worüber Burckhardt nur spekulieren konnte. Den Rest wissen die Götter.

Die Evolution enterbt ihre Kinder

Du möchtest dir ein Stichwort borgen –
Allein bei wem?

GOTTFRIED BENN

Seitdem auch die Zukunft in den Kreis der Dinge Eingang gefunden hat, die zu bedenken, rechtzeitig zu planen und im voraus einzurichten sind, hat sich die öffentliche Meinung ihrer angenommen. Keine Tagung, keine Versammlung und kein Kongreß, auf dem das Thema nicht in irgendeiner Form behandelt würde. Dabei machen auch die Zukunftsforscher eine Erfahrung, die ihren Kollegen aus den anderen Fächern längst vertraut ist: je genauer sie hinsehen, desto mehr verschwimmt das Bild vor ihren Augen. Möglichkeiten gibt es genug; was fehlt, sind die Ziele, auf die man bei der Entwicklung hinauswill, und die Kriterien, nach denen sich die Ziele ordnen lassen. Das hat es auch den Ingenieuren und Konstrukteuren der neuen Gesellschaft leichtgemacht, die Dinge so wahrzunehmen, wie es die avancierte Wissenschaft empfiehlt, als Chaos nämlich.

Auf einem der vielen Zukunftskongresse erklärte der Präsident der größten und einflußreichsten deutschen Forschungsförderungsorganisation, daß es schon angesichts der Zahl von Forschern und der Masse an Forschung unmöglich sei, zu steuern. Die Zuhörer, Mitglieder und Vertreter einer großen Volkspartei, hörten das offenbar gern, befreite es sie doch von der Last der Entscheidung. Erleichtert darüber, daß ihnen eine Aufgabe abgenommen worden war, die sie und jeden anderen überfordert hätte, klatschten sie Beifall: Was sich nicht lenken läßt, das darf man, muß man eben laufenlassen. Hindernisse aus dem Weg zu räumen, Gelder zu bewilligen, um einen Vorsprung zu halten oder, wo man zurückliegt, den Abstand zum Konkurrenten zu verkürzen, das ist alles, was von der Politik in solchen Zeiten noch erwartet werden darf. Sinnvoll ist jedes Tun, »das mit der Entwicklung ist«, wie ein bekannter Biologe das Credo dieser fatalistischen Weltanschauung einmal formuliert hat.

Mit einer solchen Einstellung bekennt sich auch die Politik zum zeitgemäßen Glauben an die Evolution. Evolution läßt sich ja immer nur beobachten, im besten Fall vielleicht noch manipulieren, im strengen Sinne planen oder lenken aber nicht. Ihre Ziele setzt sie sich selbst, so daß man immer erst im nachhinein weiß, was der Fortschritt gebracht hat, was überhaupt als »Fortschritt« zu bezeichnen ist. Das Schlüsselwort in diesem Spiel heißt Leistung – Anpassungsleistung, Bewährungsleistung, Überlebensleistung –, ohne daß auf die entscheidende Frage: Anpassung an was? Bewährung in was? Überleben für was? eine Antwort gegeben würde. Denn die Evolution bringt ihre Maßstäbe selbst hervor, sie rechtfertigt sich durch ihr Ergebnis, das jeder Vorsicht und Voraussicht spottet. Zu mehr als Tautologien – »Lassen wir doch einfach die überleben, die leistungsfähig sind« – oder gestelzten Banalitäten sind die dogmatischen Anhänger des Evolutionsgedankens deshalb auch nicht fähig. Alles geht seinen vorgezeichneten Gang, den die Menschen nur nachvollziehen, aber nicht bestimmen können. Mitmachen ist Pflicht.

Selbst die Kernspaltung, einer der tiefsten Einblicke und Eingriffe des Menschen in das Geschehen der Natur, kommt dann wie ein Schicksalsspruch daher, der die Frage nach dem Täter sinnlos macht. Sie wurde, schreibt Fritz Straßmann, Otto Hahns Assistent am Kaiser-Wilhelm-Institut in

Dahlem, weder gesucht noch gefunden, »sondern enthüllte sich als das Resultat fortschreitender Forschung – als ihre Zeit gekommen war«. Auch die Veränderung, ja die Zerstörung der Natur ist letztlich nur ihr eigenes Werk, nicht das von Menschen. Nachdem die Wissenschaft die Welt auf ihre Art, als Evolutionsprozeß ohne Wille und ohne Verantwortlichkeit, gedeutet hat, reiht sie sich selbst in dieses Deutungsmuster ein. Sie offenbart, vollstreckt, beschleunigt, bremst und korrigiert, treibt also wie ein Motor die Bewegung weiter, aber nicht eigentlich voran. Denn über den Sinn des Ganzen kann und will sie nichts sagen. Fortschritt als hektische, aber ziellose Betriebsamkeit, so ließe sich das Weltbild beschreiben, das die Naturwissenschaftler nicht nur fachintern, sondern auch außerhalb ihrer Zuständigkeit weitgehend durchgesetzt haben. Wenn Jacques Delors, der frühere Kommissionspräsident, davon gesprochen hat, daß die Welt voranschreite, aber niemand wissen könne, wohin sie sich bewege, dann berichtete er vom Sieg des evolutionären Weltbildes über die Politik.

Modernen Naturvorstellungen ist gemeinsam, daß sie die Unterschiede, um die es jeder, auch der einfachsten Kultur zu tun ist, nicht mehr kennen und nicht mehr anerkennen. Die vielfältigen, nach menschlichem Urteil höchst ungleichwertigen Verhaltensformen, die sich in der Natur herausgebildet haben, gelten dem Göttinger Zoologen Christian Vogel als gleichwertig, »gleich adaptiv und daher in Kategorien wie moralisch oder amoralisch nicht quantifizierbar«. Man muß das auf den Menschen übertragen, um eines der auffälligsten Kennzeichen der Zeit, ihre Unsicherheit in Fragen der Moral, auf Anhieb zu verstehen. Wo ein Verhalten als adaptiv, »mit der Entwicklung«, evolutionsbiologisch sinnvoll oder sonstwie gedeutet wird, hat das moralische Urteil zurückzutreten. Die Aggressivität erscheint dann als eine erwünschte Eigenschaft, als eine Art Berufsvoraussetzung für die erfolgreiche Vertreterpersönlichkeit. Wie weit die Erosion gediehen ist, haben einige westdeutsche Unternehmen zu erkennen gegeben, als sie sogenannte Führungskräfte aus der ehemaligen DDR mit dem ausdrücklichen Hinweis, daß frühere Parteifunktionen kein Hindernis seien, zur Bewerbung einluden. Tatsächlich ist Verfilzung mit der SED für jemanden, der den östlichen Markt erobern will, ja nicht nur kein Hindernis, sondern ein veritabler Vorteil. In einer Gesellschaft, die sich in ihren Moralvorstellungen von der Überlebens- und Erfolgsethik der Naturforscher leiten läßt, müssen die kleinen Gaunereien auf Nachsicht stoßen, die großen auf Bewunderung für das Geschick, mit dem die biologischen Gesetze der eigenen Karriere dienstbar gemacht worden sind.

Von der Natur lernt diese Art von angewandter Verhaltensforschung immer nur das, was gerade in Mode steht. Sie reflektiert ihre Vorlieben, Entdeckungen und Beobachtungen in die Natur zurück – mit der Folge, daß »Natürlichkeit« nicht mehr als Maßstab, sondern als Spiegel menschlicher Gewohnheiten erscheint. Die Kunst besteht darin, in die Versuchstiere oder -personen all das hineinzulegen, was später aus ihnen wieder herausgeholt, nämlich »erkannt« werden soll. Auf diese Weise konnten die Behavioristen mit ihren Experimenten an Ratten, Tauben und Delphinen das Gegenteil von dem beweisen, was die Ethnologen herausgefunden zu haben glaubten. Und so auch sonst, zu allen Zeiten, immer wieder: Als die Nationalsozialisten regierten, zeigte das Revierverhalten der Tiere, daß der Starke am mächtigsten allein ist; unter der Herrschaft Adenauers bewies der Brutpflegeinstinkt die Grundsätze des christlich-demokratischen Familienideals; die Führung der SED sah sich durch Bienenschwärme und

Ameisenvölker in ihrer Hochschätzung fürs Kollektiv bestätigt; die Marktwirtschaft erkennt in jedem Wolf den Egoisten wieder, der sich im Rudel an die Spitze beißt und nur zum eigenen Vorteil mit den anderen kooperiert. Der Gegenstand, die äußere Natur, blieb immerzu derselbe. Bloß die Erklärung wechselte, weil eben die Umstände gewechselt hatten, unter denen Naturforschung betrieben wurde; die Geldgeber, von denen sie abhing, natürlich auch. Naturwissenschaft, pflegte Niels Bohr zu sagen, beschäftigt sich nicht damit, wie die Natur ist, sondern mit dem, was wir über die Natur sagen können. Und gesagt wurde schon immer am liebsten das, was die anderen am liebsten hören wollten.

Wenn es trotz solcher Vorläufigkeiten und Beliebigkeiten weitergehen soll, muß irgend jemand die Entscheidung treffen. Die Frage, auf die jeder Kompetenzstreit am Ende hinausläuft, stellt sich auch hier: »Quis indicabit?« Wer spricht das Urteil? Und die Naturwissenschaftler zögern nicht zu sagen: Wir! Francis Crick, der für seine Untersuchungen über die Struktur der Erbsubstanz zusammen mit James Watson den Nobelpreis erhielt, hat das mit der Unbefangenheit eines großen und verwöhnten Kindes getan. Allerdings blieb er noch im Rahmen des Hergebrachten, als er vorschlug, Menschen »mit uns erwünschten Eigenschaften« dazu anzustiften, sich möglichst zahlreich zu vermehren. Die meisten seiner Fachkollegen haben die natürlich vorgegebenen Bahnen längst verlassen und setzen konsequent auf den technischen Eingriff. Schon Hermann Muller wollte, eine Generation vor Crick, jeder Frau, die das ebenfalls wollte, zu dem Glück verhelfen, Nachkommen von Lenin oder Darwin auszutragen: was ohne Genmanipulation oder künstliche Befruchtung nicht möglich gewesen wäre. Lenin ist inzwischen aus der Mode gekommen, aber in Darwin dürften die meisten Biologen auch heute noch den Typus erkennen, den sie so oft wie möglich reproduzieren möchten. Jeder Naturforscher und jeder Techniker macht es im kleinen wie Gott im großen und bildet den Menschentyp, der sich vermehren soll, nach seinem Bilde. Der Raumfahrer wünscht sich Figuren mit Greifarmen, kurzen Beinen und einem affenartigen Schwanz, ein amerikanischer Feststoffphysiker sehnt sich nach Menschen, die er behandeln und bearbeiten kann, »wie Teile aus Metall«, und Burrhus F. Skinner, der Behaviorist, stellt sich die Menschen nach Art seiner Versuchstiere vor, leicht programmierbar zu allem, was er gerade braucht. So dürfte es weitergehen: wer die Reproduktionstechnik beherrscht – oder diejenigen beherrscht, die die Reproduktionstechnik beherrschen –, wird dafür sorgen, daß sich die eigenen Gene möglichst weit verbreiten. Das ist es schließlich, was sich von der evolutionär verstandenen Natur lernen läßt.

Die Geschichte, sagt Karl Popper, »hat keinen Sinn, das ist meine Behauptung«. Sie hat ihn nicht, das ist wohl wahr; er ist ihr immer nur aufgenötigt, angedichtet oder abgerungen worden, ein endloses Spiel, an dem sich Popper selbst mit seiner Behauptung beteiligt hat. Manches spricht allerdings dafür, daß die Menschen diesen Verlust nicht verkraften können, ohne in eine hochentwickelte Barbarei zu verfallen. Auf Sinn zu verzichten, alles für möglich zu halten, immer nur zu fragen, ob etwas paßt und geht und funktioniert und es, wenn es das tut, dann auch zu machen, ist offenbar nicht das, was sich die meisten Menschen wünschen. Wo es keine Grenzen mehr gebe, werde das Leben unerträglich, hat Daniel Bell einmal denen entgegengehalten, die dem Traum von der grenzenlos offenen Entwicklung zur restlos offenen Gesellschaft nachhingen. Für das, was dabei verlorengeht, kann sich die Wissenschaft ja nur noch selbst als Ersatz anbieten. Sie wird dann Glaubenssache, die Verehrung fordert, nicht bloß Wissen.

Strenge Vertreter der Evolutionslehre haben das gesehen und die Konsequenz, eine Verflechtung wissenschaftlicher Erkenntnis mit religiösem Denken, ausdrücklich verteidigt. Der Evolutionsgedanke, schrieb der Freiburger Biologe Carsten Bresch schon vor längerer Zeit, könne »an dieser Klippe kaum vorbeigesteuert werden«. Er begründet sein Manöver mit der Notwendigkeit, irgendwo Halt zu suchen: Gläubig, meint er, seien beide Seiten, die Wissenschaft und die Religion, »nur der Inhalt des Glaubens ist verschieden«. Das klingt noch unbestimmt und moderat; wo es ums Geld geht, tönt es lauter. Der englische Genetiker J. B. S. Haldane ist wie ein Missionar durchs Land gezogen, um die von ihm so genannten Durchschnittsmenschen daran zu erinnern, daß es ihre Pflicht sei, »denen beizustehen, die schöpferisch tätig sind, und die schlimmste ihrer Sünden, sie in ihrer Arbeit zu behindern«. Skinner, der unerschrockene Behaviorist, hat das nur gröber ausgedrückt, als er seine Kritiker zurechtwies: »Die Frage heißt doch: Wissenschaft oder gar nichts!« Also Wissenschaft.

Das ist der Fortschrittsgeist des neunzehnten Jahrhunderts, vorgetragen im rüden Ton des zwanzigsten. Es klingt jetzt technischer, kühler, rationaler, läuft allerdings immer noch und immer wieder auf Nietzsches frohe Botschaft hinaus, auf die Verkündigung des Übermenschen. Haldane sagte die Erschaffung neuer Existenzen voraus, »die sich zu ihren Vorgängern verhalten werden wie der Geist zum Leben und das Leben zur Materie«: Geistwesen also wie ihn selbst und seine vielen Fachkollegen. Die Evolution macht keine Pause, sie läuft weiter; allerdings nicht nach den umständlichen Gesetzen der natürlichen Zuchtwahl, sondern nach den Regeln, die ihr vom Menschen selbst diktiert werden. »Was teils die Not, teils der Zufall hier und da erreicht hat, die Bedingungen zur Hervorbringung einer stärkeren Art, das können wir jetzt begreifen und wissentlich wollen: wir können die Bedingungen schaffen, unter denen eine solche Erhöhung möglich ist«, hatte Nietzsche prophezeit. Und so geschieht es denn auch, wenn die Bedingungen erfüllt sind und das Wissen vorhanden ist.

Vorausgesetzt, das Geld ist da. Die neue Technik ist gewaltig teuer, verspricht jedoch auch riesige Gewinne. Wer sie sich leisten kann, gewinnt Macht über das Schicksal und die Zukunft. Die Quellen dieser Macht liegen freilich nicht mehr dort, wo sie jahrhundertelang gefunden worden sind und wo sie alteuropäisch imprägnierte Verfassungstexte heute noch vermuten, in der Abstimmung durchs Volk, sondern beim Wissen und beim Kapital. Wenn beide zusammenhalten, können sie die Evolution lenken und der Zukunft ihren Stempel aufdrücken, ohne nach Legitimität fragen oder auf Legitimation warten zu müssen. Die Allianz aus Wissensmacht und Wirtschaftsmacht gibt das Tempo vor und zwingt die Politik in die Rolle der Nachhut. An den Entscheidungen darüber, wie das Leben heute geführt werden kann und morgen geführt werden muß, sind Leute wie Bill Gates oder George Soros mit größerem Gewicht beteiligt als alle Wähler und Gewählten dieser Welt. Wenn die Politik einer Entwicklung auf die Spur kommt, ist die ja meistens schon so weit vorangekommen, daß ihr Gesetze nicht mehr viel anhaben können. Im Notfall sorgt ein knapper Hinweis auf die anderen, auf die japanische oder amerikanische Konkurrenz, dafür, daß man es möglichst schnell genauso macht wie sie.

Bei dieser ewigen Aufholjagd gerät der Staat ins Hintertreffen. Politiker können eben nicht mit der gleichen Selbstverständlichkeit wie jeder Forscher oder Unternehmer bedingungslos auf Fortschritt setzen. Sie stehen für Institutionen, die sich nur ausgesprochen langsam wandeln dürfen, wenn sie das Wesentliche festhalten wollen. Platon hat das gewußt und sein Gemeinwesen gegen den Veränderungsdruck mit allen, teilweise kuriosen Mitteln zu schützen versucht. Nach allem, was er in Athen erlebt hatte, schien ihm Bewegung das Grundübel der Politik zu sein, vor dem er seinen Staat bewahren wollte. Denn dessen Kern – Gesetz, Verfassung, öffentliche Ordnung – war statisch, mußte durch Wandel also in Gefahr geraten: deshalb zehn Bücher ›Staat‹ zu keinem anderen Zweck als dem, den Fortschritt auszuschalten.

Francis Bacon, der Herold der angewandten Wissenschaft, hat genau umgekehrt argumentiert, als er mit seiner Fortschrittsphilosophie den Katechismus der Neuzeit schrieb. Seine Zuversicht, mit allen Risiken und Rückschlägen fertig zu werden, begründete er mit der retardierenden Kraft des Vorhandenen, dem Gegengewicht von Staat und Kirche. »Bewältige sie nur erst die Masse«, verlangte er von der Menschheit in seinem ›Novum Organon‹, der einflußreichsten Programmschrift zur Beförderung des technischen Fortschritts, »für die rechte Anwendung werden die gesunde Vernunft und die Religion schon sorgen.« Daraus konnte nichts werden, weil hier zu Richtern über den Wandel gerade diejenigen Mächte eingesetzt werden, die von der Wissenschaft systematisch geschwächt und schließlich an den Rand gedrängt worden sind, die Erfahrung und der Glaube. Als Modernisierungsopfer haben beide keine Kraft mehr, Bacons Erwartungen zu erfüllen und dem Ganzen eine Richtung zu geben. Dieselbe Wissenschaft, die immer höhere Ansprüche an die Urteilskraft der Menschen stellte, hat nach und nach die Quellen verschüttet, aus denen sie ihre Urteile schöpfen konnten. Kunst und Sprache, Mythen und Religion, die Regeln der Verfassung, der Moral und der praktischen Vernunft: alles das, woran sich Bacon halten wollte und was er seinen Zeitgenossen als Maßstäbe des wissenschaftlichen Fortschritts empfahl, ist von der Wissenschaft entmachtet worden.

Mit dem Evolutionsmodell als einer Erklärung für alles und jedes haben die Natur- und schließlich auch die Geisteswissenschaften die Menschen daran gewöhnt, sich selbst als Opfer einer übermächtigen Bewegung zu verstehen. »Nicht fortschreitend, sondern fortgerissen in eine unabsehbare und endlose Zukunft, von der ein dem Prozeß übergeordneter Sinn nicht mehr zu erwarten steht, in dem vielmehr alle Ziele und Zwecke unaufhaltsam überspült werden«: so hat Hannah Arendt das Ohnmachtsgefühl beschrieben, das übrigbleibt, wenn sich die Allmachtsphantasien ausgetobt haben. Daß der Glaube, die Bewegungsgesetze der Geschichte nicht eigentlich zu beherrschen, sondern bloß nachzuvollziehen, keineswegs lähmen muß, sondern dazu geeignet ist, ungeheure Kräfte freizusetzen, haben die großen Lehrmeister des Determinismus gezeigt, an ihrer Spitze Johann Calvin und Karl Marx. Möglich war das aber doch nur, weil der Glaube an die Macht des Schicksals mit der Überzeugung verbunden war, daß das Geschehen einen Sinn hat und daß es bei den Menschen selbst liegt, diesen Sinn zu entdecken und ihm nachzuhelfen: durch ein Verhalten, aus dem sich die Teilhabe am Gnadenstand schon zu Lebzeiten ergibt, oder als Vorkämpfer der Weltrevolution. Marx hat dieses merkwürdige Miteinander im Gegeneinander von Freiheit und Vorherbestimmung treffend formuliert, als er sagte, die Menschen machten ihre Geschichte zwar selbst, aber nicht aus freien Stücken. Der Gedanke an die Evolution läßt für ein derartiges Welt- und Selbstvertrauen keinen Raum. Er hat die

Menschen zu Herren über eine Entwicklung eingesetzt, von der sie nur eines zu wissen glauben: daß sie nicht zu beherrschen ist und die Beherrschung auch nicht lohnt. Die Hoffnung, alles in die Hand zu bekommen, ist umgeschlagen in das bedrückende Gefühl, alles erdulden zu müssen, weil es ein Ziel, das den Einsatz wert wäre, nicht mehr gibt. Man ist dann für beides empfänglich, für Apathie und Betriebsamkeit, und oft genug für beides zugleich.

Die alte Moralistenfrage: Dürfen wir, was wir können? hat sich zum guten Teil erledigt. Sie ist verdrängt worden von der neuen und peinlichen Frage, ob wir nicht müssen, was wir gar nicht wollen. Der Wunsch, alles zu kontrollieren und den Zufall durch Planung zu ersetzen, drangsaliert nicht nur die äußere Natur, er setzt den Menschen selbst unter Druck. Was Bacon und seine Zeitgenossen als Freiheitsgewinn erträumt hatten, wird immer häufiger als Last empfunden: man muß entscheiden, was man nicht entscheiden möchte, weil man sich durch das Urteil überfordert fühlt. »Die Gentechnik«, schreibt einer der fröhlichen Barbaren, die heute Wissenschaft betreiben, »hat die Manipulation der molekularen Grundlagen allen Lebens auf der Erde zum Ziel. Sie ist jedoch«, geht es dann ohne Absatz weiter, »keine eigene Wissenschaft, sondern bloß eine Arbeitsmethode, die bestimmte Gesetzmäßigkeiten aufdeckt und bestimmten Regeln unterliegt.« Methode als Inhalt, das Mittel als Zweck: deutlicher läßt sich das Verfahren, mit dem die modernen Grenzwissenschaften die Hände gefüllt und die Köpfe geleert haben, nicht beschreiben. Sie segeln nach einer Orientierungsmarke, die sie am Bug des Schiffes festgenagelt haben. Der Kurs ist dann natürlich immer richtig; und zwar auch dann, wenn er aufs nächste Riff zuläuft.

»Jenseits« hieß das Leitthema der Moderne. Jenseits von Freiheit und Würde, jenseits von Schicksal und Notwendigkeit, jenseits von Wahrheit und Moral: Die Buch- und Aufsatztitel, die in diesem Stil die Geschichte des Fortschritts abhandeln, sind kaum zu zählen. Nachdem das Thema in allen Variationen durchgespielt worden ist, entdeckt man jetzt die Sehnsucht nach den Grenzen: Grenzen des Wachstums, Grenzen der Rüstung, Grenzen der Erwärmung, Grenzen des Wohlstands, Grenzen der Entfremdung und so weiter: die Titel und Parolen dieser zweiten Welle sind genauso zahlreich wie die der ersten. Und auch der Zeuge ist derselbe; es gibt ja nichts mehr außer Wissenschaft. Die Frage ist, ob sie sich damit übernimmt. Denn Wissenschaft kann vieles, dem Wissen und dem Können Grenzen setzen kann sie aber nicht. Wo sie es versuchte, hat sie noch jedesmal darauf geachtet, die Grenzen, die sie garantieren sollte, für sich selbst durchlässig zu halten. Jede Biokonvention und jede Datenschutzvereinbarung, sämtliche Klima- und Artenschutzabkommen enthalten Ausnahmeregelungen zugunsten der Wissenschaft. »Zu Forschungszwecken«, wie es regelmäßig heißt, dürfen die Auflagen gelockert oder übertreten werden. Auch wenn das unvermeidlich scheint, weil sich die Schäden, denen man beikommen möchte und die man in Zukunft vermeiden will, nur so feststellen lassen: die Eigendynamik des Prozesses bleibt damit erhalten. Ein Maß des Fortschritts, das es ernst meint mit der Grenze, könnte nur ein gesetztes, also von außen vorgegebenes Ziel sein. Die Macht, die dazu in der Lage wäre, gibt es aber nicht. Die Wirtschaft, die es könnte, will es nicht, und die Politik, die es sollte, kann es nicht mehr.

Wo Ziele und Programme fehlen, läuft die Bewegung einfach weiter, irgendwohin. Die einen begleiten sie mit hochgegriffenen Erwartungen, die anderen mit Zukunftsangst. Die Hoffnungsvollen setzen auf die absolute Herrschaft über die Mittel, die Furchtsamen vermissen die Ziele und bleiben skeptisch. Beide glauben im Recht zu sein, können sich aber nicht verstehen und reden ständig aneinander vorbei. Es herrscht ein Klima der Beliebigkeit, in dem es eine Partei, die das »Weiter so!« propagiert, leicht hat. Die Politik wird dann zur Angelegenheit von Fatalisten. »Vor mehr als einer Generation«, schreibt Michael Stürmer in einer außenpolitischen Bilanz der Nachkriegszeit, »hatte die europäische Einigung drei Voraussetzungen: die Katastrophe des Zweiten Weltkriegs; die sowjetische Drohung an Elbe und Werra; den amerikanischen Schutz und die damit verbundene Forderung an die Europäer, alte Fehden zu begraben und sich wirtschaftlich zusammenzutun. Keine dieser Voraussetzungen«, fährt er dann fort, »wird Europa noch ins 21. Jahrhundert tragen.« Das ist zwar offenkundig richtig, löst allerdings in Deutschland keine Resonanz mehr aus. Was mit Europa, was mit Deutschland und was aus Deutschland in Europa werden soll, war nie ein Wahlkampfthema und wird vielleicht auch nie eins werden. Entwürfe und Alternativen werden im Konkurrenzkampf der Parteien kleingerieben oder mit der Behauptung, in Wahrheit gäbe es doch nichts zu wählen, vom Tisch gewischt. Die letzte Herausforderung an die Politik ist dieselbe, vor die sich auch der einzelne gestellt sieht: sich anzupassen, um zu überleben. An was, zu welchem Zweck und mit welchem Ergebnis, darüber entscheiden die Gesetze der Evolution.

Von Reformern umzingelt

Im Kultus des Neuen wird dagegen rebelliert,
daß es nichts Neues mehr gebe.

THEODOR W. ADORNO

Seitdem die Welt auf das Kommando der Wirtschaft hört, wimmelt es von Reformpolitikern. Nicht nur im Westen und im Osten, sondern auch in der Dritten Welt steht dieser Typ so hoch im Ansehen, daß er seine radikalen Mitbewerber, die Revolutionäre von rechts und von links, aus dem Feld geschlagen hat. Für die großen Handelsstaaten, die sich zur Wirtschafts- und Wertegemeinschaft der G 7 zusammengeschlossen haben, ist das nichts Neues; in ihnen führen die Reformer seit jeher das große Wort, und die Reformpräsidenten, Reformparteien und Reformkabinette lösen einander ab. Daß sich inzwischen aber auch dogmatische Revolutionäre wie der Iraner Rafsandjani oder Kubas Fidel Castro als Reformer vorstellen, zeigt zweierlei: zum einen, daß die Sehnsucht nach Veränderung überall groß ist; zum anderen, daß sie nichts mehr zu bedeuten hat, wenn sich Gestalten wie Castro und Rafsandjani ihrer annehmen.

Bei der letzten russischen Präsidentenwahl gab es unter den acht Bewerbern keinen einzigen, dem es nicht wichtig gewesen wäre, als Reformer aufzutreten. Für Gorbatschow und Jelzin galt das sowieso, aber auch die anderen Kandidaten, vom neureichen Spekulanten über den liberalen Parteiführer bis hin zu Gennadij Sjuganow, dem Chef der Kommunisten, hatten begriffen, daß sie ohne Reformrhetorik chancenlos sein würden. Wer noch weiter zurückblickt, mag sich daran erinnern, daß diese Redeweise schon von Andropow und Tschernenko, den letzten Erben des alten

Regimes, abgespult worden war. Offenbar muß sich als Reformpolitiker geben, wer in der Öffentlichkeit gut ankommen möchte: mehr ist aus dem inflationären Wortgebrauch nicht zu lernen.

Ein Blick auf die Zustände (und nicht nur die im Reich des abgewirtschafteten Sozialismus) macht das verständlich. Denn auch anderswo hat der Staat alles unternommen, um den Reformbedarf zu steigern. Er hat immer weiter ausgegriffen und immer neue Kompetenzen an sich gezogen; bei deren Verwaltung mit der Zeit zu gehen oder Aufgaben, die ihm zu beschwerlich wurden, wieder abzugeben, hat er aber nirgendwo verstanden. Hundert Jahre lang haben die deutschen Sozialpolitiker mit der Begründung, nur Arbeit könne Sicherheit verbürgen, ihre Kreise weiter und weiter gezogen, so lange, bis schließlich fast jedes Arbeitsverhältnis beitragspflichtig war. Jetzt, da die Arbeit knapp wird, scheint es aber nicht mehr zu gelingen, diesen Grundsatz zu revidieren und den einzelnen zur eigenverantwortlichen Sorge für das zu befreien, was der Staat nicht mehr garantieren kann. Zwar wird die Zweckmäßigkeit der Privatvorsorge nicht mehr bestritten. Wenn die Bürger allerdings Ernst machen mit dem Gedanken der Selbstverantwortung, ist das Entsetzen groß. Heiner Geißler zeigte sich alarmiert über die Nachricht, daß junge Leute für die Altersversicherung sparen, statt Geld für »nützliche Dinge« auszugeben, also zu konsumieren. Eigenständigkeit ist eben nur dann willkommen, wenn sie darauf verzichtet, sich den Vorgaben der Wirtschaftspolitiker und den Auflagen der Sozialfürsorger zu entziehen.

Zubau und Ausbau, dafür sind die Behörden immer zu haben; der Umbau indes gelingt ihnen nur unter Mühen, und der Rückbau mißrät fast immer. Die Privatisierung von Post und Bahn gibt dafür nicht das Gegenbeispiel ab, als das sie in der Öffentlichkeit so gern gehandelt wird, im Gegenteil: auch als Aktiengesellschaft steht die Bahn weiterhin unter dem Protektorat des Bundes. Bei der Post wird ein Aufsichtsgremium entstehen, das größer und teurer ist als das frühere Ministerium, und mit der Behördenstruktur des Ganzen bleibt selbstverständlich auch der Staatseinfluß gewahrt. Loslassen und Freilassen, was man gemeinhin unter Privatisierung versteht, sähe in beiden Fällen anders aus. Selbst da, wo der Staat sich auf den Rückweg macht, tut er es so, daß ihm von seinen Patronagemöglichkeiten nichts verlorengeht. Und weil es diese Patronagemacht ist, die den Leerlauf und die Mißwirtschaft in allen staatsnahen Einrichtungen so ungeheuer begünstigt, wird die Sehnsucht nach Reformen niemals ans Ende kommen. Reformpolitik hat gerade deshalb eine große Zukunft, weil sie so wenig Chancen hat: mit jedem Fehlschlag wächst die Hoffnung auf das nächste Mal.

Dem zeitgemäßen Staat geht es ähnlich wie der mittelalterlichen Kirche, die das Reformverlangen des Volkes niemals abgewiesen, aber auch niemals gestillt hat. Damals verstanden Oben und Unten unter Reform etwas anderes, und heute ist es offenbar genauso. Die erste Hälfte der 13. Legislaturperiode haben die Abgeordneten des Deutschen Bundestages auf die Diätenreform verwandt, auf den Versuch also, ihre Bezüge denen von Bundesrichtern anzugleichen. In dieser Zeit ist anderes, allem voran die Steuer- und Rentenreform, zwangsläufig liegengeblieben. Als diese Dinge schließlich an die Reihe kamen, dauerte es nicht lange, bis sich beide Vorhaben im Antagonismus zwischen Regierung und Opposition festgelaufen hatten. Über die Priorität, mit der diese und jene Art von Reformen behandelt wird, verrät das vieles. Änderungen kommen immer dann gut voran, wenn es um die Ausstattung von Amtspersonen, die Neueinrichtung von Behörden oder die Alimentierung der Parteien aus öffentlichen Mitteln geht, in einem Satz: wenn die Bedingungen verbessert werden sollen, unter denen die öffentliche Klasse ihrer Arbeit nachgeht.

Zu diesem Zweck hat es immer wieder Bewegung gegeben, selbst die Verfassung ist geändert worden, mehr als einmal sogar. Die Emsigkeit, mit der die staatliche Parteienfinanzierung ausgebaut worden ist, kann geradezu als Muster für Reformbereitschaft gelten; kein zweiter Haushaltstitel ist so oft, so schnell und so gründlich revidiert worden. Steigerungsraten von annähernd hundert Prozent im Jahr, wie sie für die Fraktionszuwendungen errechnet worden sind, stellen alles in den Schatten, was es an Zuwachs und Veränderungen sonst gegeben hat. Erfolgreich waren auch die Länder: die Neugewichtung ihrer Stimmen im Bundesrat ging ebenso reibungslos vonstatten wie die Novellierung des Grundgesetzes, mit der ihnen erweiterte Mitwirkungsrechte in allen europäischen Angelegenheiten zugestanden worden sind. Schnell sollte es vor allem bei den Diäten gehen. Die Verfassungsänderung, die in der Asylfrage kaum zu schaffen war, ist hier in Absprache zwischen den Parteien unter der Hand und ohne großen Widerstand vereinbart worden. Daß es dann doch noch anders kam, lag nicht am Parlament, sondern an den wütenden Protesten des Volkes, das für diese Art von selektiver Verfassungspflege wenig Verständnis hatte.

Die Dinge kommen also voran. Wenn die politische Klasse unter sich ist und im eigenen Interesse tätig werden kann, geschehen sogar Wunder an Beweglichkeit. Bei der Beratung des Hamburgischen Abgeordnetengesetzes, des sogenannten Camouflagegesetzes, hat die Bürgerschaft sich selbst überboten und zwei Lesungen an ein und demselben Tag bewältigt. Die verbreitete Klage über die Zwänge der Konsensdemokratie und die Handlungsunfähigkeit der parlamentarischen Mehrheit, die sich in allem und jedem der Zustimmung der Minderheit versichern müsse, ist also nur zum Teil begründet. Denn diese Unzuträglichkeiten treten immer dann zurück, wenn Parteien und Parlamente in eigener Sache tätig werden, während sie da, wo es um die Lebensbedingungen und die Arbeitsverhältnisse gewöhnlicher Bürger geht, den politischen Betrieb fast regelmäßig stillegen. Dann ist die Rede vom Besitz, der zu wahren, vom Vertrauen, das zu schützen, und vom Bestand, der zu garantieren sei: lauter schöne Ausreden für die Entschlossenheit, nichts zu tun.

Die Differenzen herauszukehren, sich als Regierung und Opposition das Leben schwerzumachen und über die Blockadestrategie der anderen zu lamentieren ist offenbar nur Teil des Spiels. Es gehört zu den Lebensregeln jener Sonderwelt, in der sich die Gewählten am liebsten mit sich selbst beschäftigen. Das Schicksal der Steuer- und Rentenreform, die liegenblieb, weil beide Seiten glaubten, durch Konfrontation das eigene Profil schärfen und das des Gegners ramponieren zu können, hat das noch einmal eindrucksvoll bestätigt. Ein Abgeordneter, der die Steigerungsrate seiner Bezüge auf Jahre im voraus festlegen darf, der einen beträchtlichen Teil seines Einkommens als steuerfreie Aufwandsentschädigung erhält und Anrecht hat auf eine fürstliche Altersversorgung, zu der er selbst, anders als das gemeine Volk, nicht einmal Beiträge zahlen muß: ein solcher Abgeordneter kann sich wahrscheinlich gar nicht vorstellen, was progressive Steuerbelastung und steigende Beitragspflicht für einen Dutzendbürger bedeuten. Wenn er nicht merkt und nicht mehr aus Erfahrung weiß, was alle anderen bedrückt: warum soll er sich für sie schlagen?

Aber auch anderswo kommen die Dinge voran. Dort nämlich, wohin der Staat mit seinen Fangarmen und Saugnäpfen bisher noch nicht vorgedrungen ist. Nachdem es mit der Entlastung der Bürger von Steuern und Beiträgen nichts geworden war, entschied man sich fürs Gegenteil und setzte die Mehrwertsteuer um ein Prozent herauf, um die Rentenversicherungsbeiträge nicht etwa senken, sondern nur halten zu können. Einer der letzten Winkel, die noch nicht ausgeräuchert sind, ist die geringwertige Arbeit. Zwar werden die meisten dieser Arbeitsverhältnisse in voller Absicht und in Kenntnis aller Konsequenzen eingegangen; die Menschen wollen die Vormünder, die sie fürsorglich ausplündern, endlich einmal hinter sich sehen. Aber das nutzt ihnen nichts, die Betreuer sind stärker, sie lassen nicht locker und lassen nicht los. Allein der Zeitpunkt, zu dem sie sich mit ihren Plänen hervorwagen, schließt jeden Zweifel an ihren Motiven aus. Was die Reformer auf die Beine bringt, sind sicher nicht Fürsorglichkeit oder das Bedürfnis nach Gerechtigkeit, sondern ihre Angst, zahlungsunfähig zu werden. Dies und sonst nichts hat sie dazu gebracht, den Beitragsdruck bis in die letzten Ecken des Arbeitsmarktes voranzutreiben.

Wäre es der Regierung ernst mit ihrem Wunsch, die Kräfte des Landes zu wecken, müßte sie umgekehrt vorgehen. Sie hätte Platz zu machen und die beträchtlichen Energien, die den Liebhabereien, der Privatsphäre und der sogenannten Eigenarbeit zuflößen, endlich freizugeben. Wer sich klarmacht, was Menschen leisten, sobald sie Herr der Verhältnisse sind und von Auflagen und Vorschriften, Zwängen und Abgaben verschont bleiben, kennt die Richtung. Die preußischen Reformer waren die ersten, die konsequent den Weg der Entstaatlichung gegangen sind und dabei Großes zustande gebracht haben. Daß sich der Staat zurückzog aus den meisten Bereichen des Lebens und die Menschen gewähren ließ, das hatte es, wie Franz Schnabel noch aus der Rückschau mit angemessener Bewunderung feststellt, »in aller Weltgeschichte noch nicht gegeben«. Die Regel war denn auch so sehr gegen die Natur des Staates, daß sie schon ein, zwei Generationen später vergessen war. Bismarck, der weiße Revolutionär, bevorzugte paternalistische Lösungen, den Eingriff von oben, und seine Nachfolger haben es genauso gehalten, allen voran die unersättlichen Sozialpolitiker. Sie haben die Beweislastregel, nach der es Sache des Staates ist, seinen Eingriff zu rechtfertigen, umgekehrt und greifen überall dort zu, wo sich der Bürger nicht wehrt. Das Pflichtversicherungssystem, wie es in Deutschland herrschend geworden ist, erlaubt nur ausnahmsweise, sich vom flächendeckenden Betreuungszwang freizukaufen. Und oft genug, wie etwa bei der Pflegeversicherung, nicht einmal dann.

Das einzige, was Reform unter solchen Umständen bedeuten kann, ist Rückzug. Der Staat muß weniger versprechen, um mehr zu erreichen, muß schlanker werden, um massiver auftreten zu können. Soweit scheint denn auch alles klar zu sein. Daß der Funktionszuwachs auf Machtverlust hinausläuft, ist ziemlich unbestritten. Die Vorstellung vom schlanken Staat trifft überall auf Zustimmung, sogar die SPD kommt los von ihrem eingefleischten Etatismus und räumt ein, daß es die Obrigkeit mit Eingriff, Ausgriff, Zugriff, Durchgriff übertrieben haben könnte. Es ist auch eine Kommission gebildet worden, die zwei Jahre lang tätig war und schließlich ihren Abschlußbericht vorlegte. Am selben Tag, an dem das geschah, gab Rita Süssmuth die Bilanz der Parlamentsarbeit in der 13. Legislaturperiode bekannt. Sie lobte den Deutschen Bundestag und seine Abgeordneten, die so viel für die Zukunftsfähigkeit des Landes geleistet hätten, und präsentierte lauter fette Zahlen. »Im Bundestag sind bis heute 566 Gesetzesvorhaben behandelt worden, davon wurden bereits 284 verabschiedet; 184 davon waren Regierungsvorlagen, 64 Initiativen gingen auf den Bundestag zurück, 24 auf den Bundesrat.« Dann kam das Resümee: Von einer Lähmung der Politik könnten nur diejenigen reden, die solche Tatsachen nicht zur Kenntnis nehmen wollten.

Die Botschaft ist klar, und sie besagt nichts Gutes. Solange es die Mandatsinhaber und ihre oberste Repräsentantin für richtig halten, sich auf diese Art, durch den Nachweis gesetzgeberischer Massenproduktion, zu rechtfertigen, ist nichts zu hoffen. Obwohl es längst die schiere Anzahl der Gesetze ist, die Beamte und Bürger, Täter und Opfer zur Verzweiflung treibt, unterstellt Rita Süssmuth, daß Viel und Gut dasselbe wären; was doch nur ausnahmsweise richtig ist, in der Gesetzgebung fast nie. Wenn jeder Abgeordnete die Vielzahl seiner Initiativen herunterbetet und sich jede Kammer des Parlaments damit brüstet, was alles angeregt, verändert und beschlossen worden ist, wird der Staat niemals schlank und seine Agonie zum Dauerzustand werden. Gepflastert mit lauter guten Vorsätzen, werden die Staatsstraßen immer breiter, immer genauere Vorschriften und feinere Eingriffe machen das Übel, dessen sie Herr werden sollen, zusehends schlimmer. Daß die Politik in jeder Kleinigkeit »gefordert« sei und sich um alle Einzelheiten kümmern müsse, ist ja schon immer nur ein Vorurteil der Berufspolitiker gewesen. In Wahrheit sind nicht sie gefordert, sondern die Bürger.

Würden sie diese Forderung aufgreifen und für sich selbst sorgen, stünden die Vormünder allerdings bald ohne Gefolgschaft da. Deswegen knüpfen sie ihre Betreuungsangebote immer dichter, verschieben die Beitragsbemessungsgrenze nach oben und die Geringwertigkeitsgrenze, die vor der Abgabepflicht bewahrt, nach unten. Daraus zu schließen, daß Armut und Bedürftigkeit tatsächlich zugenommen hätten, wäre natürlich voreilig. Die Logik der Parteien läuft eher umgekehrt: indem sie das Leistungsangebot ausweiten, schaffen sie Abhängige. Ein Leitfaden zum Bezug von Sozialhilfe, den die SPD-Bundestagsfraktion im Sommer 1997 im ganzen Land verteilen ließ, lädt hundert Seiten lang die Arbeitslosen dazu ein, um Gottes Willen nichts zu tun, sich nicht zu rühren, vor allem keine Arbeit anzunehmen. »Versuchen Sie nicht, sich selbst zu helfen! Stellen Sie einen Antrag! Gehen Sie nie ohne Zustimmung des Amtes los! Bestehen Sie auf einer Anweisung!« In diesem Stil werden die Gestrandeten dazu ermuntert, stillzusitzen und abzuwarten, die Hände in den Schoß zu legen und das zu bleiben, was sie sind: Betreuungsfälle für die Politik. Die Wohltäter wissen eben, daß nur der Bedürftige abhängig ist und daß nur der abhängige Wähler ein guter, ein sogenannter Stammwähler ist.

Dieses Wissen hat ihnen bei allen sozialpolitischen Verbesserungsvorschlägen die Hand geführt. Natürlich war es töricht, bei der Höhe der Lohnfortzahlung nicht nur das Tarifeinkommen, sondern auch alle möglichen Zuschläge zu berücksichtigen, weil das die Fehlzeit für den Fall, daß die Zuschläge gekürzt wurden, ja erst richtig attraktiv machte. Natürlich war es Unfug, die Menschen dazu einzuladen, auf einer imaginären Skala für Gesundheitsbeeinträchtigungen Prozentpunkte zu sammeln, denn erst mit dieser Technik ist aus der Berufsunfähigkeit ein Massenphänomen geworden. Natürlich war es kurzsichtig, die Kindererziehung als einen systemfremden Bestandteil der Rentenversicherung zu verketzern und die Menschen scharenweise auf den Arbeitsmarkt zu schicken, wo sie dann gerade das nicht fanden, was man ihnen versprochen hatte, nämlich Arbeit. Wer Beispiele dafür sucht, wie sich die Politik in der Absicht, Abhängigkeit zu züchten, allerlei Widersinniges hat einfallen lassen und den Reformbedarf, unter dem sie heute ächzt, erst gestern in voller Absicht hervorgebracht hat, findet sie zuhauf.

Alle Errungenschaften, Durchbrüche oder wie die sozialen Sonderangebote sonst noch heißen mögen, hatten und haben ihre Folgekosten. Wer die im Griff behalten will, ruft bei den Profiteuren des Systems die Angst hervor, beim Reformieren etwas einzubüßen. Wohltaten auszustreuen ist leicht, sie wieder einzusammeln fast unmöglich. Während das rasche Anwachsen der Altersrenten jahrzehntelang mit der größten Selbstverständlichkeit hingenommen worden ist, ruft schon die Aussicht auf eine »Nullrunde« die Lobby auf den Plan. Und weil Sozialpolitiker mit ihrem Werk erst dann zufrieden sind, wenn sich das, was sie den Leuten zugeschustert haben, zum Rechtsanspruch verfestigt hat, stehen sie mit gebundenen Händen da. Ihre ewigen Klagen über den Reformstau und über die enormen Schwierigkeiten, ihn zu überwinden, wollen nicht wahrhaben, daß sie sich selbst gefesselt haben. In Wahrheit klagen sie sich selber an: als schlechte, kurzsichtige Konstrukteure.

Vieles von dem, was heute als Reformmaßnahme daherkommt, wäre überflüssig, wenn sich der Staat in seiner Regelungsmanie nicht übernommen hätte. Um was es geht, verrät ja schon das Vokabular, das von Rekultivierung und von Rückbau spricht. Es geht um Augenmaß für das, was machbar ist, um eine Rückbesinnung auf die Prinzipien der begrenzten Staatstätigkeit. Die kollidieren freilich mit den Interessen derer, die in der Politik den Ton angeben, und daran muß die Sache scheitern. Den öffentlichen Sektor zu begrenzen hieße ja, Gelegenheit zur Patronage und zur Klientelbedienung zu verlieren; und da sind jetzt wie immer die Parteien vor. Sie achten darauf, daß sogenannte Reformvorhaben aus jeder Kanzlerrunde, jedem Gesprächskreis und jedem Vermittlungsverfahren kümmerlicher zurückkehren, als sie hineingetragen worden sind. So sind die Steuersätze, statt wie zunächst versprochen reduziert zu werden, von Mal zu Mal wieder angehoben geworden, so lange, bis die große Verhinderungskoalition, die sich in Bonn zu solchen Zwecken schnell zusammenfindet, den alten Zustand wiederhergestellt hatte.

Als die Gespräche offiziell beendet wurden, war die Reform so gründlich verwässert, daß man ihr Scheitern nicht mehr zu bedauern brauchte. Mit der Forderung nach einer »Gegenfinanzierung« hatten sich die Parteien überdies ein scheinbar unverfängliches, in Wahrheit aber tödliches Argument zurechtgelegt, um jede Bewegung schon im Ansatz zu verhindern. Den Umfang der Ausgaben als gegeben hinzustellen und zu verlangen, geringere Einnahmen hier durch höhere Einnahmen dort wieder auszugleichen, heißt doch nichts anderes, als das erste von allen Reformzielen, Sparsamkeit nämlich, stillschweigend aufzugeben. Die Statik darf ja gerade nicht erhalten bleiben, wenn denn das Ganze unter Druck geraten und am Ende schrumpfen soll. Würden auch nur die wichtigsten der 200 verschiedenen Subventionen, Privilegien und Vergünstigungen beseitigt, die sich im Lauf der Jahre angesammelt und gewohnheitsrechtlich verfestigt haben, könnte der Spitzensteuersatz nach einer überschlägigen Berechnung auf ganze 25 Prozent zurückgenommen werden. Und das würde, wie Paul Kirchhof, von dem die Rechnung stammt, absichtsvoll hinzusetzte, nicht bloß eine finanzielle Entlastung bedeuten, sondern auch einen Gewinn an persönlicher Freiheit.

Für solche Überlegungen wird ein Parteivorsitzender,

der aus koalitionsinternen Gründen auch den Finanzminister spielen muß, aber kein Verständnis aufbringen. 200 Subventionen, Privilegien und Vergünstigungen sind 200 Gelegenheiten, die Menschen am goldenen Zügel an die Wahlurnen zu führen, und diese Chance gibt man nicht einfach aus der Hand. Auf 300 Milliarden Mark schätzt das Kieler Institut für Weltwirtschaft die Summe, die der Staat jährlich zur Förderung von Dingen aufwendet, die ihm aus irgendwelchen Gründen wichtig scheinen, rein rechnerisch 4.000 Mark für jeden Einwohner im Jahr. Im Einzelfall sind es natürlich mehr, weil sich die Masse der Wohltaten auf relativ wenige konzentriert. Sie dürfen mit einem Vielfachen dieser Summe rechnen, während der große Rest leer ausgeht. Der Patron braucht eben seine Klientel; wenn er ein bayerischer Parteichef ist, eine bayerische Klientel; und weil in Bayern die Automobilhersteller und die Betreiber von Kurkliniken wichtige Leute sind, darf beim Kurwesen nicht gekürzt und die Mineralölsteuer nicht angehoben werden.

Die landsmannschaftlichen oder sonstigen Verbundenheiten samt allem, was sich daraus ergibt, bringen jeden Reformansatz zum Stehen. Gegenüber solchen Konnexionen haben die Interessen des Staates und seiner Bewohner zurückzustehen. Daß eine höhere Benzinsteuer am Widerstand der Wähler scheitern würde, ist eines von Waigels Märchen, genauso durchsichtig wie sein Hinweis auf die große Zahl der Pendler, die in Bayern auch nicht höher liegt als in anderen Flächenstaaten. Als die Schweizer Wähler einer Abgabenerhöhung für Mineralöl per Referendum zustimmten, haben sie bewiesen, daß steuerliche Mehrbelastungen, gut begründet, zu vermitteln sind. In Deutschland wird das Wahlvolk gar nicht erst gefragt. Die Parteien haben es zum Opfer ihrer Willensbildung gemacht und tragen in seinem Namen vor, was ihnen eigennützige Berater zugeflüstert haben. Die Industrievertreter sitzen ihnen im Nacken, und sie geben den Druck, der ihnen da gemacht wird, bereitwillig an die Wähler weiter. Der Wunsch nach Geschlossenheit, auf den kein Verein verzichten kann, wird unter ihren Händen zu einer Art Ordnungsrecht, mit dem Minderheiten an die Kette gelegt werden. Es gibt keinen besseren Weg, sich von allem Neuen und Zukunftsweisenden, das doch zunächst in kleinen Kreisen aufkommt, von vornherein abzuschneiden.

Karl Popper hat in der Möglichkeit zum legalen Regierungswechsel den größten Vorzug der Demokratie gesehen. Eine gute Verfassung zeichne sich nicht durch den Ehrgeiz aus, die besten Leute an die Spitze zu bringen, sondern durch Mittel und Wege, eine schlechte Regierung ohne Gewaltanwendung wieder loszuwerden. Das deutsche Grundgesetz ist da bekanntlich weniger bescheiden. Es erlaubt den Regierungswechsel während der Legislaturperiode nur in der Form des konstruktiven Mißtrauensvotums, will also die Idee der besten oder jedenfalls der besseren Regierung nicht ganz aufgeben. Aber auch Poppers anspruchslosere Version wird vom Kartell der deutschen Staatsparteien unterboten. Sie haben sich den Staat zur Beute genommen und es dabei so eingerichtet, daß die Ablösung reizlos erscheint. Jede Umfrage weist nach, daß sich die Mehrheit der Wähler von einem Regierungswechsel nicht viel verspricht, und wer auf das hört, was in Bonn geredet wird, versteht auch, warum. Über dem grotesken Mißverhältnis zwischen der riesigen Windmaschine, die den Parteien ihre Segel bläht, und der Schwerfälligkeit, mit der sich ihre morschen Kähne fortbewegen, ist das politische Leben eingeschlafen. Und wären die Grünen nicht, müßten die Bürger mitschlafen.

Kein einziges Reformvorhaben wird weiterkommen, solange man nicht im Zentrum dieser Obstruktionsmacht ansetzt, bei den Parteien. In Italien mußte die gewohnte Ordnung zusammenstürzen und einem völlig neuen Parteiensystem Platz machen, bevor es mit der Gesetzesarbeit weiterging. Die britische Labourpartei wurde durch Tony Blair vom Kopf auf die Füße gestellt und von verstaubten Requisiten wie dem Verstaatlichungsgebot oder dem Blockstimmrecht der Gewerkschaften befreit, ehe sie in neuer Gestalt, als »New Labour«, das Land aus der Agonie erlösen konnte, in die es unter der Vorherrschaft der Konservativen versunken war. Ohne etwas Ähnliches, ohne ein Aufbegehren in den Parteien oder eine Rebellion gegen die Parteien, wird auch Deutschland die Kraft zur Veränderung nicht aufbringen. Der Schlüssel liegt tatsächlich im Parteiensystem; er liegt dort aber nur und rostet. Vielleicht sollten andere versuchen, ihn in die Hand zu bekommen und zu gebrauchen.

Verfassung als Überbau

Das Volk kann sich befreien, solange es noch
ungesittet ist, aber es kann dies nicht mehr, wenn
der bürgerliche Schwung erlahmt. Dann können
Menschen es zerstören, ohne daß Revolutionen
es wieder aufrichten können, und sobald seine
Ketten gesprengt sind, zerfällt es in Stücke und
ist nicht mehr.

JEAN-JACQUES ROUSSEAU

»Es gibt keine Gewalt, die ihm gleichkäme«,
hatte Thomas Hobbes dem Leviathan, seinem absoluten
Fürsten, als Sinnspruch auf dem Titelbild des gleichna-
migen Buches beigegeben. Das war Programm und Feststellung zugleich. Hobbes hatte erlebt, wie die Entstehung
des modernen Staates begleitet war von einer Ansammlung
technischer und bürokratischer Machtmittel in menschlichen Händen, und dieses Wachstum wollte er weitertrei-
ben. Um den Fanatismus, mit dem sich die Gläubigen gegenseitig abgeschlachtet und das Land verheert hatten, zu
zügeln, bedurfte es der starken Hand des Staates. Nur der
absolute Herrscher konnte in den von Bürgerkriegen zer-
störten Ländern die Ordnung, die bis zur konfessionellen
Spaltung von der Kirche garantiert worden war, wiederherstellen und dauerhaft aufrechterhalten.

Dieser Anspruch ging über die tatsächlichen Möglichkeiten, die einem damaligen Staatswesen zur Verfügung
standen, weit hinaus. Verglichen mit der unendlichen Anzahl von Eingriffs- und Kontrollmöglichkeiten, die Technik
und Bürokratie dem modernen, auf Vorsorge und Nach-
sorge ausgerichteten Verwaltungsstaat zugespielt haben,
war der Machtbereich des Leviathan zu Hobbes' Zeiten

lächerlich gering. Verfassungslehre und Verfassungspraxis, die auf Hobbes folgten, waren denn auch vorzugsweise damit beschäftigt, die Ballung der Macht, die da heraufzog, in Grenzen zu halten, die Staatsgewalt zu teilen und den Untertanen ihre wachsende, weil immer besser begründete Angst vor der Obrigkeit zu nehmen. Wie es auch umgekehrt kein besseres Mittel gab, die Furcht zu stimulieren, als die sich abzeichnende Machtkonzentration in möglichst grellen Farben auszumalen. Das Bedrohliche der betont fortschrittlichen Diktaturen, deren Bild Aldous Huxley und George Orwell entworfen haben, besteht ja im Zusammenspiel aller Teilgewalten, in der Verbindung von Parteiorganisation und Polizeiwesen, von militärischer Stärke und technischer Perfektion.

Was immer die Absicht gewesen sein mag: wer der Macht zuarbeiten oder sie bekämpfen wollte, der wußte, wo er anzusetzen hatte. Die Staatsgewalt, ihre Symbole, ihre Träger und Agenten standen ihm immerzu vor Augen. Huxleys Weltaufsichtsrat bestand aus leibhaftigen Personen, und Orwells Held Winston Smith konnte immerhin noch fragen, ob es den Großen Bruder oder seinen Gegenspieler Immanuel Goldstein denn auch wirklich gäbe: die Macht hatte ein Gesicht und einen Namen. Das Zentrum schien nicht leer zu sein, und das bedeutete bei allem Elend so etwas wie Trost. Buchstäblich namenlos wird das Entsetzen erst in dem Moment, wo die Beziehungen verschwimmen, wo der einzelne nicht mehr weiß, mit wem er es zu tun hat und alles Persönliche und Zurechenbare im Chaos von Willkür und Anonymität versinkt. Wenn der Täter nicht mehr als Täter erkennbar ist, verliert auch das Opfer seinen Opferstatus und damit seine letzte Würde. Der Terror der Stalinzeit, der von ungreifbaren Instanzen ausgeübt wurde und jeden bedrohte, war von dieser spezifisch neuen, namenlosen Art und unterschied sich auch dadurch von dem in dieser Hinsicht eher altmodischen Verfahren der Nazis, die an der Fiktion von Schuld und Makel immer noch festgehalten hatten. Die Sowjets waren da moderner; sie legten die Sollziffern für Mord und Totschlag wie in Fünfjahresplänen schon im voraus fest und ließen sie durch Meldungen bestätigen, die sich wie irgendwelche Produktionsrekorde lesen: »Weitere 10.000 Volksfeinde planmäßig unschädlich gemacht!« Terror als Massenproduktion hat Jens Reich das genannt.

Der fortschrittliche Machtgebrauch gibt sich als solcher nicht mehr zu erkennen. Er wirkt im Hintergrund, ist unsichtbar, hinterläßt keine Spuren und entzieht sich mit alledem der Aufsicht durch diejenige Institution, die zu seiner Kontrolle entworfen worden war: der Verfassung. Mächtig zu sein heiße unter den Bedingungen moderner Staatlichkeit, Kontaktstellen zu haben, im Netz vorhanden zu sein, »so daß Macht heutzutage durch Einfluß, nicht durch Herrschaft definiert ist«, schreibt der französische Diplomat Jean-Marie Guéhenno. Wer dafür nach Belegen sucht, findet sie in der Regierungspraxis aller Parteifunktionäre. Ihre Macht beruht auf der sorgfältigen Pflege von Beziehungen, die in keiner Verfassung vorgesehen und deshalb auch nirgendwo geregelt sind. Gegen das Formlose, Wuchernde, Anarchische solcher Verbindungen ist eine auf Präzision und Eindeutigkeit ausgerichtete Rechtsordnung machtlos. Selbst wenn sie die Hinterzimmer der Macht aufzuspüren vermag, besitzt sie doch keine Handhabe, dort irgend etwas auszurichten.

Versuche, die Macht in ihren Schlupfwinkeln ausfindig zu machen und ans Licht zu zerren, sind in der Regel aussichtslos; zudem schädigen sie das Ansehen der Verfassung, indem sie ihre Verteidiger dazu nötigen, sich auf die banalen, juristisch nur selten faßbaren Einzelheiten des tatsächlichen Machtgebrauchs einzulassen. Man landet dann bei Männerfreundschaften, bei Spesenabrechnungen und bei der Verwendung von Dienstfahrzeugen durch den in der Verfassung nicht vorgesehenen Ehemann der Bundestagspräsidentin. Was nutzt es schon, gleich mehrere Minister in einem Korruptionsverfahren vor Gericht zu laden, wenn sie dort übereinstimmend versichern, die Sache sei an sie, die politisch Verantwortlichen, niemals »herangekommen« – und mit dieser durchsichtigen Ausrede auch noch Erfolg haben? Daß die Letztverantwortlichkeit des Ministers eine Fiktion ist, hat man immer gewußt; man wußte freilich auch, daß man diese Fiktion braucht, um an dem Gedanken der persönlichen Verantwortung, dem Kernstück der parlamentarischen Regierungsweise, festhalten zu können. Wie weit das alles in Verfall geraten ist, verrät ein Mann wie Theo Waigel. Einerseits stolz darauf, das Amt länger innezuhaben als jeder andere, mag er auf der anderen Seite für die Folgen seiner immerhin achtjährigen Amtsführung nicht einstehen. »Die Schulden, die wir haben, sind da«, sagt er, »aber sie treffen mich nicht.«

Die Verfassung hat den Charakter eines Rahmens, in dem sich die konkurrierenden Parteien einvernehmlich bewegen, weitgehend verloren. Statt dessen wird sie zu einem Arsenal, aus dem sich die politischen Gegner nach Bedarf mit Waffen versorgen. Soweit sie dieser Absicht entgegenkommen, sind Mißstände und Entartungserscheinungen nicht einmal unerwünscht. Sie werden geduldet oder sogar gefördert. Während die einen mit den umfassenden Rechtsgarantien des Grundgesetzes am liebsten kurzen Prozeß machen würden, beißen sich die anderen an jedem einzelnen Buchstaben der Verfassung fest und bemühen gleich das Widerstandsrecht, wenn jemand maßvoll revidieren will. Beides ist ungeeignet, die Dinge voranzubringen und Verfassungsfragen so zu behandeln, wie sie ihrer Natur nach zu behandeln wären, als politische Fragen nämlich, für die sich eine Lösung finden läßt, wenn man mit Leidenschaft und Augenmaß nach ihr sucht. Statt dessen entsteht ein zwischen Frivolität und Hysterie schwankendes Klima, in dem auch Belanglosigkeiten wie die Reform der Rechtschreibregeln zur Erledigung nach Karlsruhe gegeben werden: Was als Verwaltungsakt begonnen hatte, endet als Schicksalsfrage vor den Schranken des Verfassungsgerichts. Immer dann, wenn der politische Betrieb nicht mehr weiterweiß, soll die Justiz den Ausweg zeigen. Über so unterschiedliche Gegenstände wie Mietrecht und Wehrdienst, Abtreibung und Quellensteuer, über die Privilegien des öffentlichen Dienstes und die Auslandseinsätze der Bundeswehr haben letztlich Verfassungsrichter befunden. Und wenn sich die dritte Gewalt auch Mühe gab, die ihr zugefallene Rolle des Ersatzgesetzgebers nicht über Gebühr zu dehnen, hat die Schwerhörigkeit der gewählten Politiker dem Gericht doch ein übers andere Mal Anlaß gegeben, Regierung und Parlament mit einigem Nachdruck an das zu erinnern, was ihres Amtes ist.

Aber der Preis war hoch, denn da sich das Bundesverfassungsgericht um immer mehr zu kümmern hatte, hat es am Ende immer weniger bewirkt. Auch hier macht Kompetenzzuwachs nicht stärker, sondern schwächer, und keinen schwächer als die Justiz. Madison ist nicht müde geworden, den Amerikanern einzuschärfen, daß der Kreis, in dem Verfassungsorgane Verantwortung übernehmen sollten, möglichst eng zu ziehen sei; der Staat vergeude seine Kraft, wenn er sich um alles zu kümmern und »eine Vielzahl winziger Details« zu regeln suche. Als Handlanger eines Versorgungsunternehmens, das den Leuten nicht bloß Chancen eröffnet, sondern es auch für richtig hält, sie bei der Suche nach ihrem höchstpersönlichen Glück zu bevormunden, muß die Gerichtsbarkeit als erste in die Knie gehen. Die fehlende Eindeutigkeit dessen, für was sich der Dienstleistungsstaat zuständig fühlt, zwingt die Justiz zu immer tieferen Eingriffen auf einer immer dünneren Rechtsgrundlage. Aller Ärger über die Anmaßung der Staatsgewalt und alle Enttäuschung über die vielen Mißgriffe, die ihr dabei unterlaufen, wenden sich zwangsläufig gegen die letzte Instanz, mit der man es in solchen Fällen zu tun bekommt. Denn das ist regelmäßig die Justiz.

Die Gewohnheit, Politik als eine Form von Dienstleistung zu betrachten, hat das öffentliche Leben von Grund auf verändert. »Dienstleistungen«, hat Wilhelm Hennis einmal gesagt, »erwarte ich von meinem Schuster, von der Politik verlange ich etwas anderes.« Dieses »andere« ist Zeitgenossen, die übereingekommen sind, die Welt als großen Marktplatz zu betrachten, aber kaum noch verständlich zu machen. Die bei den deutschen Parteien um sich greifende Dienstleistungsphilosophie ist gerade deshalb so beliebt, weil sie alles, was Politik von Wirtschaft unterscheidet, ausblendet und den Grundgedanken der Demokratie, die fiktive Einheit von Regierenden und Regierten, zum Verschwinden bringt. Sie löst die Orchesterverfassung des Ganzen auf und zerlegt die große Partitur des Grundgesetzes in lauter verschiedene Einzelstimmen.

Für einen Dienstleistungspolitiker haben Verfassungsartikel den Rang von allgemeinen Geschäftsbedingungen: sie werden so gefaßt, wie es der Sache gerade dient. Die schöne Fiktion eines Gesellschaftsvertrags, abgeschlossen unter den gleichberechtigten Mitgliedern einer Nation, wird ersetzt durch eine Vereinbarung zwischen Geschäftspartnern mit unterschiedlichen Interessen. Es werden Erwartungen geweckt und Ansprüche gestellt, Forderungen erhoben und Preise verglichen, Zusagen gemacht, zurückgezogen, modifiziert und schließlich unter Drohungen doch noch erfüllt: durchweg Verhaltensformen, die gerade nicht vom Geist des Vertrauens und der Anerkennung getragen sind, sondern vom Glauben an den Nutzen des Kalküls, an den Wert der Kontrolle und an die Überlegenheit der Konkurrenz. Die neue Dienstleistungsaristokratie in ihrer von George Orwell beschriebenen Zusammensetzung, das Interessenkartell der Bürokraten, Wissenschaftler, Techniker, Gewerkschaftsfunktionäre, Propagandafachleute, Soziologen, Lehrer und Journalisten, bestimmt das Angebot. Ihr gegenüber steht die politische Kundschaft: verlegen, mißtrauisch und meistens überfordert. Und fast schon angewidert bei dem Gedanken, die Seite wechseln und sich an den Geschäften des Kartells beteiligen zu müssen.

Der Staat, das sind die anderen. Abraham Lincolns berühmte Beschreibung der Demokratie als einer Herrschaft, die *durch* das Volk und *für* das Volk ausgeübt wird, ist hinfällig geworden, nachdem die marktwirtschaftlichen Mechanismen dem Ideal der Bürgergesellschaft den Rang abgelaufen haben. Denn der Markt führt die Menschen immer nur auf Zeit zusammen, versagt also gerade vor jener Art von Gemeinsamkeit, die Voraussetzung ist für politisches Handeln. So gut wie alle Änderungen, die sich an der vom Grundgesetz gewollten Ordnung im Laufe der Zeit ergeben haben – die Zentralisierung der Gewalten, die Verlagerung der Macht aus den für alle sichtbaren Verfassungsorganen in die geheimen Zirkel des Parteibetriebs, das Schwinden der legislativen und das überproportionale Anwachsen der bürokratischen Herrschaft –, konnten allein schon deshalb nicht *für* das Volk wirksam werden, weil sie die Kontrolle *durch* das Volk allesamt erschwert haben.

Ohne zu wissen, wer für was verantwortlich ist, hängen die Bürgerrechte in der Luft, und indem man die Zurechenbarkeit unmöglich macht, höhlt man die bürgerliche Mitbestimmung aus. Für einen modernen Parteipolitiker haben die Delegierten und die Funktionäre den Wähler weitgehend ersetzt; wenn er vor der Partei besteht, kann ihm das Volk nicht mehr viel anhaben. Rechenschaftspflicht der Minister und Verantwortlichkeit der Abgeordneten, das sind Begriffe aus der guten alten Zeit, in der das Wünschen noch geholfen hat.

Antje Vollmers Wort vom Bonner »Regierungsparlament« trifft die Sache schon eher. Der Bundestag ist geübt in der Kunst, Verantwortung an die Regierung abzutreten, die sie dann ihrerseits an die Verwaltung in Bonn und Brüssel weiterreicht, wo sie hinter den Betonmauern des öffentlichen Dienstrechts endgültig verschwindet. Die Rechnungshöfe des Bundes und der Länder haben sich darüber beklagt, daß sie im Kreis der vielen Stellen, die mit der Folge, wenn schon nicht in der Absicht geschaffen worden sind, Verantwortlichkeit zu verstecken, für ihre Rügen keinen Adressaten mehr finden. Allein auf Bundesebene beschäftigen Regierung und Parlament an die dreißig verschiedene »Beauftragte«, deren verfassungsrechtliche Stellung zumindest unklar ist. Neben dem wohlvertrauten Wehrbeauftragten gibt es inzwischen Frauen- und Kinder-, Ausländer- und Aussiedlerbeauftragte, einen Beauftragten für die neuen Länder, weitere für die Rückführung der Bosnier, für die Luft- und Raumfahrt sowie für den Fahrradverkehr in Ländern und Gemeinden. Den Abschluß macht der Bürgerbeauftragte, der überall in Mode kommt. Er ist verantwortlich für das, was eigentlich Sache eines Ministers wäre: den Nutzen des Volkes mehren und Schaden von ihm fernhalten. Merkwürdig nur, daß der Beauftragte nicht dem Parlament, sondern dem Minister verantwortlich ist. Er empfängt seine Legitimation nicht von unten, sondern von oben – mit der Folge, daß sich seine Loyalitätsgefühle eher auf den Vorgesetzten richten als aufs Volk. Zu diesem Zweck ist er allerdings auch berufen worden; schließlich handelt es sich bei den Beauftragten, ähnlich wie bei den parlamentarischen Staatssekretären, um Versorgungsposten, mit denen jüngere Parteimitglieder eingebunden und ältere abgefunden werden können. Sie bereichern den Fundus, aus dem die Mächtigen schöpfen können, um durch Belohnung Disziplin zu halten.

Das alles ist kein Bruch, sondern ein Dehnen und Strekken der Verfassung. Aber Kunststücke im Umgang mit der gesetzlichen Ordnung sind dem Respekt vor den Staatsorganen nicht weniger abträglich als die demonstrative Geringschätzung oder der vorsätzliche Verstoß. Angesichts offener Willkür könnten die Menschen ja rebellisch werden, während sie durch die Regellosigkeit und das Chaos, das der eine durch seine Unkenntnis, der andere in voller Absicht herbeiführt, verwirrt, entmutigt, abgestoßen werden. Die große Konfusion, hat Norbert Blüm einmal gesagt, sei das Feld der Manipulateure; und als Sozialminister weiß er natürlich, wie man das Labyrinth so anlegt, daß der Normalbürger sich verlaufen muß und schließlich nach dem Helfer ruft, dem Staat. Nicht die Opposition, sondern Blüms eigene Parteifreunde haben ihm vorgeworfen, bei seinen Prognosen zur Rentenversicherung mit falschen Zahlen zu arbeiten und ihnen den Durchblick zu verstellen. Sein gigantisches Transfersystem, in dem die Arbeitslosenversicherung Beiträge an die Rentenversicherung, die Rentenversicherung Zuschüsse an die Krankenversicherung und alle zusammen Gelder an die Pflegeversicherung überweisen, entmachtet die Kontrolleure und treibt die Versicherten, die alles das bezahlen müssen, in die Resignation. So, als entpolitisierte Konsumenten, sind sie den Vorsorgepolitikern gerade recht. Die Unselbständigkeit war ihnen schon immer die liebste von allen bürgerlichen Eigenschaften.

Sie hält jedoch nicht ewig vor, irgendwann regt sich auch der entmündigte Bürger und fragt nach der Rechnung. Dann kehrt er an der Grenze um, die von der politischen Klasse zwischen ihr und ihm gezogen worden ist, und versucht, die Freiheit, die ihm der Staat nicht lassen will, auf eigene Faust zurückzuerobern. »Die sagen einem: Ihr macht in der Politik, was ihr wollt. Wir machen auch, was wir wollen«, umschreibt der Bundesgesundheitsminister diese Reaktion. Die Folgen sind je nach Sozialstatus und Einkommenslage unterschiedlich, sie heißen Steuerflucht und Steuersparen, Scheinselbständigkeit, Schwarzarbeit oder geringwertige Tätigkeit. Seitdem sie nicht mehr als Einzelfälle, sondern als Massenphänomene auftreten, bringen sie den Staat in Bedrängnis. Die Leute setzen dort an, wo sie die Bedrückung am härtesten spüren, bei den Abgaben also, und wehren sich, so gut es geht. Man könnte von einem Rückfall in den Naturzustand sprechen, würde der Staat bei diesem Kampf ums Dasein nicht ständig dabeisein und pausenlos mitspielen: immer seltener allerdings auf seiten des Bürgers und immer öfter gegen ihn.

Was dabei ins Gewicht fällt, sind nicht nur die finanziellen Einbußen, die dem Staat durch Steuerverkürzung und Beitragsvermeidung entstehen; zu schweigen von dem wachsenden und völlig unproduktiven Aufwand, den er treiben muß, um den Vermeidern und Verkürzern auf die Spur zu kommen. Die langfristig bedrohlichsten Konsequenzen dürften der Verlust des Gemeinsinns, die Einbuße an demokratischer Substanz und der Vertrauensschwund zwischen Wählern und Gewählten sein. Wo der Staat selbst die Wege zeigt, auf denen man sich an ihm vorbeimogelt, kann er nicht mehr auf Achtung rechnen. Es sind ja keine illegalen Tricks, die ganze Berufszweige vor der Abgabepflicht bewahren, sondern das Anwenden und Ausschöpfen bestehender Vorschriften. Ertragsstarke Unternehmen werden in die Lage versetzt, auf Jahre hinaus keine Steuern zu bezahlen: Wer das liest, muß ein Heiliger oder ein Dummkopf sein, um nicht in Versuchung zu geraten, mit seinen bescheidenen Mitteln ähnlich zu wirtschaften wie ein Konzern im großen.

So verkommt die Moral, und das nicht etwa gegen den Widerstand, sondern unter Anleitung des Staates. Wenn die Ordnung gerecht ist, wird auch der einzelne gerecht sein; wenn sie ungerecht ist, muß der einzelne ungerecht werden, kann und wird er nicht gerecht bleiben, hat Thomas Nipperdey einmal gesagt. Die Selbstgefälligkeit, mit der Waigel seine Razzien veranstaltet und Blüm seine Sozialpolizei auf die Baustellen schickt, um dort nach Schwarzarbeitern Ausschau zu halten, will das nicht wahrhaben. Beide entrüsten sich über die kleinen und die großen Drückeberger, begreifen aber nicht, daß sie es selbst sind, die mit unsinnigen Gesetzen, törichten Anordnungen, widersprüchlichen Maßnahmen und einem immer härteren Zugriff aufs Eigentum das Bedürfnis, der Zwangsveranstaltung zu entfliehen, in Deutschland erst populär gemacht haben.

Offenbar läuft es in der Politik am Ende immer wieder auf die alte Tugend der Gerechtigkeit hinaus. Ohne sie ist auch der moderne oder postmoderne Staat nach dem bekannten Ausspruch Augustins nichts anderes als eine Räuberbande. Sich daran zu erinnern und Gerechtigkeit »gegen jedermann« zu üben gelingt einem Gemeinwesen, das sich als Wirtschaftsagentur versteht, aber nur schlecht. Die

Freiheiten, die es seinen Bürgern garantiert und die ja auch den Kern der europäischen Verträge bilden, bringen nur denen etwas ein, die in der Gewinn-und-Verlust-Rechnung den letzten Sinn des Lebens sehen. Diese Schicht ist auf und davon. Nur der Troß, die sogenannten kleinen Leute, zu denen längst auch schon der Mittelstand gehört, ist zu Hause geblieben, wo er sich dem Zugriff der deutschen Finanz- und Sozialpolizei nicht entziehen kann. Von ihm, von der Masse der staatstreuen Bürger, werden die Tribute eingetrieben, die von den anderen nicht mehr zu haben sind. Das Ergebnis ist eine Staatsquote, die schon mittlere Einkommen hart belastet, während sie die großen, die mit dem System umgehen können, weitgehend verschont.

Den Finanzminister scheint die Entwicklung kaltzulassen. Kritik, Einsprüche und höchstrichterliche Urteile kommen immer wieder vom Bundesfinanzhof und vom Verfassungsgericht, werden in Bonn aber nur widerwillig zur Kenntnis genommen und allenfalls mit Verzögerung befolgt. Die jeder Rechtssystematik spottende Besteuerungspraxis von Renten und Pensionen dauert an, obwohl die Änderung vor mehr als fünfzehn Jahren angemahnt worden ist: eine latent verfassungswidrige Lage, an deren Fortbestand die Rentnerlobby und ihr Schutzpatron, der Sozialminister, großes Interesse haben, wird damit zum Gewohnheitsrecht. Pascal hatte seinerzeit gemeint, die Menschen sollten den Gesetzen gehorchen, weil diese nun einmal Gesetze sind. Damit forderte er den Widerspruch Montesquieus heraus, der dagegenhielt, die Bürger sollten sich an die Gesetze halten, weil sie gerecht seien. Was man zu tun hat, wenn der Staat Gesetze erläßt, die nicht etwa nur nach Laienansicht, sondern auch nach dem Urteil der autorisierten Verfassungsinterpreten ungerecht sind, stand damals noch nicht zur Entscheidung. Diese Frage hat erst der autoritäre und selbstgerechte Versorgungsstaat aufgeworfen. Sie richtet sich an jeden Bürger.

Wo sich die Frage auch nur stellt, können sich Obrigkeit und Untertanen nicht mehr aufeinander verlassen. Ohne die Fähigkeit, zwischen gerecht und ungerecht, nützlich und schädlich, erwünscht und unerwünscht zu unterscheiden – und zwar so zu unterscheiden, daß das Urteil von allen Bürgern respektiert wird –, kommt der Staat nicht aus. Die Zahl der Möglichkeiten, sein Leben mit Aussicht auf öffentliche Anerkennung zu führen, war niemals unbegrenzt; dem Wunsch des einzelnen, sein Leben möglichst individuell zu gestalten, hat immer die Aufgabe des Staates gegenübergestanden, für so etwas wie Normalität zu sorgen und sie mit seinen Mitteln auch durchzusetzen. Daß sich und wie sich diese konkurrierenden Ansprüche zum Ausgleich bringen lassen, ist eine Kernfrage aller Republiken; James Madison hat ihr in den ›Federalist Papers‹ einen ganzen Beitrag gewidmet. Wie die meisten seiner Zeitgenossen hatte er Angst vor den tyrannischen Gelüsten der Mehrheit. Deswegen schlug er vor, die politische Gemeinschaft »in so viele Teile, Interessen und Gruppen zu spalten, daß die Rechte des einzelnen oder einer Minderheit nur wenig von den gezielten Interessenzusammenschlüssen der Mehrheit zu befürchten haben«. Trotz der erklärten Vorliebe für die vielen kleinen Einheiten und ihre Fähigkeit, sich gegenseitig in Schach zu halten, hat der Vorrang der Zentralgewalt für Madison aber niemals in Zweifel gestanden. Gerade umgekehrt war die unbestrittene Autorität der Gemeinschaft die Voraussetzung, ohne die sein Werben für die Vereinzelung in Gruppen oder Grüppchen undenkbar gewesen wäre.

Diese Autorität hat gelitten. Die Geläufigkeit, mit der man sich auf die Verfassung beruft, und der Salonbegriff des Verfassungspatriotismus haben blind gemacht für das Ausmaß, in dem das Verfassungsdenken aus dem öffentlichen Leben entschwunden ist. Was es zu ändern oder zu bewahren gibt, machen die Parteien unter sich aus. Sie besetzen die Kommissionen, die das Grundgesetz revidieren oder den Staat verschlanken sollen: mit dem vorhersehbaren Ergebnis, daß keine der Verhärtungen beseitigt wird, die das politische Leben zum Stillstand gebracht haben. Das Aushöhlen der Grundrechte, die gegenseitige Blockade von Bundestag und Bundesrat, die Konzentration der Macht im Kanzleramt und dessen schleichende Umwandlung in eine Parteizentrale – alles das läßt die Parteien kalt, weil es für sie günstig ist oder günstig werden könnte. Sie haben die politische Willensbildung unter ihre Fuchtel gebracht und werden nichts unternehmen, um daran etwas zu verändern.

Der bleierne Kanzler

Der Zweck der Macht ist die Macht.

GEORGE ORWELL

Es ist nicht leicht, in wenigen Worten zu sagen, wofür Helmut Kohl stehen könnte. Konrad Adenauer galt als Garant für die Verankerung im Westen, Ludwig Erhard verkörperte die mehr oder weniger soziale Marktwirtschaft, Willy Brandts Werk war die Aussöhnung mit den Nachbarn im Osten, der Wandel durch Annäherung. Bei Helmut Schmidt fällt eine derartige Charakterisierung schon schwer, den meisten ist nicht mehr eingefallen als das Allerweltswort vom Macher und vom Weltökonomen, Begriffe also, die doch nur ein Talent umschreiben, kein inhaltlich bestimmtes Ziel. Helmut Kohl mit einer Sache zu identifizieren, scheint vollends unmöglich zu sein. Auf sehr viel mehr als irgendwelche Parteitagsmotti und Wahlkampfparolen, die allen alles versprechen, den frühen Frühling und den späten Herbst, blühende Landschaften im Osten und glückliche Menschen im Westen, wird man nicht kommen. Aus dieser Flachlandschaft ragt nur ein einziges Monument hervor: Kohls nachhaltiger und unbedingter Einsatz für Europa. Mehrmals hat er seine politische Existenz von Erfolgen in dieser Sache abhängig gemacht; in einer für ihn, der sonst doch alles gern gelassen sieht, höchst ungewöhnlichen Dramatik sprach er mit Blick auf die Einigung Europas sogar von einer Frage, bei der es um Krieg und Frieden gehe. So viel Entschlossenheit bei einem Mann, an dem man sonst eher Zögerlichkeit und eine Tendenz zum Abwarten wahrzunehmen glaubt, hat immer wieder überrascht.

Kohl liebt es, sich als Europäer darzustellen, und bietet

alles auf, was ihm in dieser Absicht vorteilhaft erscheint: seine pfälzische Heimat, die Erfahrungen des Weltkriegs, seinen politischen Lehrmeister Konrad Adenauer und manches mehr in diesem Stil. Die allzu bemühte Art, in der das geschieht, bringt allerdings gelegentlich das Gegenteil des Gewünschten hervor, wirkt jedenfalls nicht immer überzeugend. Nach ihrer Reise durch die Pfalz, bei der Kohl sich alle Mühe gegeben hatte, durch die Beschwörung der Vergangenheit seine europäischen Gefühle herauszustreichen, soll Margaret Thatcher, kaum daß sie das Flugzeug bestiegen hatte, die Schuhe von den Füßen geschüttelt und ihrem Mißmut mit den Worten Luft gemacht haben: »Mein Gott, wie deutsch er ist!« Womit sie sich dann ihrerseits zu ihren typisch englischen Empfindungen bekannte. Nur daß Frau Thatcher niemals vorgegeben hat, sich für Europa einzusetzen.

Zweifel an Kohls Überzeugung sind dennoch unbegründet, und subjektiv ist er mit seinem Europäertum gewiß im Recht. Dann nämlich, wenn er sich die Gemeinschaft als Krönung jener politischen Zustände vorstellt, die er in Deutschland vorgefunden und tatkräftig ausgebaut hat. Mit einer Mischung aus Bewunderung und Kritik hat man sie das System Kohl genannt. Sein harter Kern ist die Partei, besser gesagt: das Parteiwesen, denn im pluralistischen Staat gehören die anderen, die genauso organisiert sind und dieselben Vorteile genießen, mit ins Kartell. Die Parteien haben nicht nur die ehemals getrennten Staatsgewalten unterworfen, sondern auch die Randzonen besetzt, die Rundfunkräte, die öffentlichen Banken, die kommunalen Eigenbetriebe und vieles mehr. Einem Strategen, der all dies in seiner Hand vereinigt und zu nutzen weiß, garantieren sie eine gewaltige Macht. Einer der wenigen, die das System von innen kennengelernt haben, sich aber Souveränität genug bewahren konnten, um seine Abgründe zu erkennen, ist Richard von Weizsäcker. Der eingefahrene Parteibetrieb habe die Kunst der Machteroberung und Machtbewahrung auf eine bisher unbekannte Höhe getrieben, meinte er; spiegelbildlich dazu sei allerdings die Kraft zu weitschauenden Entwürfen und der Wille, Antworten auf die Fragen der Zeit zu geben, matt geworden. Wie berechtigt diese Kritik war, hat Kohls ungnädige Reaktion umgehend bestätigt. Vorwürfe gegen den Parteienstaat, seine politische Heimat, muß er wie Zweifel an seiner Abstammung empfinden.

Kohls Herrschaft ist Parteiherrschaft. Es ist die sehr persönlich definierte Nähe zum Vorsitzenden, der immer wieder neidisch oder vorwurfsvoll erwähnte Zugang zum Kanzler, der über das politische Schicksal von Leuten entscheidet, die in der Partei und mit der Partei etwas werden wollen. Kohls Einfluß zeigt sich weniger in dem, was er unternimmt, als in dem, was er verhindert, ist also eher Veto- als Protektionsmacht. Selbst mittlere Ränge in der Partei können gegen seinen Willen nur selten erreicht werden, herausgehobene Positionen wie die eines Kreis- oder Landesvorsitzenden fast nie. Die Reihe der Karrieren, die er auf diese Weise geknickt oder beendet hat, ist lang. Sie reicht von Rainer Barzel über Ernst Albrecht bis zu Lothar Späth und Heiner Geißler, und manches deutet darauf hin, daß auch Wolfgang Schäuble, der treueste der Treuen, später einmal dieser Gruppe zuzurechnen sein wird. Jedenfalls hatte der Stil, in dem Kohl ihn nach Ende des Leipziger Parteitags zu seinem Nachfolger ausrief, neben dem Charakter der Auszeichnung auch manches von Zurücksetzung an sich. Den meisten Kommentatoren ist das auch sofort aufgefallen, Schäuble selbst wird die fragwürdigen Elemente, die seiner Leipziger Proklamation beigegeben waren, wohl eher verschluckt als tatsächlich überhört haben. Schwer vorstellbar, daß einen Mann wie ihn die Botschaft, Erbe zu werden, aber erst in fünf bis sechs Jahren, vorbehaltlos gefreut haben sollte.

Auf diese Weise hat Kohl die zweiten und sogar die dritten Ränge der CDU einigermaßen leergeräumt. Das war und ist die wichtigste Voraussetzung für seine unangefochtene Spitzenposition. Schneller und schärfer als alle anderen hat er die Chancen erkannt, die das von den Parteien selbst großzügig ausgedeutete Parteienprivileg demjenigen zuspielt, der die geballte Patronagemacht an sich reißt. Wem das gelingt, der kann belohnen und bestrafen wie ein Sultan. Daß die Kriterien, nach denen Kohl Personen auswählt und befördert, der Regierungsfähigkeit der Partei nicht gerade zugute gekommen ist, war in seinen Augen kein Nachteil. Wahrscheinlich hätte er, der immer schon dazu neigte, die Regierungtätigkeit als Parteiarbeit unter anderen, günstigeren Bedingungen zu betrachten, für eine prinzipielle Trennung beider Sphären gar keinen Sinn. Unterschiede zwischen der einen und der anderen zu machen ist ihm fremd; wo er sie einmal zugelassen hat, gab er der Partei den Vorzug. Die Konsequenz, mit der er das Kabinett durch die Koalitionsrunde ersetzt hat, das Kanzleramt als Führungsstelle für das Adenauer-Haus nutzt und die Parteien von allen Sparmaßnahmen ausnimmt, macht anschaulich genug, wie er die Prioritäten setzt.

Daß die Regierungsarbeit dabei Schaden nimmt, ist unvermeidlich. Ein Vergleich zwischen dem heutigen Bundeskabinett und Kohls erstem Landeskabinett als neu gewähltem Ministerpräsidenten von Rheinland-Pfalz ist auch in dieser Hinsicht lehrreich. Die damalige Liste liest sich auch jetzt noch, fünfundzwanzig Jahre später, imposant: Innenminister Heinz Schwarz, Finanzminister Wilhelm Gaddum,

Justizminister Otto Theisen, Kultusminister Bernhard Vogel, Sozialminister Heiner Geißler. Am Ende der 13. Legislaturperiode ist das Bonner Kabinett etwa dreimal so groß, aber nicht halb so eindrucksvoll wie damals. Es wurde nach parteitaktischen Überlegungen, mit Rücksicht auf Quote, Repräsentanz und Proporz zusammengestellt, und das hat dem Niveau nicht gutgetan. Während Bauminister Töpfer, einer der tatkräftigsten Minister, Zeichen von Amtsmüdigkeit verriet und schließlich ausschied, noch bevor er seine Aufgabe als Umzugsbeauftragter in Berlin beendet hatte, scheint Norbert Blüm, der glücklose Sozialminister, fester zu sitzen als je zuvor: der eine ist CDU-Landesvorsitzender im kleinsten, der andere im größten Bundesland, und· das erklärt schon alles. Mit Bundesministern, die durch ihren Amtseid gebunden sind und ihren Geschäftsbereich, wie es im Grundgesetz heißt, selbständig unter eigener Verantwortung führen, kann Kohl offenbar weniger anfangen als mit Leuten, die ihm in seiner Eigenschaft als Parteichef so oder so ergeben sind. Kinkel und Waigel haben ihre von der Verfassung herausgehobenen Kabinettsposten nicht als Außen- und Finanzminister inne, sondern als Koalitionäre. Sie werden deshalb auch nicht allzusehr beschädigt, wenn der Amtsbereich des einen von Kohl systematisch ausgehöhlt wird, indem er außenpolitische Grundsatzentscheidungen bei sich im Kanzleramt konzentriert, und sich der andere als Finanzminister auf Abruf selbst ins Gerede bringt. Unentbehrlich sind die beiden ja nicht als Kabinettsmitglieder, sondern als Flügelleute zu den Koalitionsparteien. So lange sie sich in dieser Position halten, dürfen sie alles andere vernachlässigen.

Wo Kohl die Geschäfte führt, hat die Sache gegenüber der Person zurückzutreten. Er übt eine persönliche Herrschaft aus, die man als mittelalterlich bezeichnen könnte, wenn das Geschick, mit dem er die Parteimaschine handhabt, nicht so ungeheuer modern wäre. Ämter werden in der Weise ausgegeben, daß man sich auf das Wort des Vorsitzenden beruft. Wie Unzählige vor ihm, hat das auch Theo Waigel getan, als er in aller Offenheit darauf beharrte, daß Kohl ihm eine Kabinettsumbildung »zugesagt« habe; Kohl hat dem auch nicht widersprochen. In einer großen, heterogenen Volkspartei, die jede inhaltliche Debatte als eine Zerreißprobe erleben muß, ist das nur konsequent, ist das Persönliche ein kluges Regiment. Kohl konzentriert und bündelt alles bei sich selbst, entscheidet oder scheint doch zu entscheiden, indem er irgend etwas zur Chefsache macht. Niemand versteht es wie er, Hoffnungen nicht eigentlich zu wecken, sie aber auch nie zu enttäuschen, sondern hinzuhalten und zu strecken und ihre Erfüllung für den Fall anzudeuten, daß die Partei die nächste Wahl gewinnt. Allzu Ungeduldige müssen sich mit der Auskunft begnügen, diese oder jene Frage werde entschieden, »wenn der Zeitpunkt da ist«. Wann das der Fall ist, bestimmt dann wieder Kohl. Solange dieser Stil des Abwartens und des Ausweichens hingenommen wird, ist er unschlagbar.

Die europäische Bühne eröffnet für diese Technik neue und weite Spielräume. Die Wähler werden dazu eingeladen, ihre Phantasie auf alles mögliche zu richten, auf Konjunkturbelebung, Wirtschaftswachstum und viele neue Arbeitsplätze. Was innenpolitisch nicht mehr vom Fleck kommt, soll auf europäischer Ebene von selbst laufen. Das ist ein Spiel nach vagen Regeln, und Kurt Biedenkopf übertrieb gewiß nicht, als er meinte, die Planskizze, mit der die Fraktionsführung von CDU und CSU ihre Vorstellungen von Deutschlands Verantwortung für ein gemeinsames Europa umrissen hat, ersetze Gewißheiten durch Hoffnung. Für eine Regierung, die über fünfzehn Jahre an der Macht ist, sich aber bei jeder Gelegenheit über die Reformunfähigkeit des Landes beklagt und die Liste der unvollendeten Kapitel täglich länger werden läßt, muß der Reiz, das Liegengebliebene im Namen der Gemeinschaft zu versprechen, gewaltig sein. Delors hat Europa ein »objet inidentifié« genannt, ein unbekanntes Objekt, das ebendeshalb zu allerlei Projekten und Projektionen einlädt. Das große Vorhaben erlaubt es, den Ohrwurm von Reform und Innovation, Kreativität und Modernisierung noch einmal, vielleicht zum letzten Mal, zu spielen.

Es stimmt natürlich: weit tragen werden die Energien, die man mit solchen Weisen zu entfesseln sucht, wahrscheinlich nicht. Nur neu geschaffene und bewußt gemachte Lagen, »klar vor Augen geführt, können die Wählerschaft interessieren und mobilisieren«; damit hat Wilhelm Hennis sicher recht. Was aber, wenn man gar nicht mobilisieren will? Wenn man die Menschen lieber einlullt und auf übermorgen vertröstet, weil man von den Debatten nicht viel hält? Wenn man das Volk wie die Partei beherrschen, also vor allem ruhigstellen und nur per Akklamation führen will? Kohl schätzt die Bürger wie ein Unternehmer seine Kunden: er will ihr Votum, ihre Kaufentscheidung. An ihrem Urteil liegt ihm wenig, und jede Einmischung erscheint ihm lästig.

Mit seinem Mißtrauen gegen die Deutschen, gegen ihre Neigung zu Exzeß und Unbeständigkeit hat er nie zurückgehalten, und die Geschichte liefert ihm dafür ja auch Gründe genug. Aber auch er versteht sich auf die Kunst, seine Lehren aus der spezifisch deutschen Vergangenheit so zu ziehen, daß sie ihm politisch zupaß kommen. Die Schatten der Vergangenheit werden dort beschworen, wo sie die Gegner zum Ausweichen zwingen und einem selbst die Richtung zeigen. Wenn Kohl seine Vorbehalte gegen die politische Instinktunsicherheit der Deutschen anklingen läßt, bilden sie regelmäßig die Vorrede zu einem Werbefeldzug für Europa. So wie er seinerzeit die Menschen aus der DDR ins westliche System eingebunden hat, will er die Deutschen europäisch einbinden. Wer eingebunden ist, ist nämlich leichter zu beherrschen.

Was das im Fall der DDR bedeutet hat, ist noch erinnerlich. Politisch wurde das Erbe der Einheitspartei durch die westlichen Parteien bewältigt und integriert. Jedes der neuen Länder bekam im Kreise der alten einen Paten zugeordnet, der dafür sorgte, daß zusammen mit den politischen auch die parteipolitischen Zustände kopiert wurden. Nicht nur die Landeszentralen für politische Bildung, auch Universitäten, öffentliche Kreditinstitute und kommunale Eigenbetriebe sind zur Beute ausgeschrieben und dann natürlich auch genommen worden. Die Dominanz der Parteien dürfte der wichtigste Grund für das geräuschlose Gelingen der Einigung gewesen sein; für die verbissene Opposition, die sich bei vielen Ostdeutschen bis heute, bis ins achte Jahr nach der Wende gehalten hat, allerdings auch. Machtpolitisch, meinte Konrad Weiß, möge der Raubzug der westlichen Parteistrategen ein genialer Streich gewesen sein, »auf die Moral in Deutschland aber wirkte er verheerend«. Zum Schluß sind auch noch die Reste der Bürgerbewegung, die zum Glücken des friedlichen Umsturzes so unendlich viel beigetragen hatte, von den Dompteuren an die Leine genommen worden. Wer bei diesem Eingliederungs- und Anpassungsprozeß nicht mitmachen wollte, wurde zur Einzelgängerei gezwungen oder der PDS, einer ressentimentgeladenen Regionalpartei ohne Zukunft, in die Arme getrieben.

Die Eingemeindung in ein größeres Europa wird auf etwas Ähnliches hinauslaufen, diesmal für Deutschland als

Ganzes. Ernst-Joachim Mestmäcker, Grenzgänger zwischen Ökonomie und Jurisprudenz, hat darauf hingewiesen, daß sich die Rechtsordnung der Gemeinschaft von ihrer Legitimationsbasis in den Mitgliedstaaten weit entfernt habe, »ohne auf europäischer Ebene eine gleichwertige Entsprechung zu finden«. Von allen politischen Institutionen, die fähig und dazu bestimmt gewesen wären, das Vakuum, das sich hier aufgetan hat, zu füllen, haben es die Parteien am weitesten gebracht. Bis heute sind sie die einzigen, die sich auf dieser Ebene mit Gewerkschaften, Wirtschaftsverbänden und Medienunternehmern messen können. Die Bedingungen waren für sie günstig, denn um sich zur bestimmenden Kraft in der politischen Arena aufzuwerfen, mußten sie nicht erst die gewachsenen Organe eines Verfassungsstaates unterwandern oder unterwerfen. Sie waren von Anfang an dabei und konnten die Repräsentanzen, Gremien und Kommissionen nach ihren Bedürfnissen zurechtschneiden, um sie mit eigenen Leuten zu besetzen. So wie Europa über die Jahre gewachsen ist, fügt es dem Feudalbesitz des Parteienstaates einige besonders reiche und fette Provinzen hinzu.

Sie auszubeuten ist schon im Gründungsdokument der Gemeinschaft, den Römischen Verträgen von 1957, in Aussicht gestellt und viele Jahre später in Maastricht dann noch einmal bekräftigt worden. Bezeichnenderweise geschah das in jenem Passus, der von den »Organen« der Gemeinschaft handelt, in deren Kreis politische Zwischenhändler wie die Parteien jetzt offenbar angekommen sind. Der einschlägige Artikel lautet so: »Politische Parteien auf europäischer Ebene sind wichtig als Faktor der Integration in die Union. Sie tragen dazu bei, ein europäisches Bewußtsein herauszubilden und den politischen Willen der Bürger der Union zum Ausdruck zu bringen.« Das klänge harmlos, würde es nicht bis in die Wortwahl an das deutsche Parteienprivileg erinnern, die Keimzelle so vieler Übel. Der Tübinger Politologe Graf Vitzthum interpretiert den Text denn auch im Lichte hiesiger Erfahrungen als ein Ermächtigungsgesetz mit dem Zweck, die Parteienwirtschaft europaweit auszudehnen und abzusichern: »Wenn europäische Parteien für die Bürger der Union und für diese selbst so relevant sind, dann sind ihnen auch die entsprechenden materiellen Bedingungen bereitzustellen. So jedenfalls argumentieren führende deutsche Parteirechtler. Damit ist die Katze aus dem Sack: Der rätselhafte Artikel 138a des EG-Vertrages soll letztlich eine europäische Parteienfinanzierung nach dem Modell der Rechtsprechung des Bundesverfassungsgerichts legitimieren.«

Kohl hat das Parteiwesen nicht erfunden. Er ist jedoch mit ihm groß geworden und hat Politik nie anders denn als das Ergebnis parteitaktischer Kompromisse und Absichten kennengelernt. Konsequenter als alle Vorgänger und Mitbewerber hat er die Chancen des Parteienstaates genutzt und ihn in dieser Form, als sein System, zum Blühen gebracht. Anders als in Amerika, wo die Parteizugehörigkeit vorübergehendes Engagement für ein konkretes Ziel bedeutet, meint sie in Deutschland einen lebenslangen Treueschwur, der dann als Basis dient für den lehensrechtlichen Tausch von Schutz gegen Gehorsam. In dieser typisch deutschen Form ist der Parteienstaat über alle Grenzen hinausgewachsen. Der Vorgang war nicht schnell und auffällig genug, um in einem bestimmten Augenblick vom Umkippen der Verfassung zu reden; wer aber aus der Distanz von einigen Jahrzehnten zurückblickt, der erkennt, daß die Präpotenz der Parteien die verfassungsmäßige Ordnung in wachsendem Umfang leerlaufen läßt. Deren »checks and balances« greifen nicht mehr, weil die Parteien überall zugegen sind. Sie haben es zum Staat im Staat gebracht und die Verbindung zu den Bürgern, Voraussetzung für jede Art verfassungsmäßiger Herrschaft, abreißen lassen. Wenn sie sich in Europa erst einmal fest eingerichtet haben, sind sie fürs Volk nicht mehr zu sprechen. Gewiß hatten die nationalen Parlamente viele gute Gründe, als sie angestammte Befugnisse in der Gestalt von Pauschalermächtigungen nach oben, nach Brüssel also, weitergaben. Absichtlich oder unbewußt haben sie damit aber auch den Parteien in die Hände gespielt, die mit ihrer angemaßten Gesetzgebungs- und Richtlinienkompetenz im fernen Brüssel glänzend zum Zuge kommen.

Dort macht man Ernst mit der Kundenrolle des Marktbürgers. Er soll nicht mehr Herr, sondern Gegenstand der politischen Gestaltung sein, demoskopisch vermessen und nach allen Regeln der politischen Marktforschung mit Werbematerial bedacht, beliefert und bedient. Auf annähernd 1,4 Milliarden Mark wird der Betrag geschätzt, den allein die Kommission jährlich zur Förderung des europäischen Gedankens, für Propaganda also, zur Verfügung hat. Unter diesen Umständen muß der ewige Vorwurf, der Bürger sei schlecht informiert und für nichts zu interessieren, auf seine Urheber zurückfallen. Daß die Zusammenhänge, wie es in dem erwähnten Planungspapier der CDU/CSU-Bundestagsfraktion heißt, »nicht wirklich verstanden« werden, ist ja richtig, nur eben nicht den Wählern anzulasten. Es liegt zum einen am technischen Charakter der Vereinbarungen, zum anderen an einer stillen Übereinkunft der Parteien, der Auseinandersetzung aus dem Weg zu gehen. Denn daran lassen auch die Grünen keinen Zweifel: mag die Debatte kommen, ihr Ergebnis steht schon fest. Wenn es ernst wird, spricht Joschka Fischer genauso wie Helmut Kohl von der Notwendigkeit, »ja Alternativlosigkeit« des eu ropäischen Integrationsprozesses. Es ist diese Engherzigkeit, dieses viel zu schnelle Ausweichen in die Zwangsläufigkeit der Entwicklung und das mangelnde Vertrauen in die Legitimationskraft des offen vorgetragenen Arguments, was unter den Bürgern Mißtrauen und Apathie wachruft.

Aber wenn schon: Parteien, die derart privilegiert sind wie die deutschen, braucht das nicht zu stören. Sie haben eine Stellung oberhalb der Wähler bezogen, wo sie alle Zeichen der Abwendung und des Unmutes so lange ignorieren können, wie sie sich gleichermaßen gegen alle richten. Gerade die diffuse, ganz allgemein auf das System zielende Politikverdrossenheit ist etwas, mit dem die etablierten Parteien recht gut leben können. Sogenannte Nichtwählerinitiativen, die damit drohen, ungültige Stimmen abzugeben, brauchen sie nicht zu beeindrucken, denn die Mandats- und Machtverteilung richtet sich ja nach den gültig abgegebenen Stimmen: nur sie entscheiden über die Zusammensetzung eines Parlaments. Verweigerung in ihrer harten oder weichen Form, als Wahlenthaltsamkeit oder als Abgabe eines wertlosen Stimmzettels, ist daher nichts, was die Parteien fürchten müßten. Wenn die Wähler zu Hause bleiben oder ihr Stimmrecht vergeuden, wird der Legitimationsvorrat, auf den Parteien sich berufen können, zwar knapper; doch solange die Beute ungeschmälert bleibt – und dafür ist gesorgt –, ist das nur ein theoretischer Einwand, an dem jede machtbewußte Partei vorübergeht.

Abhilfe würden nur solche Formen der politischen Willensbildung schaffen, die das Parteienprivileg unterlaufen, dem Oligopol also von vornherein ausweichen. Das ist der vernünftige Grund, der hinter allen Vorschlägen steht, die plebiszitären Elemente zu verstärken. Man muß die ehernen Fundamente der Parteienherrschaft angreifen, um die Dinge voranzubringen. Und da die Parteien selbst eine

Schmälerung ihrer ersessenen oder erschlichenen Vorrechte niemals zulassen würden, muß man nach einem Weg suchen, der an ihnen vorbeiführt.

Das wäre Zweck der europäischen Debatte. Sie könnte zwei Dinge leisten: das Gewicht der anstehenden Entscheidung spürbar machen und das Parteienkartell aufbrechen. Insoweit wäre sie beides zugleich, Selbstzweck und Mittel im Kampf gegen die allmächtige Partitokratie. Nur so, unter dem Druck der öffentlichen, parteipolitisch nicht dressierten Meinung, könnten die Alternativen sichtbar werden, die es natürlich auch in dieser Sache gibt. Und erst wenn das gelungen wäre, würde es sich lohnen, zur Wahl zu gehen. Ein oder zwei Argumente dafür, warum all das, was sich Regierung und Opposition vorgenommen haben, durch den Wechsel nach Europa leichter umzusetzen sein sollte, wie also weniger Steuern und mehr Beschäftigung, mehr Bürgernähe und weniger Bürokratie plötzlich Wirklichkeit werden könnten, möchte man doch noch ganz gerne hören, bevor man sich dazu entschließt, in einer so weitreichenden Sache die Hand zu heben. Und solche Argumente sind knapp; der Bundesbankpräsident selbst hat mit seiner Warnung vor niedrigeren Löhnen und steigender Arbeitslosigkeit die allgemeine Euphorie gedämpft. Der Agrarmarkt, der älteste und mit 160 Milliarden Mark nach wie vor teuerste Einzeletat im europäischen Jahresbudget, macht jedenfalls nur wenig Hoffnung. Er läßt im Gegenteil den Zustand ahnen, der sich auch anderswo herausbilden dürfte, wenn die Union erst einmal vollendet ist. Man kennt das Bild: ein Ineinanderspiel von subventionsgewährender Verwaltung und subventionsempfangenden Betrieben, gut abgeschirmt gegen die Bürger, die alles zu bezahlen haben.

Der englische Schriftsteller Frederick Forsyth, Verfasser von politischen Romanen, hat den Deutschen Distanz gegenüber dem technokratischen Europa empfohlen. Wird der Euro, fragte er sich und andere, die Freiheit der Deutschen vergrößern? Kaum. Und er fuhr fort: »Der Grund, warum Demokratie funktioniert, liegt darin, daß die Strecke zwischen Bürger und Regierung so kurz und so gerade ist wie möglich. Unsere Länder erreichen dies beide durch das Prinzip der Wahlkreise, in denen Abgeordnete gewählt werden, die uns am Sitz der Regierung vertreten. Was haben wir aber davon, wenn wir nur einen dienstbaren Laufburschen für ein Heer von Bürokraten in Brüssel und eine Gruppe ebensowenig demokratisch legitimierter Banker in Frankfurt haben?« Das war zwar aus der Erfahrung mit der englischen Bürgergesellschaft gesprochen, die den Abstand zwischen Wählern und Gewählten kurz und die Verbindung dementsprechend eng hält. Doch ein Grund, Forsyths Einwände in Deutschland geringzuachten, ist das natürlich nicht. Denn es war England, das die meisten jener Grundsätze formuliert, erprobt und schließlich angewandt hat, zu denen sich auch das deutsche Grundgesetz bekennt.

Europa braucht keine Bürger

Wenn man sich morgen für Europa schlägt,
so wird das im Namen der Demokratie gegen
das Volk, des Volkes gegen die Freiheiten
geschehen.

DENIS DE ROUGEMONT

Die Grundsätze, nach denen sich Europa zu-
sammenschließen sollte, sind kurz nach dem Ende des
Zweiten Weltkriegs von Winston Churchill eindrucksvoll
dargelegt worden. Auf neutralem Boden, in der Aula der
Universität Zürich, entwarf er das Idealbild der Vereinigten
Staaten von Europa, eines mächtigen Kontinents, »in dem
dreihundert oder vierhundert Millionen Einwohner ein
Glück, einen Wohlstand und einen Ruhm ohnegleichen genießen werden«. Das war die Vision eines Mannes, der andere dazu ermuntern wollte, etwas zu tun, an was er selbst
nicht glaubte.

Die Realität sah denn auch anders aus, sie folgte nicht
Churchill, sondern Walter Hallstein, dem ersten Kommis-
sionspräsidenten. Hallstein war ein nüchterner Ökonom,
der von pathetischen Gründungsappellen und großartigen
Programmen nicht viel hielt. Die von allen seinen Nachfol-
gern beherzigte Maxime, politische Ziele auf dem Umweg
über die Wirtschaft anzugehen, stammt von ihm. Sie erwies
sich als so erfolgreich, daß die Gemeinschaft ihr über Jahre
und Jahrzehnte treu geblieben ist, angefangen bei der Mon-
tanunion bis hin zu den Verträgen von Maastricht und Amsterdam. Politiker aus allen Mitgliedstaaten haben sich in
Wort und Tat zu ihr bekannt, zuletzt noch einmal Hans
Tietmeyer mit seiner Feststellung, politische Ziele könnten
auf Dauer nur im Einklang mit der Ökonomie, nicht gegen

sie erreicht werden. Am Vorabend der Währungsunion, der vorerst letzten Station, zu der sich die Politik auf dem Rücken der Wirtschaft tragen lassen will, faßte der Vorstandschef eines der größten deutschen Unternehmen den Stand der Dinge so zusammen: »Politik und Wirtschaft sind weit, sehr weit voraus. Jetzt müssen beide, Politiker und Unternehmer, die Bürger wieder abholen und gemeinsam den Weg nach Europa fortsetzen.«

Müssen sie? Sollen sie? Wollen sie das überhaupt? Das Bild, das Jürgen Schrempp gezeichnet hat, ist nicht ganz richtig. Denn auch wenn Politik und Wirtschaft, wie er es formulierte, weit voraus sind, hat die eine mit der anderen doch keineswegs Schritt gehalten. In Wahrheit liegt die Politik zurück. Zwar hat sie Grenzsperren und Handelshindernisse aus dem Wege geräumt und den Menschen Freiheiten eröffnet: die bekannten vier Freiheiten der europäischen Verträge, die allesamt den Marktteilnehmer im Auge haben, nicht den Bürger. Die europäische Politik hat sich die Rolle eines Zollbeamten aufdrängen lassen, der Waren und Kapital, Dienstleistungen und Arbeitskräfte passieren läßt, sofern sie seinen Richtlinien entsprechen, nach dem Bürgerstatus der Menschen, die da untereinander Handel treiben und miteinander in Berührung kommen, aber nicht groß fragt. Die vom Bundesverfassungsgericht in seinem Maastricht-Urteil ausgesprochene Mahnung, daß eine Währungsunion, »zumal zwischen Staaten, die auf eine aktive Wirtschafts- und Sozialpolitik ausgerichtet sind, nur gemeinsam mit der politischen Union, nicht aber unabhängig davon oder als eine bloße Vorstufe auf dem Weg dahin verwirklicht werden kann« – diese Mahnung ist, seitdem sie im Herbst 1993 erging, zwar immer wieder zitiert, tatsächlich aber nicht mehr beachtet worden.

Die Belanglosigkeit dessen, was man sich im Ursprungsvertrag von Maastricht zum politischen Kern des europäischen Vorhabens hat einfallen lassen, ist bei allen folgenden Treffen, in Dublin, in Edinburgh oder in Amsterdam, ein ums andere Mal bestätigt worden. Die Folge war, daß Staatsraum und Wirtschaftsraum in einer Weise auseinandergefallen sind, daß es den Staat als die eine, für sämtliche Lebensverhältnisse der Bürger zuständige Instanz nicht mehr gibt. Das hat weitreichende Konsequenzen, die nur ganz langsam in den Blick geraten. Fritz Scharpf hat sie immerhin angedeutet, als er die Frage stellte, »wie eigentlich die Demokratie in Westeuropa überleben soll, wenn die für die Mehrheit der Wähler entscheidenden Bedingungen der Wirtschafts- und Gesellschaftsordnung auf der nationalen Ebene nicht mehr und auf der europäischen Ebene noch lange nicht geregelt werden können«. Er sprach von einem Zustand, in dem die Sachzwänge der Ökonomie die Überlebenschancen der Demokratie gerade in denjenigen Ländern zerstören könnten, in denen sie in der Vergangenheit besonders erfolgreich war.

Beim Aufbruch nach Europa liegt die Wirtschaft vorn, die Politik zurück; und ganz weit hinten, ziemlich abgeschlagen, folgt der Bürger. Keine der beiden Mächte, die auf dem Weg in die Gemeinschaft so schnell vorangekommen sind, zeigt ein erkennbares Interesse daran, auf ihn zu warten und die Reise mit ihm gemeinsam fortzusetzen. Wozu auch? Die Ökonomie braucht und will und kennt den Bürger nur als Kunden. Er soll arbeiten und kaufen, sparen und investieren: er soll ihre Angebote wahrnehmen, aber nicht auf den Gedanken kommen, sie seinerseits zu bestimmen. Der europäischen Politik kann diese Art der Arbeitsteilung nur recht sein. Die Diffusion der Macht und ihre Konsequenz, die Schwierigkeit, ja die Unmöglichkeit, sich als Wähler ein Bild von den Gewählten zu machen, erleichtert ihr das Geschäft. Wer es sich gefallen läßt, zum Marktteilnehmer herabgestuft zu werden, ist auch als Bürger gut zu lenken. Man muß nur mit Wirtschafts-, Währungs- und Wohlstandsgewinnen winken, dann tut er, was man will.

Kohl hat auf diese Weise, indem er die politische Thematik aufs Kommerzielle verengte, bisher noch jede Krise überstanden. Eine auf Konvergenzkriterien und ähnliches konzentrierte Europadebatte ist genau das, was er sich wünscht und was er braucht. Wer mehr verlangt und daran festhält, daß Politik über die Sorge um Stabilitäts- und Wechselkursindikatoren hinausreichen muß, findet für solche Ansprüche keine Adresse mehr. Er läßt die Politik gewähren und wendet sich dem zu, was er beurteilen und gestalten kann. Wo so vieles dafür spricht, daß genuin politische Themen gar nicht mehr aufgerufen oder von denen bearbeitet werden, die dazu kein Mandat besitzen, ist das nur konsequent. Das technokratische Europa spricht kein Gefühl an, ruft nichts wach, macht nichts lebendig. Ein Jahr vor dem entscheidenden Termin stellt sich die demoskopisch abgefragte Haltung der Bevölkerung so dar: »Wenn Europa weiterentwickelt wird – na, wenn schon; wenn es nicht weiterentwickelt wird – na, wenn schon.« Solange das Projekt selbst nicht in Frage steht – und das zu verhindern, ist die öffentliche Klasse allemal einflußreich genug –, sind Gleichgültigkeit und Desinteresse nichts, was der Politik gefährlich werden könnte, im Gegenteil: gelingt es, den Staatsbürger zu betäuben und den Verbraucher anzusprechen, um so besser.

Als die Bewegung noch im Anfang war, hatte Ernst Forsthoff klarsichtig bemerkt, die Einigung Europas sei eine Frage der Administration, nicht der Konstitution. Das gilt bis heute. Europa ist von der Spitze her entworfen worden und wird von dort aus beherrscht. Ausschlaggebend ist, unabhängig von allen verfassungstheoretischen Überlegungen, der Wille der Bürokratie. Verfolgt man die Legitimationsstränge weit genug zurück, gelangt man über etliche Zwischenstufen und auf allerlei Umwegen zwar irgendwann zum Souverän, dem Volk; daß beim endlosen Marsch durch die Institutionen die Rechtsgrundlage aus dem Blick geraten und schließlich vergessen werden könnte, ist in den Lehrsätzen der Politologie aber nicht vorgesehen. Den praktischen Einwand, daß ein Mandat beim Weiterreichen durch die Instanzen seine Kraft verliert, läßt sie nicht gelten. Für den Absolutismus oder, wie man beschwichtigend gesagt hat, den Partialabsolutismus des Brüsseler Systems hat sie kein Organ. Ralf Dahrendorf, der Erfahrung genug besitzt, um sich über den Abstand zwischen demokratischer Theorie und autoritärer Wirklichkeit nicht täuschen zu lassen, sieht die europäische Politik auf dem Weg zurück in den Vorkonstitutionalismus: »Die Mehrzahl der europäischen Entscheidungen fällt im Ministerrat ohne Diskussionen, sie sind das Produkt von Beamtenausschüssen, die sich jeglicher Kontrolle entziehen.«

Auch der Kontrolle durch die höhere Gerichtsbarkeit. Wie alle Organe der Gemeinschaft fühlt sich der Europäische Gerichtshof der großen Sache verpflichtet, im Zweifelsfall entscheidet er zugunsten der Union. Schon deshalb wird er zögern, ausgerechnet jenen in den Arm zu fallen, die dasselbe Ziel verfolgen wie er. Die Konkurrenten, denen sein mißtrauischer Blick gilt, sind weniger die Organe der Gemeinschaft als die der Mitgliedstaaten, vor allem die nationale Verfassungsgerichtsbarkeit. Gewaltenteilung richtet dort, wo die politischen Formen erst gefunden werden und konkurrierende Ansprüche noch durchgesetzt werden müssen, eben nicht viel aus, weniger jedenfalls als in bestehenden Staaten.

Man muß, schrieb seinerzeit James Madison, die Regierung zunächst einmal befähigen zu herrschen; erst später kann man sie dazu zwingen, die Schranken der Macht zu beachten. Erst also die Begründung, dann die Teilung der Gewalt. Mit dieser Reihenfolge hatten es die Aufklärer leicht, denn die erste Aufgabe, die Konstitution der Macht, lag ja schon hinter ihnen: der Staat war da. Europäisch liegen die Dinge deshalb anders, weil hier die Institutionen noch werden wollen, was sie anderswo schon sind. Ihre mißtrauischen Blicke gehen eher nach unten als zur Seite, richten sich weniger gegen die europäischen Mitgewalten als gegen die konstituierenden Nationen. Die Worte, mit denen Jacques Santer, der Kommissionspräsident, das Straßburger Parlament davor warnte, der Kommission sein Mißtrauen auszusprechen, machen die Lage deutlich. Santer sprach von einer drohenden Krise und bezeichnete Parlament und Kommission als »natürliche Verbündete«. Wenig später, als es zum Schwur kommen sollte, redeten die Abgeordneten genauso. Obwohl ihre Forderungen nur zum geringsten Teil erfüllt worden waren, ergingen sie sich in Danksagungen und Komplimenten an die Kommission und priesen die europäische Gemeinsamkeit.

Vor allem auf deutsches Drängen hat man sich im Vertrag von Maastricht darauf geeinigt, dem Machtanspruch der Brüsseler Zentralgewalt zumindest mit Worten entgegenzutreten. Der Begriff, der alle Ängste bannen soll, heißt Subsidiarität. Schon seine Herkunft aus der katholischen Soziallehre weckt freilich Vorbehalte gegen seine Eignung für politische Zwecke, und hätte es diese Zweifel nicht schon gegeben, wären sie durch die Reaktion der europäischen Machthaber wachgerufen worden. Parlament, Kommission und Gerichtshof haben den fragwürdigen Begriff einmütig verworfen. Statt von Subsidiarität reden sie lieber von Flexibilisierung, ersetzen also die eindeutige Rangfolge durch ein unverbindliches Versprechen. Das Subsidiaritätsprinzip, tönt der Sprechchor der Berufseuropäer, dürfe nicht dazu mißbraucht werden, die Macht der Kommission zu schmälern: doch wozu sich darauf verständigen, der kleinen Einheit Vorrang zu geben, wenn nicht dazu, die Macht der größeren zu beschränken?

Davon allerdings will die Zentralmacht nichts hören. In ihrer Lesart heißt Subsidiarität etwas ganz anderes, Verdoppelung oder Vervielfachung der Instanzen. Also: Neben dem Europäischen Parlament die Beratende Versammlung des Europarates, neben dem EuGH den Gerichtshof für Menschenrechte, neben der großen Bürokratie die kleinen Ämter, neben den Hohen Kommissaren die kleinen Potentaten und so weiter. Subsidiarität bedeutet dann nicht länger das Zurücktreten der einen hinter die andere Ebene, sondern Mehrfachzuständigkeit auf unterschiedlichem Niveau. Das schafft Arbeit, und Arbeit schafft Freunde. Wer in einer der vielen Mühlen, die an den europäischen Finanzströmen errichtet worden sind, untergekommen ist, hat ausgesorgt. Jeder der über zweitausend Dolmetscher, die in Brüssel Dienst tun, wird besser besoldet als ein deutscher Hochschullehrer. Wenn die EU-Erweiterung in der geplanten Form vollzogen wird, könnte die Zahl der amtlichen Sprachen von heute 11 auf 23 steigen. Vermutlich werden dann doppelt so viele Dolmetscher in Brüssel tätig sein, dreimal so gut bezahlt wie heute.

Die Gefahr, daß sich die Brüsseler Maschinerie verselbständigt, daß sie ihren Konstrukteuren aus der Hand läuft und sich selbst steuert, ist den Politikern nicht entgangen. Der französische Botschafter François-Poncet klagt seit langem über das undurchdringliche Dickicht der Texte und die verworrene Kompetenzverschränkung zwischen den

Einzelstaaten und den Organen der Gemeinschaft. »Kein Wunder, daß die Öffentlichkeit sich verirrt. Obwohl die Staaten zum Ausbau der Gemeinschaft in jedem Einzelfall ihre Zustimmung gegeben haben, jagt ihnen dieses Abdriften nun langsam Schrecken ein.« François-Poncet vergleicht die Union mit einem komplizierten Räderwerk, das von tausend Händen bedient, aber von keinem Kopf gesteuert wird. So hört und liest man es auch anderswo, vor allem in Deutschland. Nur daß Deutsche und Franzosen aus diesem Befund ganz unterschiedliche Folgerungen ziehen. Denn während Frankreich die Macht bei einer kleinen, politisch handlungsfähigen Spitze konzentrieren will, setzen die Deutschen ihre Hoffnung auf den unpolitischen Fachmann. Sie wollen den europäischen Koloß technokratisch, nicht etatistisch zähmen.

So verschieden die Modelle aussehen mögen, in einer Hinsicht nehmen sie sich nichts. Auf den Bürger, der es mit seinen Rechten und Pflichten ernst meint, wirkt der in Einsamkeit und Freiheit entscheidende Fachmann genauso fremd und unzugänglich wie ein esoterisches Finanz- und Wirtschaftskabinett. Autoritär wäre das eine wie das andere, weil eben nicht nur der Bau einer immer höheren Herrschaftspyramide, sondern auch die Abdankung der politischen Vernunft zugunsten eines vorgeblichen Sachlichkeitsideals der Autokratie in den Sattel hilft. Der Käfig schließt sich so oder so – mit der Folge, daß von der Freiheit des einzelnen wenig übrigbleibt. Für ihn ist es gleichgültig, wer ihm die Milchquoten und die Schlachtprämien, die Produktionsziffern und die Beihilfesätze diktiert: zum Fellachen, zum abhängigen und unselbständigen Lohnarbeiter, fühlt er sich allemal herabgewürdigt. Stumpf wird der Bauer, sagt Max Weber, überall erst dort, wo er in einen ihm fremdartigen Großstaatmechanismus eingespannt wird;

und nicht nur, wie man aus heutiger Erfahrung hinzufügen muß, der Bauer. Denn wie die staatsbürgerliche, lebt auch die im Beruf genossene Freiheit vom Schweigen der Gesetze. Bei anhaltendem Willen, mit der Integration fortzufahren und die Lebensverhältnisse in ganz Europa durch Kohäsionsfonds und Ausgleichszahlungen einander anzugleichen, ist mit Schweigsamkeit jedoch am allerwenigsten zu rechnen. Ohne einen Berg von Drucksachen ist die Vereinigung nicht zu haben, und das Gedruckte gibt es denn auch reichlich. Überschlägig sind es 450 Verlautbarungen am Tag, 2.250 in der Woche und knapp 10.000 im Monat.

Man braucht die beträchtlichen Erfolge, die mit der gemeinsamen Währungs- und Wirtschaftspolitik erreicht worden sind, nicht kleinzureden, um den Preis, der dafür bezahlt worden ist, für hoch, zu hoch zu halten. Sinkenden Inflationsraten und einem anhaltend niedrigen Zinsniveau stehen Verluste an politischer Substanz gegenüber, die nicht schon deshalb weniger wiegen, weil sie schwerer zu beziffern sind. Nicht bloß die Chancen, Einfluß zu nehmen auf das öffentliche Leben, haben sich vermindert und den Bürger zur Randfigur gemacht. Die Politik ist insgesamt zu einer fernen, fremden Welt geworden, in der Verwaltung und Verbände das Geschäft unter sich abmachen. Sie fädeln ein, bereiten vor und bahnen an; und haben damit das Ergebnis in der Hand, denn bürokratische Entscheidungen fallen früh. Warum sonst hat sich das stehende Heer von schätzungsweise 15.000 Lobbyisten in Brüssel niedergelassen? Zusammen mit dem europäischen Beamtenapparat bilden sie die neue feudale Klasse, die in Europa den Ton angibt. Ihre Kooperation gilt als Voraussetzung für das Gelingen der Gemeinschaft und wird deshalb auch gar nicht mehr verheimlicht. Die Zeiten, in denen es noch als anrüchig galt, wenn die Wirtschaft der Politik ins Heft diktierte, gehören auch in Brüssel der Vergangenheit an. »Europas Beamte sind auf externen Sachverstand angewiesen«, berichtet ein ortskundiger Beobachter, ganz Mann des Apparats, mit erkennbarer Genugtuung. »Verbände und Unternehmen sowie eine zunehmende Zahl von Beratungsfirmen nutzen das nicht nur zum Broterwerb, sondern auch als politischen Hebel.« Mit anderen Worten: Man verdient sein Geld damit, daß man die Politik als Geisel nimmt. Alle, die davon leben, Politik zu machen, wissen das. Und alle sind damit zufrieden.

Brüssel beweist, daß es so etwas wie Zentralisierung der Macht ohne Einbuße an demokratischem Gehalt nicht geben kann. »Quod omnes tangit, ab omnibus comprobetur«, dieser schöne Grundsatz läßt sich nur unter zwei Bedingungen aufrechterhalten: indem man entweder den Kreis der Entscheidungsberechtigten oder die Menge des zu Entscheidenden klein hält. Die Europäische Gemeinschaft tut weder das eine noch das andere. Sie macht mit der Vorstellung einer spezifisch politischen, also generalisierenden, das Große und Ganze ins Auge fassenden Betrachtungsweise Schluß. Ohne das Wissen des fachlich trainierten Lobbyisten wären die meisten Beamten und alle Abgeordneten überfordert. Daß der Fachmann in Wahrheit ein Interessenvertreter ist, der den Abgeordneten als Erfüllungsgehilfen und den Beamten als Werkzeug benutzt, wird gar nicht mehr bestritten. Ein Bewußtsein davon, daß die Macht böse, zumindest aber gefährlich ist und deshalb kontrolliert werden muß, scheint verkümmert zu sein; zumindest macht es sich nicht mehr bemerkbar. Wie das Spiel läuft, hat Friedel Neuber, als Chef der Westdeutschen Landesbank ein Sprecher der öffentlichen Kreditwirtschaft, zu erkennen gegeben, als er am Vorabend der Revisionskonferenz von Amsterdam mit seiner Opposition gegen die gemeinsame Währung für den Fall drohte, daß die Privilegien der deutschen Sparkassen angetastet werden sollten. Und Helmut Kohl hat schnell und pünktlich reagiert, indem er sich anderntags von seinen Vertragspartnern die verlangten Sonderrechte zusichern ließ. Das sind die Hände, in denen Europas Schicksal liegt. Sie tun, was alle Hände tun. Sie waschen sich gegenseitig.

Ein Gebilde von den Ausmaßen Europas läßt sich nicht bürgernah und bürgerfreundlich dirigieren. Wenn die französischen Lastkraftwagenfahrer streiken, die spanischen Gemüsebauern um ihre Absatzmärkte fürchten und die Bewohner der österreichischen Alpentäler den Transitverkehr nicht mehr dulden wollen, dann muß man sich entscheiden. Und solange alle Seiten so gute, weil nämlich geographisch bedingte, historisch gewachsene oder wirtschaftlich diktierte Gründe haben, werden sich Österreicher, Franzosen oder Spanier von jeder einheitlichen Direktive übergangen fühlen. Auch die Hartnäckigkeit, mit der die Deutschen ihrem Expertenglauben anhängen, rechtfertigt sich nicht aus sich selbst heraus, sondern nur vor dem Hintergrund der spezifischen Erfahrungen, die sie mit einer politisch willfährigen Notenbank gemacht haben: Befürchtungen, die durch Waigels leichtfertigen Griff nach den Goldreserven der Bundesbank in jüngster Zeit noch einmal belebt worden sind. Das deutsche Zutrauen in die Vorzüge einer autonomen Zentralbank hat historische Wurzeln; wo es diese Wurzeln nicht gibt, muß die Machtfülle einer Institution, die politisch nur schwer zu kontrollieren ist, als Zumutung und Fremdbestimmung empfunden werden. Die dramatischen Worte, mit denen der frühere Staatspräsident Giscard d'Estaing die französische Nationalversammlung für den Plan einer Wirtschafts- und Währungsregierung zu gewinnen suchte – »Die Entscheidung wird endgültig und unwiderruflich sein. Wir werden sie niemals mehr ändern können. Wir haben deshalb kein Recht auf Irrtum« –, diese Worte hätten auch im Bundestag gesprochen werden können. Die Konsequenz wäre allerdings eine andere gewesen. Denn die Deutschen hätten ihr Heil gerade nicht in einer Nebenregierung gesucht, sondern in einem Zentralbankrat von unabhängigen Experten.

So hat der Bundestag ja auch entschieden. Er hat sogar das Grundgesetz geändert, um ganz Europa auf den Weg der deutschen Währungstugend zu verpflichten. Das war nicht nur ein verfassungsrechtliches Unikum, sondern auch eine politische Instinktlosigkeit, weil der Verdacht des Hegemoniestrebens, den die Deutschen doch gerade zu vermeiden suchten, durch diese Geste noch einmal belebt worden ist. Andere Länder sind nun einmal nicht so schnell dazu bereit, die Geldwertstabilität auf dem Niveau von Menschen- und Bürgerrechten anzusiedeln und sie als ewige Wahrheit in der Verfassung zu verankern. Bundesbankpräsident Tietmeyer spricht für die Deutschen, wahrscheinlich aber auch nur für sie, wenn er das Allerheiligste der Währungspolitik dem Urteil der Mehrheit entziehen will, denn »Mehrheiten können sich ändern, und damit auch die Konzepte«. Stabilität ist eben kein Konzept, sondern ein Glaubenssatz, der gegen Andersdenkende verteidigt werden muß. Geldfragen werden zu Gewissensfragen, und Pierre Bourdieu braucht nicht einmal zu übertreiben, wenn er die großen Geldpaläste, den IWF, die Weltbank und ähnliche Institutionen, mit dem Vatikan vergleicht. In der Tat, ein Europa, in dessen Zentrum eine Bank steht, wäre hierarchisch aufgebaut wie der Klerus. Das Urteil der Währungsfachleute würde keinen Widerspruch erlauben, genausowenig wie die Glaubenswahrheiten der Kirche.

Daß man entschlossen ist, zum guten, ja zum höchsten

Zweck energisch zuzugreifen, wird gar nicht geleugnet. Die Anhänger Maastricht-Europas räumen offen ein, daß die Fortschritte der letzten Zeit kaum möglich gewesen wären, wenn man sich von demokratischen Regeln und republikanischen Gebräuchen nicht großzügig dispensiert hätte. Ein deutscher Gewerkschaftsfunktionär bemerkte treuherzig, wirtschaftliche Leistungsfähigkeit sei nun einmal wichtiger als die Demokratie. Anders ausgedrückt: wo gehobelt wird, da fallen Späne. Ob die Versäumnisse, die sich auf diesem Wege eingeschlichen und langsam festgesetzt haben, jemals wieder aufgeholt werden können, ist völlig unklar. Daß ein demokratisches Defizit allenthalben beklagt wird, heißt ja noch nicht, daß man es auch beheben will. Die ungeduldige Art, in der die Maastricht-Europäer nach einer Aufwertung des Straßburger Parlaments verlangen, werden die Zweifel nicht ausräumen. Dieter Grimm hat daran erinnert, daß der Erfolg demokratischer Verfassungen nicht alleine an der inneren Güte ihrer Regelungen hängt, sondern ebenso an den äußeren Bedingungen ihrer Wirksamkeit: »Über den demokratischen Gehalt eines politischen Systems sagt die Existenz gewählter Parlamente weniger als die Pluralität, innere Repräsentativität, Freiheitlichkeit und Kompromißfähigkeit des intermediären Bereichs der Parteien, Verbände, Assoziationen, Bürgerbewegungen und Kommunikationsmedien. Wo ein Parlament nicht auf einer solchen Struktur ruht, bestehen zwar demokratische Formen, doch fehlt ihnen die demokratische Substanz.«

Für Tony Blair scheint das der Grund für seinen Entschluß gewesen zu sein, mit dem endgültigen Beitritt zum europäischen Währungsverbund so lange zu warten, bis die vermittelnden Instanzen, ohne die einer Demokratie das Blut fehlt, stärker geworden sind und dem Volk die Zustimmung erleichtern. Kohl, der Parteimann, zieht den umgekehrten Schluß. Für ihn ist die wachsende Entfernung zwischen Volk und Staat ein Grund, die Wähler gar nicht erst zu fragen. Aus seiner Sicht ist das auch folgerichtig, denn für das Gelingen der Gemeinschaft wäre es besser, wenn die politischen Instinkte eingeschläfert würden, und die in Maastricht getroffene und seither nie mehr revidierte Vereinbarung, Wirtschaft und Währung von der Politik zu trennen, kommt dieser Absicht weit entgegen. Sollten die Instinkte doch noch einmal aufbrechen, könnten sich die Menschen ja daran erinnern, daß mit dem Bürger mehr gemeint war als der Konsument. Solche Reminiszenzen würden dem Nationalstaat zugute kommen, der durch Europa gerade überwunden werden soll. Das eigentlich Politische, das Zutrauen ins eigene Urteil und in die eigenen Kräfte, wird dabei dann gleich mitüberwunden.

Entscheiden dürfte sich das Schicksal Europas in der Sozialpolitik, dem größten, wichtigsten und teuersten Bereich moderner Staatlichkeit. Soziale Ansprüche und Leistungen lassen sich nur dort durchsetzen, wo das Zugehörigkeitsgefühl, der »sense of belonging«, stark ausgeprägt ist. Sowohl die gewaltigen Summen, die für diese Zwecke aufgewandt werden, als auch die hohen Erwartungen, die das staatlich verbürgte Sicherheitsversprechen bei den Menschen geweckt hat, rücken die Frage, wer dazugehört und wer nicht, ins Zentrum der Politik. Diese Frage wird natürlich nicht durch die Existenz eines europäischen Kohäsionsfonds beantwortet, von dem die meisten gar nichts wissen, sondern durch all das, was die politische Ökonomie als weiche Standortfaktoren bezeichnet, durch Sprache, Kultur und gemeinsam erlebte Geschichte. Ob aus einer europäischen Sozialpolitik etwas werden kann, hängt von Gefühlen und Befangenheiten ab, von Vorlieben und Animositäten, Erinnerungen und Verpflichtungen. Und die werden einen Solidaritätszuschlag, mit dem die Versicherungsbeiträge deutscher Bergleute an griechische Apfelsinenbauern verteilt werden, auf absehbare Zeit nicht zulassen; die Deutschen tun sich ja schon schwer genug damit, so etwas für die neuen Bundesländer zu leisten. Hingenommen wird die exzessive Ausgleichstätigkeit der europäischen Behörden wohl nur deshalb, weil kein Wähler weiß, was jeder von ihnen bereits heute für Menschen aufbringt, mit denen ihn nicht mehr verbindet als ein unverständlicher Vertrag. Auch insofern lebt die Gemeinschaft von der Unkenntnis ihrer Bürger, ist das Absterben des Politischen Bedingung für den Aufbau Europas. Fritz Scharpf hat aus alldem den Schluß gezogen, daß sich gerade in der Sozialpolitik der Verlust nationaler Handlungsfähigkeit niemals kompensieren lassen wird: »Wenn die Krise der europäischen Politik überwunden werden soll, dann müssen die Lösungen primär auf der nationalen Ebene gesucht werden.«

Die geborenen Anwälte der unverkürzten Bürgerrechte wären die Linken. Sie wären es, denn sie sind es nicht, jedenfalls nicht in Deutschland. In europäischen Dingen zeigt sich die deutsche Linke gleich mehrfach konsterniert: zunächst durch ihre Fixierung auf die Arbeit als ersten und wichtigsten Lebenszweck; danach durch ihr Vertrauen in die abstrakten Konstruktionen der politischen Vernunft; schließlich durch ihren emphatischen Internationalismus, der sich unter den historisch belasteten Verhältnissen in Deutschland zu einem regelrechten Antinationalismus gesteigert hat. Das erste Handicap läßt die Linke das Thema verkennen, das Bürgerrechte heißt und nicht Recht auf Arbeit. Das zweite verführt sie zu der Annahme, die europäische Verfassung am grünen Tisch entwerfen und irgendwann in Kraft setzen zu können. Das dritte raubt ihr die Alternative, die bis auf weiteres, solange die neue Form noch nicht gefunden ist, nun einmal Nationalstaat heißt.

Das wahrzunehmen und, wenn auch resignierend, anzuerkennen, hat sich die Linke, die deutsche jedenfalls, verboten. Sie glaubt, die Geister der Vergangenheit ein für allemal bannen zu können, wenn sie nur intensiv genug versucht, aus den deutschen Nöten eine europäische Tugend zu machen. Daß sie sich damit abschneidet vom Ursprung der politischen Gefühle, nimmt sie als Preis für den erhofften Fortschritt eben hin. Das gibt ihrer Begeisterung für Europa etwas Erzwungenes, etwas von Trotz und Unaufrichtigkeit und macht sie unfähig, Kohls simplem Bild vom Zug, der durch den Bahnhof der Geschichte donnert, Intelligenteres entgegenzusetzen. Ihr Ja zu Europa ist letztlich negativ motiviert, nur Folge ihrer Angst vor der rechten Gefahr, die sie an jeder Straßenecke lauern sieht. Ein solches Motiv trägt aber nicht weit. Es hat die Linke dazu verurteilt, die Initiative im Einigungsprozeß den anderen, den Technikern des Marktes und der Macht zu überlassen. Nach ihrer Sprachlosigkeit im Augenblick der deutschen Einigung wird ihr Verzicht auf eine Gegenposition zu Maastricht als ein historisches Versagen in Erinnerung bleiben.

Theo Waigel hat einmal auf die psychologische Bedeutung des Euro hingewiesen. Um zusammenzuwachsen, brauche Europa ein Symbol, und deshalb brauche es den Euro. In der Tat, ohne ein Sinnbild, das alle verbindet und auf das sich jeder berufen kann, kommt keine Gemeinschaft aus. Es macht jedoch einen fundamentalen Unterschied, ob man es aus der Wirtschaft nimmt oder aus der Politik, ob das Symbol die Währung ist oder eine Verfassung. Solange es die nicht gibt, läßt sich Waigels Hinweis mit gleichem Recht umdrehen. Dann spricht gerade das Psychologische dafür, im Euro ein Sinnbild für die Abwertung des Politischen zu sehen und mit ihm mindestens so lange zu warten, bis die Konvergenz über die drei in Maastricht vereinbarten Kriterien hinausgewachsen und im Bewußtsein der Menschen verwurzelt ist. Das war es wohl, was Jean Monnet gemeint hat, als er am Ende seines Lebens sagte, wenn er die Aufgabe noch einmal zu tun hätte, würde er bei der Kultur beginnen.

Kein Friede durch Handel

Die Gefahr der mißverstandenen
Demokratie ist größer als die der
Ablehnung demokratischer Zustände.

WERNER VON SIMSON

In der Einleitung zur Neuauflage seines Buches über den ›Verrat der Intellektuellen‹, das zwanzig Jahre zuvor so großes Aufsehen erregt hatte, beklagt sich Julien Benda über die Begeisterung, mit der die europäische Intelligenz den dramatischen Wandel verfolgt hat, dem die Welt durch den Zugriff von Wirtschaft und Technik ausgesetzt worden ist. Er wundert sich darüber, daß sich gerade die Intellektuellen als unfähig oder unwillig erwiesen haben, den Veränderungsdruck von außen her, nach den Maßstäben der autonomen Vernunft, zu betrachten. Statt dessen, schreibt Benda, »erstreben sie eine Verschmelzung mit dieser Welt als einer, die sich unabhängig von jeder Ansicht des Geistes entwickelt«. Diese Lust, sich mit den Tatsachen zu arrangieren, hatte in Frankreich, Bendas Heimat, einer chauvinistischen Politik die Stichworte geliefert, in der deutschen Philosophie hat sie die These von der Vernünftigkeit alles Gewordenen hervorgebracht. Für das Bedürfnis, im Strom der Geschichte (die man selbst erklärt hat) mitzuschwimmen, das Schicksal (das man selbst gedeutet hat) auf seiner Seite zu wissen, dem Gang der Evolution (die man selbst definiert hat) nicht im Wege zu stehen, zitiert Benda nicht nur die Herolde der Linken, allen voran Marx und seine Gefolgsleute, sondern auch Rechte wie Charles Maurras und Houston Stewart Chamberlain. Die Botschaft, mit der sie ihre Anhänger stimulierten und zu Massenverbrechen aller Art einluden, sei überall dieselbe gewesen: »Unser Handeln ist richtig, weil es mit dem historischen Werden in eins zusammenfällt. Also schließt euch an!«

Benda nennt das die Romantik des Positivismus. Sie stellt sich auf den Boden der Tatsachen, aber erst, nachdem sie diese Tatsachen in ihrem Sinne gedeutet und verklärt hat. Solange diese Art von Geschichtsmetaphysik von mehr als einer Seite betrieben wurde, konnte sie zur Ursache für wilde Exzesse, blutigen Gesinnungsterror und millionenfache Menschenopfer werden; die Geschichte des 20. Jahrhunderts ist voll davon. Seit dem Ende des europäischen Bürgerkrieges, seit 1989 also, hat der Glaube an das Geschichtsgesetz und die Entschlossenheit, ihm dienstbar zu sein, seine radikale Anhängerschaft von links und rechts fürs erste allerdings verloren. Der Hinweis auf den Evolutionsmechanismus und seine einzelnen Kapitel, auf Modernisierung und Industrialisierung, Technisierung und Globalisierung ist zu einer Sache des zivilen Managements und der bürgerlichen Mitte geworden. Er soll nicht mehr aufpeitschen, hat das ja auch gar nicht mehr nötig, weil er konkurrenzlos die ganze Welt beherrscht, sondern nur noch entschuldigen, daß man so vieles tut, was offensichtlich falsch und manchmal geradezu widersinnig ist. Man braucht nicht mehr zu kämpfen, man muß nur noch für gute Stimmung sorgen, Akzeptanz herstellen und die Ruhe bewahren, weil sonst zu den unvermeidlichen Entwicklungsschäden vermeidbare Aufregungsschäden hinzukommen. An der »Entwicklung« nämlich führt kein Weg vorbei, sie ist Auftrag und Gesetz zugleich. Wer sich an ihr versündigt, greift die Natur selbst an, denn die Natur ist Wettbewerb, und Wettbewerb ist Fortschritt, Fortschritt ist Wirtschaft, und Wirtschaft ist Natur. Nicht mehr fanatisch wie die Radikalen, sondern fatalistisch wie der Unternehmer

Walter Rathenau kommt man zu dem Ergebnis, daß die Entwicklung und die Wirtschaft Schicksal seien.

Der Primat des Wirtschaftlichen, wie er jetzt überall verkündet wird, zielt auf die Politik in ihren herkömmlichen Formen. Politik bedeutet ja, wie Carl Christian von Weizsäcker zu bedenken gibt, immer auch »die Herrschaft des nationalen Systems der von nationalen Wahlen abhängigen parlamentarischen Demokratie«. Deswegen müssen, wo die Wirtschaft herrschen soll, alle ihr Opfer bringen, die Politik, der Nationalstaat und der Parlamentarismus. Wenn alles nach Dynamik, Effektivität und Wachstum lechzt, hat die Demokratie, konservativ und eher statisch, wie sie ist, zurückzustehen: eine fernöstliche Weisheit, die inzwischen auch anderswo, in den Stammländern Europas, nachgesprochen wird. Ein Mann wie Lee Kuan Yew, der Singapur mit harter Hand regiert, findet mit seinen asiatischen Werten auch in Europa Beifall. Hat er doch bewiesen, daß eine Gesellschaft, die es mit dem demokratischen Reglement nicht allzu genau nimmt, in einer einzigen Generation zu Wohlstand, ja zu Reichtum kommen kann, Entwicklung also auch ohne Demokratie möglich ist. So etwas nötigt auch deutschen Professoren Bewunderung ab. Sie hören gut zu, wenn ihnen Lee erklärt, daß Wahlen, oppositionelle Ansichten und ein regelmäßiger Wechsel der regierenden Partei »nicht unbedingt« nötig seien. Denn auch nach ihrer Ansicht soll sich Politik mit dem bescheiden, was die Wirtschaft übrigläßt, die Reihen- und Rangfolge ist für sie klar. Verfassung, Bürgerrechte und so weiter kommen später, als ein Geschenk der Machthaber an diejenigen, die sich um die Wirtschaft verdient gemacht haben, »Gruppen von Managern, Ingenieuren, Fachleuten«, wie Lee präzisiert. Wenn es soweit ist, sollen sie in sozialen und ökonomischen Dingen mitreden dürfen, vielleicht auch darüber, »wie sie re-

giert werden wollen. Teilhabe an der Regierung wird un-
ausweichlich, denn gutes Regieren bedarf der Partizipation.« So spricht der Asiate Lee Kuan Yew.

Sofern man das ein Verfassungsprogramm nennen will,
ist es eindeutig. Das Parlament schrumpft zur Interessenvertretung, Mitsprache gibt es für Manager und Ingenieure:
ziemlich genau die Machtkonstellation, die sich auch für
die Europäische Gemeinschaft abzeichnet. Dort freilich
nicht von vornherein geplant, sondern als Resultat der »Entwicklung«. Bemerkenswert ist, daß die Aussicht auf diesen
Ständestaat nicht nur bei Macht- und Gewinnmenschen
wie dem Medienunternehmer Rupert Murdoch, sondern
auch in der Politologie auf Zustimmung trifft, bei den Wirt-
schafts- und Betriebswirten natürlich ohnehin. Auf ihre
Weise sind sie damit konsequent: wer zwischen Verfassungsfragen und Wohlstandsfragen nicht gern trennen
mag, wird ein ums andere Mal den Kompromiß zu Lasten
der Verfassung schließen. Er wird es machen wie die vielen
ausländischen Besucher, die 1936 nach Berlin kamen und
die Effizienz bewunderten, mit der das nationalsozialisti-
sche Deutschland die Olympischen Spiele organisiert hatte.
An Julien Benda, der die Freiheit, die Gerechtigkeit und die
Wahrheit als oberste intellektuelle Werte gerade deshalb
verteidigte, weil sie, wie er sich ausdrückte, »nicht praktisch« sind, werden sich die Liebhaber von Effektivität und
Leistungsfähigkeit nicht mehr erinnern.

Denn heute sind gerade die praktischen Werte ausdrücklich erwünscht; und die Werte der Wirtschaft sind praktisch. Demokratisch sind sie nicht unbedingt und friedlich
nur dann, wenn man die Subreption begeht, die Wege des
Handels von vornherein als friedlich zu betrachten. Tocqueville entnimmt die Beispiele für das, was er die zerstörerischen Kräfte des Wirtschaftslebens nennt, demselben

Lande, das er wegen seiner politischen Einrichtungen so sehr bewunderte. Er hatte beobachtet, daß die Angloamerikaner – fleißig, reich und selbständig, wie sie waren, in kulturellen Dingen aber eher roh – die französischen Siedler, wo immer sie mit ihnen in Berührung kamen, durch harten Wettbewerb zugrunde richteten. In Texas, das damals noch zu Mexiko gehörte, ging es sogar noch dramatischer zu: »Seit einigen Jahren dringen die Angloamerikaner vereinzelt in dieses noch wenig bevölkerte Gebiet ein, kaufen das Land, bemächtigen sich der Industrie und verdrängen rasch die ursprünglichen Einwohner«, berichtet Tocqueville. Auf dieser Basis riskiert er eine seiner berühmten Voraussagen: »Beeilt sich Mexiko nicht, diese Bewegung aufzuhalten, so ist leicht vorauszusehen, daß es Texas bald verlieren wird.« Mexiko beeilte sich nicht und verlor das Land im Krieg mit seinem Nachbarn, den Vereinigten Staaten von Amerika. Eroberungen sind eben niemals friedlich, auch dann nicht, wenn sie mit wirtschaftlichen Mitteln vorgenommen werden und alle Seiten darauf achten, daß das ökonomische Abenteuer militärisch nicht eskaliert. Das Ergebnis solcher Akquisitionen an den Kriterien des Siegers zu messen, also nicht von Kampf und Eroberung, sondern von Fortschritt oder Evolution zu sprechen, ist pure Ideologie.

Nachdem das ›Kommunistische Manifest‹ seine Rolle als Programm der revolutionären Welteroberung eingebüßt hat, wird es inzwischen auch von Kapitalisten zitiert, und zwar zustimmend. Daß die Bourgeoisie nicht existieren kann, »ohne die Produktionsinstrumente, also die Produktionsverhältnisse, also sämtliche gesellschaftlichen Verhältnisse fortwährend zu revolutionieren«, daß die »Umwälzung der Produktion, die ununterbrochene Erschütterung aller gesellschaftlichen Zustände, die ewige Unsicherheit und Bewegung« dazugehört, wird in jedem Lehrbuch der modernen Volkswirtschaft erwähnt und anerkannt. Nur die Bewertung ist anders geworden: was Marx nicht einfach dulden wollte, jedenfalls nicht in den naturwüchsigen Formen eines schicksalhaften Prozesses, wird gerade so, als ein Naturzwang, von seinen späten Erben hingenommen. Die brutalen Formen und zerstörerischen Auswirkungen der ökonomischen Entwicklung werden nicht geleugnet; aber wo alles über den kommerziellen Leisten geschlagen wird, kommt ihnen kein eigenes Gewicht mehr zu, aufhalten oder anhalten können sie den Prozeß schon gar nicht. Technisch gesprochen, sind die Verheerungen nicht Folgen, sondern Nebenfolgen: unerwünscht, aber unvermeidlich.

Was das für Lebensbereiche bedeutet, die ganz anderen Maßstäben als denen der kaufmännischen Buchführung unterliegen, hat Werner von Simson erläutert. In Bayern, schreibt er, »und auch in anderen Ländern stellt der bäuerliche Klein- und Mittelbetrieb nicht nur eine beliebige Erwerbstätigkeit dar, sondern ein unersetzliches Element des allgemeinen, so und nicht anders gewachsenen Daseins. Wer das nicht weiß, muß sich nur einmal die oberbayerischen Dörfer und kleineren Städte mit ihren Kirchen und Klöstern ansehen.« Dann folgt die Nutzanwendung auf die Politik: »Es wird vielfach erklärt, diese festverwurzelte Daseinsform müsse zugrunde gehen, wenn ihre in Kleinbetrieben hergestellten Produkte zur Konkurrenz gezwungen würden mit importierten, aus industrialisierten Großbetrieben stammenden Agrarerzeugnissen. Nimmt man an, daß dies zutrifft, müßte eine europäische Verfassung sich fragen, ob die Gemeinschaft berechtigt ist, internationale Verpflichtungen auf sich zu nehmen, deren Erfüllung die wesentliche Eigenheit einzelner Mitglieder aufhebt.«

Aber das geschieht nicht, Rechtmäßigkeit wird einfach vorausgesetzt. Statt sie zu begründen, wird auf bayerisches

Drängen ein weiteres, mit mehr als zwei Milliarden Mark großzügig ausgepolstertes Förderprogramm beschlossen, Kulturlandschaftsprogramm genannt, kurz Kulap. Sein Kern ist die Grünlandprämie, die in den Fällen ausgezahlt wird, in denen ein Bauer auf Pflanzenschutz, Mineraldüngung und den Umbruch von Wiesen zu Ackerland verzichtet.»Bei einem Viehbesatz von mehr als zwei ausgewachsenen Rindern, sogenannten Großvieheinheiten (GVE) je Hektar werden die Prämien verringert und davon abhängig gemacht, daß der Betrieb einen Grünlandanteil von wenigstens siebzig Prozent aufweist«, heißt es dazu. Und als wüßte man schon um die horrenden Mißbrauchschancen, zu denen ein derart feingesponnenes Programm förmlich einlädt, wird zusätzlich zu der gewöhnlichen Erfolgskontrolle eine besondere Wirkungsanalyse angekündigt. Geld, Vorschrift, Kontrolle, das sind die Mittel der Verwaltung. Für Werner von Simsons Frage nach der Rechtmäßigkeit des Ganzen hat sie keinen Sinn.

In der Debatte um die europäische Verfassung oder um das, was sie einstweilen vertritt, ein kompliziertes System komplizierter Verträge, ist diese Frage gar nicht aufgetaucht. Als eine Verkörperung des evolutionären Weltgeistes fühlen sich die Maastrichteuropäer dazu berechtigt, nein: dazu verpflichtet, alle Hindernisse zu überwinden und alle Opfer zu verlangen. Sie predigen Anpassung, Anpassung an die Entwicklung, und fördern die Entwicklung, Entwicklung zum Zweck von Anpassung: das alte, tautologische Programm der liberalen Wirtschaftsseminare. Daß es auch ganz andere Dimensionen des Lebens gibt, die gleichfalls Unterstützung, zumindest aber Schonung verdienen, ist in diesem Weltbild nicht vorgesehen. Und so geht es weiter mit der Angleichung und der Vereinheitlichung bis ins letzte Detail, bis zu den normierten Traktorsitzen und Vorschriften über die »zulässigen Abweichungen bei den Anforderungen an Ausrüstung und Strukturen der Versandzentren und Reinigungszentren für lebende Muscheln«. Eine Badewasserdirektive, die Genehmigung einer Kreditlinie für Peru, ein erklärender Antwortbrief der Kommission an den Rechnungshof, irgend etwas zur Netzweite der Hochseefischerei, so zitiert Ralf Dahrendorf aus einer beliebigen Vorlage, die von den europäischen Behörden zur Absegnung ans Oberhaus nach London geschickt worden war. Das ist der Alltag der Gemeinschaft: langweilig, pünktlich, kleinlich und genau. Und frei vom Geist der bürgerlichen Freiheit.

Woher nimmt man das Recht, so tief und immer wieder in die gewachsenen Verhältnisse einzugreifen? Jede nicht bloß auf die Anwendung, sondern auch auf die Herleitung der Macht gerichtete Betrachtung muß zu dem Ergebnis kommen, daß Brüssel ein Koloß ist, dessen Legitimation auf tönernen Füßen steht. Mag sich für seine Herrschaftsmittel, für jede einzelne der unzähligen Verordnungen, Richtlinien und Entscheidungen auch eine formal unangreifbare Quelle finden: die Form, in der die Fracht am Ende bei den Empfängern, den Anwendern und den Verbrauchern ankommt, läßt von der Herkunft nicht mehr viel erkennen. Wer erlebt hat, mit welcher Devotion die gewählten Vertreter des Volkes leibhaftigen Kommissaren oder einem ihrer Abgesandten zu begegnen pflegen, wird sich über die tatsächlichen Machtverhältnisse keine Illusionen machen. 160 Milliarden Mark, der jährliche EU-Haushalt, sind eine gewaltige Summe, und auch wenn sie auf demokratisch einwandfreie Art und Weise bewilligt worden sein sollte, wird sie auf Wegen verteilt, die demokratisch nicht mehr zu überwachen sind. Die Verluste, die beim Weiterreichen der Macht nach oben aufgetreten sind, lassen sich nie wieder wettmachen, sollen wohl auch nicht ausgeglichen werden, weil es so einfach ist, die Brüsseler Exekutoren für die Grausamkeiten verantwortlich zu machen, für die man zu Hause nicht einstehen will.

Man hat das Fernrücken der Staatsgewalt, ihre Ansiedlung in großen und fernen Palästen in der Hoffnung begrüßt, daß damit Raum frei würde für die kleinen Netze, die örtlichen Assoziationen, das selbstbestimmte Handeln in kleinen und überschaubaren Gruppen. Aber das dürfte voreilig gewesen sein. Denn der Staat verschwindet ja nicht, er zieht sich nicht einmal zurück, er weicht nur aus, um kälter und massiger wieder zurückzukehren und sich wie Mehltau über die Gesellschaft zu legen, »étendu et faible«. In dieser Gestalt kann er gerade das nicht erledigen, wozu man ihn vielleicht noch einmal brauchen wird. Der Amerikaner Paul Kennedy ist nicht der einzige, dem der ungehemmte Machtanspruch der Wirtschaft und seine Folge, die Aufspaltung der Gesellschaft in Arm und Reich, unheimlich vorkommt. Die Menschen werden, fürchtet er, »in gewisser Weise Rache nehmen« für die Ergebnisse von Thatcher-Revolution und Reaganomics, die ganze Liberalisierung zum Teufel wünschen und wieder mehr Kontrolle, mehr Ordnung, mehr Schutz und mehr Sicherheit verlangen. Die Frage ist: von wem? Ohne Institutionen, die solche Forderungen aufgreifen und sich zu eigen machen können, wird es auch diesmal nicht gehen, genausowenig wie bei allen früheren Aufstands- und Emanzipationsbewegungen. Das Bürgertum hatte seine Parlamente; dort konnten die Emporkömmlinge aus dem dritten Stand ihre Sache vortragen und bis zum Sieg, bis zur Gleichstellung mit den beiden ersten Ständen, durchfechten. Der vierte Stand hatte seine Parteien und seine Gewerkschaften, Organe der Politik auch sie. Alle hielten sich an den Staat, er war ihr Adressat im guten wie im bösen, als Anwalt oder als Gegner. Und niemand kam auf den Gedanken, den Weg an ihm vorbei zu suchen.

Inzwischen tut man das mit größter Selbstverständlichkeit. Vor allem junge Leute sehen in staatsfreien Organisationen die besseren und glaubwürdigeren Vertreter, wenn es um öffentliche Aufgaben wie Schutz von Leben und Gesundheit geht. Dann stehen Greenpeace oder Robin Wood weit über allen Regierungen, Parteien und Parlamenten. Der Kampf um die Versenkung einer ausgedienten Ölplattform, der Brent Spar, ist fast ohne Beteiligung der Staatsmacht von zwei global agierenden Unternehmen ausgetragen worden, von denen das eine mit Öl, das andere mit Emotionen handelte. Der dritte, gleichfalls staatsfreie Akteur waren die Medien: sie boten den Resonanzboden und die Projektionsflächen, auf denen das, was Shell und Greenpeace taten, rund um die Welt verbreitet wurde. Diese drei erzeugten den Druck, lieferten die Argumente und trafen die Entscheidungen, nach denen das Spektakel ablief. Die sogenannte große Politik kam erst viel später; und als sie kam, spielte sie eine unrühmliche Nebenrolle. Der britische Premierminister verteidigte die ursprüngliche Strategie selbst dann noch, als Shell den Kurs bereits geändert hatte, die deutschen Umweltminister und -ministerinnen sprangen den Greenpeacekämpfern erst in dem Augenblick bei, als sich die Waage schon nach deren Seite geneigt hatte. Von Anfang an liefen die Dinge an den gewählten und verantwortlichen Vertretern der Staatsgewalt vorbei, und auch wenn man den Ausgang dieser modernen Seeschlacht begrüßt, sollte man sich nicht darüber täuschen, daß er auf Wegen zustande kam, die einem demokratischen Verfahren Hohn sprechen.

Das Schicksal der Brent Spar lehrt zweierlei: daß die vielen emanzipierten, souveränen oder sonstwie autonomen Individuen, die glauben, des Staates nicht mehr zu bedürfen, auf sich allein gestellt nicht viel ausrichten werden. Gerade im Elementarbereich, beim Kampf für Wasser, Luft und Erde, sind sie auf Fürsprache und auf Sachwalter angewiesen, die es verstehen, die vielen Stimmen, Voten, Kaufentscheidungen zu bündeln und ihnen damit erst die Wucht zu verleihen, welche die Verhältnisse zum Tanzen bringt. Die zweite Lehre besteht in der Erinnerung daran, daß der bekannte Gegensatz von Effektivität und Demokratie auch für Greenpeace gilt. Die sogenannten Non-Governmental-Organizations sind doch nur deshalb so schlagkräftig, weil sie sich langwierige Abstimmungsprozeduren ersparen und ziemlich autoritär darüber entscheiden können, welche Klagen sie zur Verhandlung annehmen und welche nicht. Kein Mensch hat Ansprüche gegen sie oder könnte sich in der Weise auf sie berufen, wie es die Staatsbürgerschaft jederzeit möglich macht: ein Unterschied, der jedem klar ist, der auch nur ein einziges Mal in einem fremden Land in Not geraten ist. Dann nämlich muß die Botschaft tätig werden; die NGO muß nicht. Sie ist kein Staat, hat keine Einwohner, die Inhaber von Rechten wären, sondern nur Mitglieder, die Beitrag zahlen.

Der Rückzug des Staates dient der Freiheit eben nur so lange, als seine Autorität nicht irgendwo verschwindet, sondern stark und sichtbar genug bleibt, das zu verteidigen, was seine und nur seine Sache ist, an erster Stelle also die Grundrechte. Wer den Staat demontiert oder auch nur abdrängt, beraubt sich des einzigen Mittels, »unsere gemeinsamen Freiheiten zu schützen und unsere gemeinsamen Interessen zu finden«, schreibt Benjamin Barber. Seine Zerstörung diene weniger der Emanzipation als dem Triumph der marktbeherrschenden Unternehmen. Gewiß kann der Zivilgesellschaft und ihrem Anspruch auf Freiheit nichts so gefährlich werden wie eine Regierung, die entschlossen ist, sich über alle Grenzen ihrer Wirksamkeit hinwegzusetzen. »Wir ergreifen das Kind schon in der Wiege«, tönte Reichsarbeitsführer Robert Ley, »und wir lassen den Menschen erst im Sarg wieder los.« Das war und ist das Credo der totalitären Sozialpolitik. Sie unterwirft sich die Menschen, um sie zur großen Volksgemeinschaft zusammenzuschweißen. Die autoritäre Sozialpolitik, ihre zeitgemäße Nachfolgerin, geht anders vor; zwar benutzt sie dieselben Mittel, jedoch in anderer Absicht. Sie wirft die Menschen auf sich selbst zurück, vereinzelt sie, statt sie zusammenzubinden. So wie der Totalitarismus den Volksgenossen hervorgebracht hat, ist der Single das Geschöpf der gegenwärtigen Sozialpolitik. Die Zunahme der Einzelhaushalte, seit Jahr und Tag ein geläufiges Phänomen der Wohnungsstatistik, ist ein Indiz dafür, wie erfolgreich die Volksgemeinschaft der Nationalsozialisten durch die Versichertengemeinschaft der Nachkriegszeit ersetzt worden ist. Der Staat, vertreten durch die öffentliche Klasse, und die Gesellschaft, vertreten durch die Beitragszahler, gehen ihre eigenen Wege und begegnen sich nur noch beim Tausch von Geld gegen Anspruch, Schutz gegen Hilfe. Der Staat sieht im Bürger seinen Finanzier, der Bürger im Staat den Garanten, der immer dann einspringen muß, wenn der Versuch des selbsterfüllten Lebens wieder einmal fehlgeschlagen ist. Beide betrachten sich als Anspruchsgegner, verbunden durch den Wunsch, beim anderen etwas herauszuschlagen.

Das Nebeneinander oder Gegeneinander von Staatswelt und Bürgerwelt hat die Konflikte von den Grenzen ins Innere der Staaten selbst verlagert. Die Kämpfe sind dabei alltäglicher und unauffälliger, aber nicht unbedingt weniger heftig geworden. Samuel Huntington spricht geradezu von Quasikrieg, der Jahr für Jahr Opfer in einer Höhe fordere, die denen der letzten großen Militäraktion, des Golfkrieges, nicht nachstehe. Die dramatischen Folgen dieser Frontverschiebung lassen sich an der Südgrenze der USA beobachten. Dort kehrt sich die Landnahme, die Tocqueville vor hundertfünfzig Jahren in Texas beobachtet hatte, gewissermaßen um. Jetzt sind es die Mexikaner, die die Vereinigten Staaten mit denselben Waffen erobern, mit denen die Nordamerikaner seinerzeit das Land an sich gebracht hatten. Mit ihrem Anspruch auf Bewegungsfreiheit und dem Recht auf Arbeit bringen sie etwas Ähnliches zustande wie ihre Nachbarn seinerzeit unter Berufung auf die Handelsfreiheit und den Schutz des Eigentums.

Die armen Teufel, die alle Grenzbefestigungen überwinden und als illegale Einwanderer ins Land sickern, mögen schlechte Bürger sein: die Tugenden moderner Wirtschaftssubjekte, allen voran Flexibilität und Mobilität, besitzen sie jedoch in hohem Maße. Sie haben ein starkes Motiv auf ihrer Seite, das stärkste von allen, den Überlebenswillen, und sie wissen, wie man die technisch hochgezüchteten Grenzkontrollen der Gegenseite durch einfache Maßnahmen unterläuft. Wie immer die Auseinandersetzung, die sich da innerhalb der Staaten anbahnt, ausgehen wird, die Gewalt wird nicht abnehmen und nicht verschwinden. Denn die Gewalt, sagt Jacob Burckhardt, ist immer zuerst da, »über ihren Ursprung sind wir nie verlegen, weil sie durch die Ungleichheit der menschlichen Anlagen selbst entsteht«. Der Staat, fährt er dann fort, sei meistens nur die Systematisierung der Gewalt vom Unleidlichen ins Leidliche. Immerhin ins Leidliche. Ohne ihn würde man ins Unleidliche zurückfallen.

Ruhe ist die letzte Bürgerpflicht

Wenn es nicht nötig ist, ein Gesetz zu machen,
dann ist es nötig, kein Gesetz zu machen.

MONTESQUIEU

Es ist die Zeit der Jubiläen. Die Politik ist zum
Beruf geworden und hält sich so, als bezahltes Arbeitsverhältnis auf Zeit, an die Regeln, die für Berufstätige auch
sonst gelten. Der Kanzler feiert, daß er die Amtszeit Konrad
Adenauers übertroffen hat, der Finanzminister ist stolz darauf, länger im Dienst zu sein als alle seine Vorgänger, der
Arbeitsminister hält sich für unentbehrlich, weil er das einzige Kabinettsmitglied ist, das von Anfang an mit dabei war.
Aber die Anlässe wollen nicht recht zur Stimmung passen,
die eher verhalten, unsicher und trübe ist. Blüm wird von
den Folgen seiner verantwortungslosen Rentenpolitik ein-
geholt, Waigel kommt mit dem Haushaltsausgleich nicht
zurecht, Kohl gerät hörbar in Verlegenheit, wenn er politisch Bilanz ziehen soll. Dann preist er ausgerechnet das
Gesetz über die Lohnfortzahlung im Krankheitsfall als Beweis für erfolgreiches Regierungshandeln: eine Maßnah-
me, die doch gewiß keine gesetzgeberische Großtat war, die
jedenfalls von der Wirtschaft, der sie zugedacht war, nur
widerwillig angenommen und zögernd umgesetzt worden
ist. Die Schwierigkeiten, mit denen die Bürger zu kämpfen
haben, werden von der Regierung kaum noch wahrgenommen, geschweige denn gelöst. Ausgefüllt vom Konferenzbe-
trieb, von Vermittlungsangeboten, Abstimmungsprozessen
und Konsensgesprächen, fühlt sie sich auf der Höhe der
Zeit. Aber das Land leidet.

Bewegung kommt, wo es sie gibt, nicht mehr vom Zentrum, sondern von den Rändern. Man hilft sich selbst, auch

da und gerade dort, wo der Staat Zuständigkeit beansprucht, zumindest der deutsche. Für die Neuordnung der Arbeitsbeziehungen, die Stärkung der Wirtschaftskraft und die Zukunft des Landes haben die Tarifparteien mit ihren Vereinbarungen in der chemischen Industrie und im Automobilbau erheblich mehr geleistet als die Politiker, die unter derartigen Parolen ihre Parteitage veranstalten. Individuelle Zeitkonten, der Tausch von Lohnzurückhaltung gegen Beschäftigungsgarantien oder die Bereitschaft, vom Flächentarif abzuweichen, sind eher gegen den Widerstand der Sozialpolitiker zustande gekommen als mit ihrer Hilfe. Die wenigen privaten Hochschulen, die in Deutschland gegründet worden sind, praktizieren längst, wovon die staatlichen bloß reden, die Zulassung der Studenten nach Leistung und ihre Beteiligung an den Ausbildungskosten, ergänzt durch einen Stipendienfonds für die Bedürftigen. Begriffe wie Deregulierung und Entstaatlichung haben überall einen guten Klang, künden aber nicht eigentlich von der Überlegenheit des privaten Sektors, sondern von der Verachtung und vom Mißtrauen gegen den Staat.

Am deutlichsten bringt die Karriere der nichtstaatlichen Organisationen wie Greenpeace, amnesty international oder World Wildlife Fund zur Anschauung, was von der Politik zwar immer noch erwartet, aber nicht mehr geleistet wird. Sie haben sich an die Stellen gesetzt, die für das Ansehen des Staates lange Zeit die wichtigsten waren, und bestreiten ihm von dort her seine moralische Autorität. Was die genannten Organisationen mit ihrem Einsatz für die Menschenrechte, für die Freiheit der Meere, für den Anspruch auf Leben und Gesundheit in aller Welt vertreten, sind klassische Staatsaufgaben. Die vielen, vor allem jüngeren Menschen, die lieber bei ihnen mitmachen als in den sterilen Parteien, haben das Vakuum bemerkt, das sich da aufgetan hat, wollen es aber nicht hinnehmen. Wie es scheint, kann man Staatsaufgaben nicht einfach liegenlassen. Wenn die gewählten Repräsentanten mit ihnen nichts mehr anzufangen wissen, dann greifen andere die Erbschaft auf.

Am Ende einer Wachstumsperiode, die sie in kurzer Zeit auf ein bisher unbekanntes Wohlstandsniveau geführt hat, stellt sich bei den Deutschen das Gefühl ein, den höchsten Punkt erreicht zu haben. Bevor es wieder abwärtsgeht, wollen sie noch ein wenig ausruhen und die Gegenwart genießen. Das erklärt, warum ihre Stimmung und ihr Urteil, ihr subjektives Empfinden und ihre Einschätzung der Lage so deutlich auseinanderfallen. Der spannungsreiche Seelenzustand, der sich daraus ergibt, wird von allen Umfragen zutage gefördert. Unter den Antworten auf die Frage, was die Zukunft bringen wird, dominieren die pessimistischen Versionen in einem Ausmaß, das jede relativierende Erklärung ausschließt: zunehmender Egoismus, eine kältere Gesellschaft, wachsender Abstand zwischen Arm und Reich, mehr Arbeitslosigkeit und größere soziale Unruhe, das sind die Antworten, die von einer erdrückenden Mehrheit bevorzugt werden. Sobald dieselben Fragen in persönlicher Form gestellt werden, es also nicht mehr um die Lage, sondern ums Befinden geht, kippt das Bild jedoch um. Es macht dann einer ausgeprägten, wenn auch aufs Nächste und Engste begrenzten Zufriedenheit Platz. Dies überaus labile Gleichgewicht scheint die Deutschen mit ihrem Kanzler zu verbinden und sie empfänglich zu machen für das, was Helmut Kohl über geistig-moralische Wenden, blühende Landschaften, Aufbrüche in die Zukunft und ähnliches erzählt. Kohl versteht es, Stimmungen in Urteile zu verwandeln und die Gefühle so weit zu verfestigen, daß eine Wahlentscheidung daraus wird. Das Projekt einer gemeinsamen europäischen Währung ist wie geschaffen für seine Technik, Hoffnungen zu wecken und mit dem klassischen Repertoire der Naherwartung, den drei Signalen »Noch nicht«, »Aber bald« und »Mit mir«, die Leute für sich einzunehmen.

Die hemmungslose Personalisierung aller Machtfragen ist das auffälligste Merkmal der Ära Kohl. Im fünfzehnten Jahr seiner Kanzlerschaft grenzt sie an einen säkularen, ins Politische verschobenen Wunderglauben. Ein deutscher Unternehmer, der in Rußland sein Glück versucht und dabei die einheimische Belegschaft gegen sich aufgebracht hatte, wußte nichts Besseres zu tun, als vor der Presse die Erwartung zu äußern, daß Kohl sich bei einem Treffen mit Jelzin, das anderntags bevorstand, seiner unternehmerischen Kalamitäten annehmen werde. Das Ohr, noch lieber das Wohlwollen des Kanzlers zu besitzen scheint die erste und einzige Bedingung zu sein, die erfüllen muß, wer politisch etwas bewirken möchte. Von den Medien, die jede beliebige Streitfrage ihrer Lösung dann nahe sehen, wenn sie zur Chefsache ernannt worden ist, wird dieser Glaube kräftig genährt, von Kohl selbst zumindest wohlwollend geduldet. Er läßt keine Gelegenheit aus, öffentlich in Erscheinung zu treten, und stellt dabei alle Vorgänger oder Konkurrenten in den Schatten. Von der Innen- flüchtet er in die Außenpolitik, reist um die ganze Welt und genießt die präsidialen Empfänge auf den Flughäfen und in den Konferenzzentren der großen Städte. Richtlinienkompetenz bedeutet unter ihm soviel wie Medienpräsenz. Innerhalb und außerhalb der Partei verbreitet Kohl ein Gefühl von Allgegenwart und Allzuständigkeit, das jede Initiative lähmt und Widerspruch nahezu ausschließt. Er ist der vollkommene Repräsentant einer Politik, die sich nicht mehr um Aufgaben kümmert, weil sie sich selbst genügt und inszeniert. Das macht ihn, trotz einfachster Rhetorik und pfälzischem Dialekt, so modern.

Als geborener Politiker greift Kohl nach jeder Hand, die sich ihm entgegenstreckt. Nein zu sagen, ein Ansinnen zurückzuweisen, »dazu gehört Kraft«, meint Ernst-Wolfgang Böckenförde. Und die sei selten. »Statt dessen übernimmt die staatlich verordnete Solidarität die Ausfallbürgschaft für die mehr oder weniger ungehemmte individuelle Selbstentfaltung.« Kohl ist als Wahlkämpfer deshalb so erfolgreich, weil er durch seine Erscheinung, seine Sprache und seine Mimik die Menschen dazu einlädt, ihre Sorgen bei ihm abzuladen: die wandelnde Entwarnung hat man ihn genannt. Von den Leuten etwas zu verlangen, ihnen vielleicht sogar etwas zuzumuten, ist von ihm am allerwenigsten zu erwarten. Wenn er versucht, Dramatik oder Aufbruchstimmung zu verbreiten, wirkt er fast immer unglaubwürdig. »Ihr müßt, denn ihr könnt«, wird Kohl nie sagen. Deshalb müssen die Wähler von sich aus laut werden und ihren Betreuern zurufen: »Wir wollen, weil wir können.« Die Wiederherstellung des Politischen setzt den Rückzug des Staates aufs Wesentliche voraus. Weil er freiwillig dazu niemals bereit sein wird, müssen die Bürger ihn drängen. Zum allgemeinen Mißvergnügen, wie man es kennt, müssen Formen der Verweigerung, der Nötigung und des Aufbegehrens hinzukommen, ein offenes Bekenntnis dazu, daß so der Staat nicht aussieht, den man will. Nur Druck wird die Parteien als die faktischen Staatsinhaber dazu bringen, sich auf die Aufgaben zu konzentrieren, derentwegen sie so üppig ausgestattet worden sind.

Nötig ist eine Rückbesinnung auf den Sinn des Politischen, auf das, was Politik von allen anderen Tätigkeiten, vor allem von der Wirtschaft, unterscheidet. Das Dogma, staatliches Handeln hätte am Vorbild der Wirtschaft Maß zu nehmen, weil jeder Wohlstandszuwachs auch einen Gewinn an Freiheit bedeute, war immer schon eine Irrlehre. Man kann den Staat und die Verfassung nicht nur aufs Regelsetzen reduzieren; daß mehr gemeint ist, zeigt ja schon die anhaltende Debatte um alte und neue Staatsziele: Politik kommt ohne Ziele nun einmal nicht aus. Sie unterwirft sich Regeln, um etwas zu erreichen, eine Idee zu propagieren und irgendwann mit Glück auch zu verwirklichen. Daß Bismarcks Staatsgründung nicht an die Phantasie der Völker appellierte, »an ihre Zukunftserwartung, ihren Menschheitsglauben«, darin sah Helmuth Plessner rückblickend das Versäumnis des zweiten deutschen Kaiserreichs. Dem in Maastricht entworfenen Gebilde haftet derselbe Fehler an. Verfassungstechnisch ist der Vertrag ein Monstrum, das aller Versuche, ihn zu erklären und die Menschen für ihn einzunehmen, spotten wird. Eine europäische Verfassung, die jeder verstehen, und ein europäisches Bürgerrecht, das jeder in Anspruch nehmen kann, wird es mit diesem Text nicht geben. Der Luxemburger Gerichtshof war auf der Höhe der Zeit, als er die nationalen Regierungen dazu verurteilte, im Falle von gewaltsamen Unruhen, von Grenzsperren und Straßenblockaden gegen ihre Staatsangehörigen vorzugehen. Denn er begründete das nicht mehr mit individuellen Rechtstiteln wie dem Schutz von Leben und Gesundheit, sondern mit den abstrakten Grundsätzen des freien Warenverkehrs und der Pflicht zur Zusammenarbeit mit anderen Staaten. Das sind die neuen Götter, und sie verlangen ihre Opfer.

Das erste und größte wird vom Verfassungsrecht dargebracht. Was man herkömmlicherweise über die Art, Legitimität herzustellen, zu wissen glaubte, soll nicht mehr gelten. Auf europäischer Ebene soll legitime Herrschaft auf die ausdrückliche Zustimmung der Untergebenen verzichten und sich statt dessen mit einer viel oberflächlicheren Form des Einverständnisses zufriedengeben, mit einer technokratisch-utilitaristischen Legitimität, die durch simple Funktionstüchtigkeit erworben wird. »Der spezifische Zustimmungsmodus ist das Fehlen von Aufständen und massivem Protest«, erklärt dazu der deutsche Staatsrechtslehrer Armin von Bogdandy, und empfiehlt diese Legitimationsstrategie vor allem für die Europäische Gemeinschaft. Wenn man ihm folgt, wird bloßes Stillhalten schon als Billigung durchgehen. Die Gesellschaft verwandelt sich in eine Herde, in der die Schafsgeduld als Bürgertugend angesehen wird.

Fünfzig Jahre nach Churchills Züricher Rede hat sich der Elan verbraucht, mit dem die europäische Gründergeneration ans Werk gegangen war; und etwas Neues ist einstweilen nicht in Sicht. Der Brüsseler Gigant, »ein Pseudoorganismus an und für sich«, folgt seinen eigenen Gesetzen. Er hat sich selbständig gemacht und erstickt die Frage nach dem Sinn des Ganzen unter einem Berg von Drucksachen. Die Tautologie, mit der der Kanzler und sein Außenminister für die einheitliche Währung werben – Der Euro kommt, weil er kommen muß –, enthält auch schon die ganze, anspruchslose Wahrheit: mehr an Begründung gibt es eben nicht. Aus den Vereinigten Staaten von Europa, wie sie zunächst einmal entworfen worden waren, ist ein Konsultationsmechanismus geworden, der Politik durch eine Serie von Abstimmungsprozeduren ersetzt. Was vor den Großmachtallüren der Deutschen, vor dem Allianzdenken der Franzosen und vor der englischen Gleichgewichtspolitik bewahren sollte, entpuppt sich als eine Expertenherrschaft, die alle Welt mit tausend Vorschriften kujoniert. Statt die Vielfalt der europäischen Kulturen zu unterstützen oder jedenfalls zu schonen, werden im Wege der Strukturverbesserung die letzten Unterschiede glattgeschliffen. Die Staatengemeinschaft entsteht in den Formen einer Zentralbürokratie mit all den Wucherungen, die solchen Gebilden nun einmal anhaften, mit Korruption, Verschwendung, Kumpanei und Selbstbegünstigung. Und die ersehnte Bürgernähe wird zum Vorwand für eine kleinliche Gängelei, die präzise und eigennützig dafür sorgt, daß überall dasselbe wächst.

Der Mythos erzählt, daß Europa aus Asien nach Kreta kam. In der Gestalt eines Stiers habe Zeus die phönizische Königstochter auf seinen Rücken genommen und übers Meer auf die Insel getragen. Auf der Suche nach der Entführten gelangte ihr Bruder Kadmos nach Griechenland und gründete dort, in Böotien, die Stadt Theben. Wer nach Europa sucht, der gründet eine Stadt, oder: Europäische Kultur ist städtische Kultur, so könnte man die Sage deuten. Jedenfalls waren es die Städte, in denen sich das öffentliche Leben abspielte, sie bildeten den genuin europäischen Beitrag zur Entwicklung der politischen Kultur. Das Bürgerrecht war an die Stadt gebunden, nicht nur in Griechenland, sondern auch in Rom, wo man bis in die Kaiserzeit an der Fiktion festhielt, daß ein römischer Bürger, aber auch nur er, die Kompetenz besaß, ein ganzes Weltreich zu regieren. Als sich das nicht mehr halten ließ, traten der Kaiser und seine Prätorianergarde an die Stelle, die jahrhundertelang das Volk und der Senat von Rom innegehabt hatten. Die Stadt war zum Regierungs- und Behördensitz geworden, dessen Bürger mit allerlei Annehmlichkeiten dafür entschädigt wurden, daß sie politisch nichts mehr zu sagen hatten. Die Entscheidungen fielen nicht mehr im Senat oder in den Komitien, der Versammlung des Volkes, sondern im kleinen Kreis der neuen Herren, abhängigen Beamten und neureichen Latifundienbesitzern. Sie haben dafür gesorgt, daß Europa ihrer griechischen Wahlheimat untreu wurde und sich an ihre phönizischen Ursprünge erinnerte, an Asien, das Land des Großkönigs, der Satrapen und der vielen, vielen Untertanen.

Maastricht-Europa bringt diesen Ursprung auf den neuesten Stand. Sein erstes Opfer war die Stadt, sein zweites Opfer ist der Bürger. Selbständig und eigensinnig, wie er ist, stört er die hierarchischen Strukturen und hat deswegen zu verschwinden. Wo die Behörden in Brüssel, dieser asiatischen Kapitale, Fuß gefaßt haben, wurden die Bürger verdrängt, ihre Häuser zerstört, die Stadt planiert und durch die Palastarchitektur der neuen, der politischen Kaste ersetzt. Zwar proklamiert Artikel acht des Maastrichter Vertrags ein europäisches Bürgerrecht. Doch auch dieses Recht ist von oben gekommen, es wurde eingeführt und verliehen, nicht ergriffen und ausgeübt. Wer weiß schon, daß er es besitzt? Das europäische Bürgerrecht ist ein Geschenk der hohen vertragsschließenden Parteien, kein Recht des Bürgers, den man im neuen Ständestaat auch nicht mehr braucht.

Register

© 1998 Alexander Fest Verlag, Berlin
Alle Rechte vorbehalten,
auch das der photomechanischen Wiedergabe
Umschlaggestaltung: Ott + Stein, Berlin
Umschlagreproduktion: CitySatz & Nagel, Berlin
Buchgestaltung: sans serif · Lisa Neuhalfen, Berlin
Druck und Bindung: Clausen & Bosse, Leck
Printed in Germany 1998
ISBN 3-8286-0037-9